国家哲学社会科学基金旅游研究项目文库

GUO JIA ZHE XUE SHE HUI KE XUE JI JIN LÜ YOU YAN JIU XIANG MU WEN KU

全域旅游

促进西南民族地区平衡充分发展路径研究

高元衡 ◎ 著

构建全域旅游促进西南民族地区平衡充分发展机制
提出全域旅游促进西南民族地区平衡充分发展保障措施

中国旅游出版社

‖ 前　言 ‖

自 1999 年实施西部地区大开发战略以来，西部地区社会经济得到长足发展，但与东部地区相比以及在西部地区内部比较仍然存在发展不平衡不充分的状况。党的十九大报告指出我国社会主要矛盾已经转化为人民日益增长的美好生活需要和不平衡不充分的发展之间的矛盾，尤其是西南民族地区，受区位、人口、科技等因素影响，在这种发展不平衡不充分中长期处于低水平发展一方。

在国家社科基金的支持下，课题组通过选取滇、黔、桂三省区的少数民族聚居地区为研究对象，从全域旅游的视角切入，遵循"现状调查—机理构建—机制构建—路径构建—效果评估—保障措施"的基本思路展开研究，主要研究内容包括以下几方面。

1. 总结现代中国旅游业发展历程，探索全域旅游内涵的理论

系统梳理改革开放后中国旅游产业发展的历史脉络进程，指出中国旅游业伴随着中国社会经济发展的转型走出了一条"解放和发展旅游生产力，推进国家夯实经济基础；到大力发展国内旅游，推进生产关系的调整；再到发挥旅游的生态功能和文化交流功能，服务中华民族伟大复兴"之路。这条道路，正是马克思主义基本原理同中国旅游发展的具体实际相结合、不断推进中国特色社会主义旅游发展的体现。

深入剖析旅游产业在促进发展中国家发展和促进中国西部落后地区经济社会发展的作用以及中国全域旅游理念的形成过程和理论内涵，提出将

全域旅游作为新时代旅游产业发展的新理念，引导旅游产业与相关产业的深度融合发展，创新全行业共同参与旅游产业发展的体制机制，是推动区域旅游平衡充分发展的有效措施。全域旅游理念指导下的旅游产业发展能够推动传统文化、民族文化的传承，增强文化自信；带动生态环境保护，改善生活环境；全域旅游促进旅游产业空间分布更加广泛，推动基础设施在边远地区的建设；全域旅游促进相关产业和旅游产业的融合，拓展产业链，创造更多的工作机会，提升相关产业的附加值，促进旅游收益的再分配，促进旅游发展成果共享。

2.梳理了西南民族地区全域旅游时空格局

使用2016—2021年滇、黔、桂三省区的数据，采用通过空间聚类分析方法结合区域景区质量评定以及经济联系总量，考察旅游景区优质城市与旅游经济联系总量的联系，最后通过地理探测器的因子分析寻找旅游景区空间格局的影响因素，对三省区的全域旅游时空格局演化进行了分析，发现：社会经济发展水平对旅游景区空间格局的影响呈现中等水平，但是经济发展水平带来的高等级高质量景区将成为经济发展的新动力，同时，在城市建设方面，要注重基础设施建设，向全域旅游方向靠拢有利于解决城市之间发展不均衡等问题；不同的城市旅游资源向高等级旅游景区的转化率存在较大的差别；交通通达度影响整个旅途的舒适程度，处于道路网密集区域的旅游景区更有潜力成为高等级旅游景区。

3.厘清全域旅游促进西南民族地区平衡充分发展机理

通过对历史资料的回溯，对全域旅游如何促进地区社会经济平衡充分发展的作用机理进行剖析和构建，重点从旅游需求变化的角度来探索全域旅游理念促进旅游资源的范畴演化和地区旅游资源的整合机理；从旅游产业链的角度来探索全域旅游在推进旅游产业与相关产业的融合机理；从产业布局的角度分析全域旅游在空间上的分布演化机理；从利益分配的角度来探索全域旅游发展成果的共享机理。通过上述几个角度的研究，构建起全域旅游促进地区平衡充分发展的基本机理体系。

4. 解析全域旅游促进民族地区平衡充分发展路径

根据民族地区全域旅游发展的历史和现状，把民族地区旅游目的地分为：传统旅游目的地、旅游阴影区、新生旅游目的地等类型，分类型解析全域旅游发展路径。分析传统旅游目的地的蜕变路径；旅游阴影区的遮蔽效应、差异化发展及突破路径；新生旅游目的地的产业环境、要素组织、成长机理和成长路径；从旅游资源拓展、需求推动创新产业要素整合角度解析了旅游产业共建路径：在明晰民族地区用于旅游发展各种资源资产潜力的前提下，对市场主体和市场化运作机制，采取物质资源资产化、非物质资源实体化等方式，引导民族地区内部资源和地区外部资源多种方式参与共建旅游业；通过延伸旅游产业链、拓展旅游产业空间布局促进产业融合，引导各种产业与旅游发展充分集合；通过教育培训、产业帮扶，引导各种劳动力参与旅游发展；通过初次分配和再次分配的分析，摸清了旅游成果共享路径。

5. 构建全域旅游促进西南民族地区平衡充分发展机制

在明晰全域旅游促进地区平衡充分发展的基本机理的基础上，以"创新、协调、绿色、开放、共享"发展理念为指导，从可持续发展观和科学发展观角度出发，以经济效益、社会效益和生态效益作为判定全域旅游促进民族地区平衡充分发展机制的主要依据，系统剖析全域旅游促进西南民族地区平衡充分发展中政府、企业、居民等利益主体的地位和作用，从激励机制、约束机制和保障机制三个层面以及政策机制、投入机制、共建机制、共享机制四个环节构建全域旅游促进地区平衡充分发展的机制。

6. 提出全域旅游促进西南民族地区平衡充分发展保障措施

以本书研究成果指导民族地区全域旅游发展并达到旅游发展成果为全

面共享、促进民族地区充分平衡发展的目的，不仅需要整合民族地区各种基础设施、旅游资源和劳动力资源，做强民族地区旅游发展的内生动力，同时还要针对民族地区经济实力相对薄弱的现状相应引入共建旅游产业的外生力量，在二者的共同作用下才能取得更好的效果。本书将针对这种模式发展的特征，从财政政策、加强旅游市场推广、优化旅游体验环境、完善旅游基础设施、强化旅游品牌建设、加强人才培养、注重旅游产品开发和强化安全保障体系建设等方面提出具有针对性、科学性和精准性的政策建议。

7. 全域旅游促进西南民族地区平衡充分发展效果评价

采用中国家庭追踪调查数据即 CFPS 数据进行研究，用于实证分析的样本为 3418 个。对全域旅游示范区和非全域旅游示范区内的城乡收入差异进行分析，得出如下结论。第一，全域旅游示范区可以促进居民家庭收入的增长。第二，发展旅游在一定程度上可以使城乡家庭收入水平之间的差距不断减小。第三，通过提高劳动力本地化就业率促使位于全域旅游示范区所在地级市的家庭增加收入，从而逐步富起来，以达到消除贫困、实现共同富裕的目标。其中，发展旅游对共同富裕的促进主要体现为一种间接效应，而非直接效应，因为很难确定本书所研究的样本家庭中均为完全从事旅游行业的人员，他们中的大部分更多可能是兼职从事旅游业或从事与旅游相关行业的人员。在全域旅游示范区对家庭收入的影响机制分析中，提高劳动力本地化就业率虽然可以提高家庭收入，但这种就业转化也可能发生在非旅游业。

8. 广西全域旅游发展的案例研究

以广西为案例地，全面分析了广西在努力实现从景点旅游向全域旅游的转变，构建了全域旅游建设过程中的空间、产业、文化三大全新格局，提出体制机制建设，科学规划、多规合一，品牌建设、共建共享三大抓手。凝练出广西特色旅游名县创建实践中主要采取的措施包括：党政统筹、分类考核，双创并举、双促升级，三级联动、惠民倍增，县域发力，区域升级等。

新冠疫情暴发初期，课题组勇于承担社会责任，对广西旅游业的影响进行了专项研究。从长远和近期两个角度提出了广西应对新冠疫情建议措施，其中长远建议包括：大力推进健康旅游示范区建设、重点旅游目的地建设、提升服务质量、旅游企业技术创新、近期措施及时论证广西目前的疫情风险等级并调整广西突发公共事件响应等级、提振旅游者信心、"广西人游广西活动"、组织"抗疫"人员康养活动、"振兴广西旅游业"政策，打造"广西三月三"品牌、设立扶持旅游业专项资金等。

课题最终从突破观念转变、完善旅游服务设施、拓宽资金投入渠道等方面提出了促进广西全域旅游发展的建议。

根据西南民族地区全域旅游在促进区域平衡充分发展的机理、机制、路径的分析。结合广西全域旅游发展的独特性，提出了相应的对策。

（1）政府角度。政府应建立完善区域旅游发展政策体系，根据全域旅游发展状况调整旅游产业发展政策保障和体制改革；加大基础设施建设投入，提高西南地区旅游交通道路管理和服务水平，实现西南地区与各地区骨干线路的对接，促进区域之间旅游产业的互联互通；正确处理旅游发展与文化传承创新、与经济发展之间的关系，深入挖掘具有新时代特征的优秀民族文化和传统文化，将优秀民族文化和传统文化作为旅游吸引物，提升旅游产业的社会价值，从而促进社会、经济、文化全方位发展，培养旅游专业人才，提升队伍素质水平。

（2）市场角度。要鼓励、引导多种所有制企业参与旅游发展，依托西南民族地区的民族特色进行全域旅游建设，吸引旅游者。打破传统旅游产业过度依赖资源、依托景区的误区，以当地丰富的自然和历史资源为依托，以优势产业为载体，不断挖掘和创新民族文化内涵，弘扬传统文化，传承修复本地特色民俗文化；完善公共旅游接待设施，改善购物环境，对商品进行明码标价诚信经营，满足顾客的合理购物要求；建设具有历史、地域、民族特色的旅游村镇；引导企业、农村合作社大力开发农业文化遗产，用旅游赋能农业、农村、农民发展，促进旅游与三农的有机融合。

（3）居民角度。要改变传统的生产生活方式，引导社区居民从传统居民向现代公民转变；激发居民的主人翁意识，引导居民主动利用新媒体、互联网等新技术促进生产生活的相融合，把发展全域旅游、促进优秀民族文化和传统文化的传承创新当作长期目标；在全域旅游发展过程充分发挥旅游过程中人对人、面对面的产业特点，当面利用语言和非语言符号，如表情、姿势、语气等促进优秀文化的传播；自觉树立旅游目的地良好的旅游形象；居民要认清全域旅游发展的形势，主动参加旅游技能培训和教育，认识到破坏自然生态环境带来的后果，强化环境保护意识，创造绿色产业发展的良好环境等方面。

（4）企业角度。要充分利用产业间的相互作用和附属价值挖掘出更多的交互产业，产生更多种类的旅游项目；努力加强企业文化建设，培养员工对企业的认同感、归属感和荣誉感，倡导社会推崇的核心价值观，树立典型模范、建设文化网络；深入挖掘由自然资源和人文资源相结合的旅游资源的文化内涵，实行科学的开发利用和经营管理、承担起优秀传统文化创新传承的主体责任。

（5）游客角度。对普通游客而言，游客要提升自身文明素质，深刻认识到个人形象在出游中的重要性，树立正确的人生观、价值观和道德观，文明旅游，坚决抵制"低价游"，拒绝"虚假合同"，承担自己作为旅游者应尽的责任和义务；向相关部门或旅游景点举报不规范行为，对旅游中遇到的合理或不合理的地方提出建议；对于旅游 UP 主、博主等群众和网络大 V 而言，应发布具有正能量的旅游体验，通过网络社交软件公开表达自身意愿，引起社会热议，扩大影响范围，形成良好的舆论监督等方面。

研究将全域旅游产业发展与区域社会经济发展的不平衡不充分问题有机结合起来，强调了全域旅游发展理念在新冠疫情后恢复发展的政策导向和具体对策，对政府决策部门和企业具体的实践操作都有一定的指导意义。

编者

2023 年 6 月

‖目　录‖

第 1 章
绪　论

1.1 问题提出

1.1.1 政治背景

自 1999 年我国实施西部地区大开发战略以来，我国西部地区社会经济得到长足发展，但与东部地区相比以及在西部地区内部比较仍然存在发展不平衡不充分的状况。党的十九大报告指出我国社会主要矛盾已经转化为人民日益增长的美好生活需要和不平衡不充分的发展之间的矛盾，尤其是西南民族地区，受区位、人口、科技等因素影响，其在这种发展不平衡不充分中长期处于低水平发展一方。

2020 年 6 月，习近平总书记来到宁夏考察时表示，各民族都是中华民族大家庭的一分子，脱贫、全面小康、现代化，一个民族也不能少。各族群众携手并进，共同迈入全面建设小康社会，这体现了我们中华民族的优良传统，也体现了我们中国特色社会主义制度的优越性。

如何促进西南民族地区在习近平新时代中国特色社会主义建设中快速发展，不断缩小与东部地区的差距，成为实现全面小康后中国特色社会主义发展所面临的重大问题。

1.1.2 社会背景

中国特色社会主义建设进入新阶段，中国社会发展在各方面表现出强劲的改革动力和创新态势，主要表现在以下几个方面。

（1）科技创新。国家不断推动技术创新和自主创新，不断加大对大数据、人工智能、5G 等先进高新技术研究的投入，推动高新技术产业的发展，在许多领域取得了令人瞩目的成就，如共享经济、移动互联网、移动支付、电子商务等。

（2）人口结构变化。随着我国居民生活水平、社会医疗水平不断地提升，中国逐渐走向老龄化社会，中国人口出现了人口结构的变化，2021 年我国居民人均预期寿命提高到 78.2 岁，65 岁及以上老年人口达 2 亿以上，占全国总人口的 14.2%。随着政府在养老保险和医疗保障等方面政策的不断完善，老年人的福利和生活质量得到不断提高。

（3）环境保护。近年来，中国对于环境保护日益重视。中国政府加强了环保法规的制定和实施，鼓励绿色可持续发展。同时，中国公众意识的改变也促进了中国环境保护的进展，这使中国经济和社会在可持续性方面取得了重大突破。

（4）对外开放不断推进。中国积极参与国际贸易和全球经济体系，同时推动"一带一路"倡议和建设，与世界各国进行积极的合作，促进了国际经济和政治稳定。

1.1.3 经济背景

随着中国特色社会主义发展进入新阶段，中国经济发展也出现新的态势，主要表现在以下几个方面。

（1）经济转型。21 世纪初，中国的经济发展开始进行重大的转型，从主要依靠海外投资和出口，转向鼓励国内消费，促进服务业和高技术产业发展，加快城市化进程，从而实现了以内需为主的可持续发展。经济发展从追求数量向追求质量转变。

（2）消费升级。随着人们生活水平提高和城市化发展，居民消费需求和消费方式不断改变。同时，随着居民收入水平的不断提高，消费能力也在不断增强，人们对品质、品牌和服务方面的要求也越来越高，消费品种类逐渐从生活必需品向更加多元化和高端化的方向发展，特别是高品质生活方式的需求不断增加；随着消费者对品质和服务的要求不断提高，其对服务水平的要求也在不断提升，人们开始更多地注重消费体验和售后服务，其中包括物流速度、产品品质、售后服务等。人们从注重物质产品的消费到注重精神产品的消费，消费者的旅游、文化和娱乐消费也都得到了不断提升。此外，中国居民也越来越注重自我实现、社交和娱乐，致力于提高生活质量。

（3）数字经济发展。党的十八大以后，数字经济得到了飞速发展。中国互联网用户规模已经超过 10 亿人，智能手机得到了广泛普及，技术对商业、教育和娱乐等领域的影响已成为日常生活的一部分。

（4）城乡差距缩小。政府积极推动城乡一体化发展，特别是在农村地区加强基础设施建设、提高收入和就业机会等方面取得了很大的成就。中国当前城市化率已超过 60%，而且还在不断增长。

1.1.4 旅游业发展背景

20 世纪 90 年代中后期，特别是邓小平南方谈话之后，我国的经济和社会发展速度进一步加快。自 2015 年，国家旅游局提出发展全域旅游的理念和措施后，全国各地逐步开始了区域旅游产业全域旅游发展模式的探索与实践。浙江省从推动全省经济发展转型升级、统筹城乡发展、统筹区域发展出发，提出规划建设一批特色业态小镇，通过推广新理念、新机制，推动不同类型产业有序集聚、创新和升级。

旅游业是综合性产业。进入"十三五"，中国旅游发展模式开始从景点旅游向全域旅游变化。全域旅游是以旅游业为优势主导产业，实现区域资源有机整合、产业深度融合发展和全社会共同参与，通过旅游业带动乃至于统领经济社会全面发展的一种新的区域旅游发展理念和模式（国家旅游局，2015）

2015 年 8 月 18—19 日，全国旅游工作研讨班在安徽省黄山市举办。国家旅游局明确提出全面推动全域旅游发展的战略部署，并给出量化工作目标，即"在 2000 多个县中，每年以 10% 的规模来创建。今年要推进 200 个县实现全域旅游，3 年实现 600 个县实现全域旅游。"随后，国家旅游局下发了《关于开展"国家全域旅游示范区"创建工作的通知》（旅发〔2015〕182 号），推动全域旅游实现从理念向实践转变，启动了"国家全域旅游示范区"申报和创建工作。此后三年，全国各省市政府和旅游行政管理部门纷纷大力推进所在地区的国家全域旅游示范区的申报工作。

2016 年 2 月，262 家第一批国家全域旅游示范区创建单位被授牌。2016 年 2 月，全国旅游工作会议在海南省海口市召开，会议提出了推动我国旅游产业发展模式从"景点旅游"向"全域旅游"转变的新思路①。2016 年 5 月 26 日至 27 日，全国全域旅游创建工作现场会暨在浙江省杭州市桐庐县举办，第一批国家级全域旅游示范区创建单位及旅游部门负责人参加了会议，对推进全域旅游示范区创建工作进行了深入的交流和探讨。

浙江省尤其重视对旅游产业发展与特色小镇建设的同步推进，要求所有具备条件的特色小镇在规划、建设中注意与旅游产业的融合发展，全部建成为国家 3A 级及以上的旅游景区，尤其强调旅游类型的特色小镇，全部要按照更高级别的景区的标准进行建设。

宁夏回族自治区银川市西夏区提出以"全域景区化、景区特色化、镇村景点化、配套景观化、景区要素完备化、公共服务便捷化"为核心进行重点打造，通过集中加强基础设施建设，强化行业管理，完善产品体系，打造成处处是景点、全城是景观、到处是风景的自驾型优秀旅游目的地。

江苏省苏州市将全域旅游理念进一步细化和明确，强调全域观念，把苏州整个城市，包括城区和乡村，作为一个大的景区进行整体的规划，计划建设成最美旅游目的地。

福建省武夷山市、浙江省安吉县、广西壮族自治区阳朔县、安徽省黟县、江西省井冈山市、河南省济源市、湖北省恩施市、湖南省张家界市武陵源区

---

① 广西壮族自治区全域旅游发展规划纲要（2017-2020）［EB/OL］. https://www.doc88.com/p-0758675710244.html。

等一批拥有丰富的旅游资源、旅游业发展特色鲜明的县（市、区）作为首批国家全域旅游示范区，也在全国开展了全域旅游发展新理念、新模式的探索和实践。

回顾改革开放以来中国旅游业和旅游活动的发展历程，我国居民的旅游活动已经实现了从一少部分人的"奢侈性消费""炫耀性消费"向"日常消费"的转变，旅游业从服务基本实现了从短缺型旅游向初步小康型旅游的历史性跨越，旅游活动已经成为居民的日常生活中必不可少的重要组成部分。2017 年，我国人均国内生产总值已达到 5.9 万元，人均年出游次数超过 3 次，这表明我国大众化旅游消费的时代已经到来。在大众旅游时代，传统的以景区景点为核心的旅游业模式已经不适应新时代中国特色社会主义旅游业发展的要求。旅游业发展必须综合考虑社会经济发展、人民对美好生活的向往和旅游发展内在规律之间的联系和要求，在遵循旅游产业发展规律的基础上，不断创新旅游发展模式，推进以单靠旅游部门抓旅游的景点旅游发展模式向全社会都关注旅游业、参与旅游业，整合区域资源，推进产业融合、实现共建共享的"全域旅游"发展模式转变。

随着旅游产业的不断变化，旅游业成为推动区域发展的重要动力和重要组成部分，全国各地通过不断提升服务水平和服务质量来提高企业竞争力和知名度。旅游产业的发展能够带动第一产业、第二产业和第三产业的发展，对区域经济的发展带来重要的推动作用。由于旅游产业发展需要大量的人力和物力，对当地居民的就业和产业的发展均带来了明显的推动作用。在经历了产品经济、商品经济和服务经济三个阶段的发展，世界社会经济发展已经开始逐步进入以服务业为主的体验经济阶段，且全世界服务业所占比重逐渐升高，由服务业产生的经济效应已经逐渐超越传统的第一产业和第二产业，成为经济发展新常态形势下最具发展潜力和希望的产业。其中，旅游业作为服务业的重要组成部分，因其所具有的"人对人、面对面"的产业特点和以"现实时空的体验感"的时空特点，在未来的产业结构调整中属于重点发展的朝阳产业。

旅游业成为中国经济增长新常态下的新动力。据《国民经济和社会发展统计公报》（2018 年）数据显示，2018 年国内游客 55.4 亿人次，比上年增长 10.8%；国内旅游收入 51278 亿元，比上年增长 12.3%。入境游客 14120 万人次，比上年增长 1.2%；其中，外国游客 3054 万人次，比上年增长 4.7%；国际旅游收入 1271 亿美元，比上年增长 3.0%。尽管仍面临着经济下行的压力，但我国旅游业逆势增长的态势明显，国内及入境旅游消费额均居世界首位。在国家政策引导和市场容量潜力的多重作用下，旅游产业已成为我国经济增长新常态下的重要推动力量，而全域旅游发展带来的"稳增长、调结构、促就业、惠民生"等积极作用则将有效促进经济结构的战略性调整。

近年来，旅游消费市场进入多元化、多层次、多领域发展阶段。人们出行旅游将在吃、住、行、游、购、娱传统六要素和休闲、度假、研学、养生各方面提出更高要求，并由基本物质满足型逐步向身心舒适型、精神享受型过渡，我国旅游消费水平也将由低级向高级发展，旅游消费结构将呈现出多样化、多元化的状态。旅游产品的开发地方特色和民族特色日益显现，产品核心吸引力不断增强，更加适应游客个性化的需求。发展全域旅游有利于促进旅游业与其他产业的融合发展，延伸产业链，培育旅游新业态，丰富旅游产品类型，更能适应未来旅游市场的多元化、特色化要求。

当前，我国正处于旅游市场需求强劲，但供给严重不足、供需矛盾突出的阶段，高品质、有创意的旅游项目和服务短缺，迫切需要从供给侧端推动旅游产业变更。发展全域旅游、促进旅游与其他相关产业的融合发展，促进旅游和生活的相互交融发展更需要加大旅游供给侧改革的力度，从而配合旅游消费促进计划和旅游投资促进计划的实施，不断推进旅游交通、公共服务和信息化设施等硬件条件的完善，以大力发展农业旅游、民族旅游、民俗文化旅游、旅居一体化，并推进旅游业与其他产业的融合发展。本书选取我国西南滇、黔、桂三省区的少数民族聚居地区为研究对象，从全域旅游视角切入，意在探寻全域旅游在改善旅游资源富集的民族地区不平衡不充分发展中的理论机理和实践路径，为改善西部地区不平衡不充分发展状况提供较为系统的理论支持。

1.2 研究意义

1.2.1 理论价值

课题根植西南旅游资源富集的民族地区所特有的自然环境、民族文化，以发展的眼光来审视旅游发展历程，探索全域旅游发展演化规律和促进民族地区平衡充分发展的作用机理，对全域旅游促进民族地区平衡充分发展的整体理念、产业融合、要素整合、利益分配、行动策略进行全面分析，在拓展全域旅游促进民族地区平衡充分发展机制和发展路径方面有一定的理论创新意义。

1.2.2 应用价值

长期以来，西南民族地区多是欠发达地区，是实现全面建成小康社会目标的重点和难点；但同时西南民族地区也多是旅游资源富集区，旅游产业发展的潜质很高，全域旅游为改善民族地区不平衡不充分发展提供了良好抓手。课题研究成果能够为民族地区政策制定提供指导，能够有效促进民族地区少数民族文化传承和创新，提高少数民族文化自觉和归属感；促进当地就业，增进社会和谐稳定；促进传统产业升级，激发民族地区活力；促进民族地区对外交流，带动经济文化繁荣发展；促进当地居民共享旅游发展成果，实现平衡充分发展。

1.3 研究内容

本书以全域旅游促进民族地区平衡充分发展机理、机制和路径为研究对象，意在为旅游资源富集的民族地区改善不平衡不充分的发展探索一条全域旅游发展新路径，并希望课题研究为改善我国西部地区不平衡不充分发展状况，全面建成小康社会提供一种较为系统的理论支持和实践指导。

1.3.1 研究总体框架

1. 全域旅游促进民族地区平衡充分发展现状调查

在总体研究框架的指导下，并在研究已有文献的基础上，对案例区进行实地调查，重点调查案例区社会经济发展的不平衡不充分情况、旅游产业发展状况和全域旅游示范区建设进展。（1）通过收集统计资料、抽样调查、问卷访谈、专家访谈、田野调查等方式收集课题研究所需数据，建立文献资料档案，全面掌握案例区社会经济发展状况和全域旅游在改善案例区不平衡不充分发展中的作用。（2）采用层次分析、专家咨询法和数量统计分析相结合的方法，构建地区不平衡不充分发展评价体系，对案例区不平衡不充分发展现状进行评价和对比研究，探寻影响地区不平衡不充分发展的因素。（3）通过学术交流、文献检索和实地调研，选择部分东部发达地区和国外旅游发展案例，进行对比研究。

2. 厘清全域旅游促进西南民族地区平衡充分发展机理

系统梳理国内外旅游产业发展历史脉络，深入剖析旅游产业在促进发展中国家发展和促进中国西部落后地区经济社会发展的作用以及中国全域旅游理念的形成过程。通过对历史资料的回溯，采用产业经济学、区域经济学和经济地理学的方法对全域旅游如何促进地区社会经济平衡充分发展的作用机理进行剖析和构建，重点研究：（1）从旅游需求变化的角度来探索全域旅游理念促进旅游资源的范畴演化和地区旅游资源的整合机理；（2）从旅游产业链的角度来探索全域旅游在推进旅游产业与相关产业的融合机理；（3）从产业布局的角度分析全域旅游在空间上的分布演化机理；（4）从利益分配的角度来探索全域旅游发展成果的共享机理。通过上述几个角度的研究，构建起全域旅游促进地区平衡充分发展的基本机理体系，并结合西南民族地区具体情况，探寻全域旅游促进民族地区平衡充分发展的作用机理。之后，以此为基础，对全域旅游促进民族地区平衡充分发展潜力进行评估，构建基于旅游市场、旅游资源、旅游发展基础、外部环境条件这四个条件下的民族地区全域旅游促进民族地区平衡充分发展潜力定量评价模型。

3. 全域旅游促进西南民族地区平衡充分发展机制构建

在明晰全域旅游促进地区平衡充分发展的基本机理的基础上，以五大发展理念为指导，从可持续发展观和科学发展观角度出发，以经济效益、社会效益和生态效益作为判定全域旅游促进民族地区平衡充分发展机制的主要依据，系统剖析全域旅游促进西南民族地区平衡充分发展中政府、企业、居民等利益主体的地位和作用，从激励机制、约束机制和保障机制三个层面以及政策机制、投入机制、共建机制、共享机制四个环节构建全域旅游促进地区平衡充分发展的机制。

4. 全域旅游促进民族地区平衡充分发展路径构建

根据民族地区全域旅游发展的历史和现状，把民族地区全域旅游发展分为：传统旅游目的地、旅游阴影区、新生旅游目的地和跨行政区旅游地，主要研究以下方面。（1）分类型构建全域旅游发展路径。分析传统旅游目的地的蜕变路径、旅游产业与相关产业的契合关系、对周边地区的全域旅游发展的辐射作用；旅游阴影区的遮蔽效应、差异化发展及突破路径；新生旅游目的地的产业环境、要素组织、成长机理和成长路径；跨行政区全域旅游发展耦合关系、协同机制、产业集聚和产业分工；对比不同发展状态和发展水平下旅游目的地产业政策、发展模式、发展路径。（2）旅游资源整合路径。随着旅游产业从景点旅游向全域旅游模式转变，旅游资源的范畴不断扩大，越来越多的资源被赋予旅游服务的功能。基于旅游资源物质生产（服务）功能与非物质（旅游）服务功能多重共生的属性，以全域综合性产业规划为主导，以市场机制为主要推动力、以利益共享为基础构建全域旅游资源整合路径。（3）旅游产业共建路径。在明晰民族地区用于旅游发展各种资源资产潜力的前提下，对市场主体和市场化运作机制，采取物质资源资产化、非物质资源实体化等方式，引导民族地区内部资源和地区外部资源多种方式参与共建旅游业；通过延伸旅游产业链、拓展旅游产业空间布局促进产业融合，引导各种产业与旅游发展充分集合；通过教育培训、产业帮扶，引导各种劳动力参与旅游发展。（4）旅游成果共享路径。通过构建全域旅游利益分配模型，充分考虑在全域旅游发展中的不同利益主体的资源投入，通过初次分配和再次分配途径，将旅游产业发展成果在所有参与旅游产业的组织和成员之间进行分配。

5. 全域旅游促进西南民族地区平衡充分发展保障措施

以本书研究成果指导西南民族地区全域旅游发展并达到旅游发展成果由人民共享、促进西南民族地区充分平衡发展的目的，不仅需要整合西南民族地区各种基础设施、旅游资源和劳动力资源，做强西南民族地区旅游发展的内生动力，同时，还要针对西南民族地区经济实力相对薄弱的现状相应引入共建旅游产业的外生力量，在二者的共同作用下才能取得更好的效果。西南民族地区内生动力的培育和外生力量的引入，都需要通过政府引导，整合各种资源，制定相关的鼓励措施和优惠政策，创造合适途径和渠道，通过市场机制来全面盘活西南民族地区各种资源，全面共同推动西南民族地区全域旅游发展，以保证这种新模式能够长效发展。为此，本书将针对这种模式发展的特征，给政府提出针对性、科学性和精准的政策建议，以保证新模式理论框架的完整性和指导实践的有效性。

1.3.2 研究创新之处

课题在以下方面有所创新。（1）厘清全域旅游促进地区平衡充分发展机理。课题从生产力发展所带来的居民的日益增长的物质文化需求的变化出发来进行推演论证，创新性地构建全域旅游促进地区平衡充分发展机理，并进行全域旅游促进西南民族地区平衡充分发展潜力定量评价。（2）优化全域旅游促进西南民族地区平衡充分发展路径。根据民族地区的差异，分类型对全域旅游促进西南民族地区平衡充分发展路径。（3）西南民族地区全域旅游促进平衡充分发展效果评估。本书以旅游资源利用的效率、旅游产业的共建程度、旅游发展效果共享程度为指标构建了综合评价指数。

1.4 研究重点与研究方法

1.4.1 研究重点

旅游产业是国家在新常态下寄予厚望的产业，西南民族地区虽然旅游资源比较富集，但旅游发展起点低、起步晚，受对旅游产业发展的认识不足、分配机制不完善、发展路径不科学等因素影响，存在无法共享快速增长的旅游发展成果的隐患。因此，对旅游资源富集的西南民族地区来说，构建起完善的激励机制、分配机制和发展路径，在促进全域旅游充分发展的同时，可以促进旅游发展成果在社会成员之间的合理分配，并促进区域社会经济平衡充分发展，这也正是本书研究的重点。

1.4.2 研究方法

（1）实地调查法。对课题选取的样本地区展开充分的实地调查，通过实地访谈、问卷调查和实地记录等多种方法收集数据和各种资料。

（2）统计分析法。在西南民族地区全域旅游发展适宜性评价模型研究过程中，将主要采用层次分析法。在对全域旅游发展内在影响因素及其之间关系方面，采用结构方程和回归分析等方法。

（3）实证研究与规范分析法。对于西南民族地区全域旅游典型案例的研究采取实证研究方法。采用规范分析的方法构建全域旅游利益分配模型。

（4）专家咨询法。采用专家咨询法对课题遇到的一些难以定量的因子和权重进行研究和判定。

1.5 技术路线

本书总体上沿着"现状调查—机理构建—机制构建—路径构建—效果评估—政策建议"的基本思路展开研究（见图 1-1）。（1）现状调查。本书在系统的实地调研基础上，建立了研究所需的各种资料和数据库。（2）机理构建。在前述数据分析的基础上，对全域旅游为什么能够推进西南民族地区平衡充分发展进行理论上的充分论证。（3）机制构建。对于适合发展全域旅游的西南民族地区，在分析影响因素及其内在机理的基础上构建全域旅游，促进西南民族地区发展充分平衡的机制。（4）路径构建。提出全域旅游促进不同类型民族地区充分平衡发展的路径。（5）效果评估。对全域旅游促进西南民族地区平衡充分发展的效果进行评估，并根据评估效果对路径进行优化。（6）政策建议。为了让新机制和新路径能够更好地发挥作用，提出针对性的政策建议。

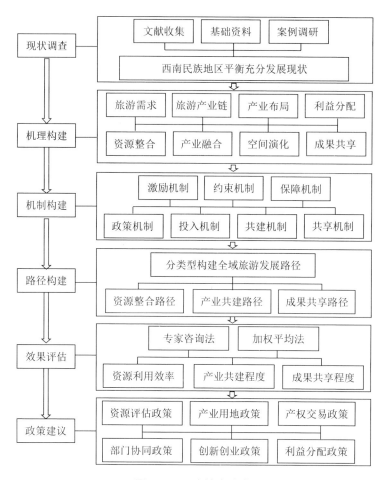

图 1-1　研究技术路线

1.6 小结

旅游产业是国家在习近平新时代中国特色社会主义建设中被寄予厚望的产业。西南民族地区虽然旅游资源比较富集，但旅游发展起点低、起步晚，受对旅游产业发展的认识不足、分配机制不完善、发展路径不科学等因素影响，存在无法共享快速增长的旅游发展成果的隐患。

对旅游资源富集的西南民族地区来说，构建起完善的激励机制、分配机制和发展路径，在促进全域旅游充分发展的同时，促进旅游发展成果在社会成员之间的合理分配，促进区域社会经济平衡充分发展，促进西南民族地区在习近平新时代中国特色社会主义建设中快速发展，不断缩小与东部地区的差距，对全面实现中华民族伟大复兴、实现中国梦具有积极的现实意义。

　　本章首先从政治背景、社会背景、经济背景、旅游业发展背景等方面描述了研究背景，概述了本书的研究目的和研究意义，详细说明了研究内涵、研究方法和创新之处，提炼出了本书的研究重点和研究方法，为后续的研究奠定了良好的基础。

第 2 章
现代中国旅游业发展历程

旅游作为一种人的活动和社会现象，亘古有之，源远流长。中华人民共和国成立到党的十一届三中全会之前，旅游作为对外交往的一条重要渠道，其主要任务是通过接待海外旅游者，宣传中国社会主义建设成就，扩大对外政治影响，增强中国人民同世界各国人民的相互了解和友谊[①]。

党的十一届三中全会确立了解放思想、实事求是的思想路线，作出了把全党全国的工作重点转移到社会主义现代化建设上来和实行改革开放的战略决策，为中国旅游业的持续快速发展奠定了坚实的基础。1978 年 10 月至 1979 年 7 月，改革开放的总设计师邓小平同志明确提出要加快发展旅游业；1979 年 9 月全国旅游工作会议召开，做出了旅游工作要从"政治接待型"转变为"经济经营型"的决定[②]，拉开了新时期中国旅游业大发展的帷幕，开创了当代旅游业发展的新局面。经过 40 多年的发展，中国旅游业发展走出了一条有中国特色的社会主义旅游业发展道路，从以增加外汇收入为主的经济产业不断向国民经济的战略性支柱产业和令人民群众更加满意的现代服务业成长，从重视旅游业的经济效益向注重旅游业的社会效益和环境效益转变，在这个过程中，中国旅游业发展思想也在一点一滴的实践探索过程中不断系统

---

① 《当代中国》丛书编辑委员会.当代中国的旅游业［M］.北京：当代中国出版社，1994：30–38.
② 《当代中国》丛书编辑委员会.当代中国的旅游业［M］.北京：当代中国出版社，1994：38–41.

完善，形成了有中国特色的旅游业发展思想，成为中国特色社会主义理论体系的重要组成部分。

本章尝试梳理改革开放 40 多年来中国旅游发展指导思想和政策的变化脉络，以期有助于更加清晰地认识旅游业在习近平新时代中国特色社会主义建设中的地位和作用。

2.1 入境旅游阶段：中国特色旅游发展思想的提出

1978—1992 年，以入境旅游、增加外汇收入为主要导向的阶段。从中华人民共和国成立到"文化大革命"结束的三十年间，我国社会经济水平还比较低，人民还不富裕，旅游活动尚未成为人民日常生活的必要组成部分，大规模的群众旅游活动尚未形成，旅游业并未得到广泛的重视[1]。党的十一届三中全会作出了把党和国家工作重心转移到经济建设上来、实行改革开放的历史性决策，邓小平等国家领导人敏锐地认识到旅游业在促进改革开放、促进生产力发展中的重要作用，先后多次强调发展旅游的重要性，并从旅游业的产业性质、旅游业在国民经济中的作用、发展旅游业应采取的措施等方面提出了有中国特色的旅游业发展的思想。

2.1.1 旅游业性质的初步确立

1. 旅游业是综合性的行业

在旅游业的性质的问题上，1979 年 1 月，邓小平站在社会主义现代化建设的全局的角度，指出"旅游这个行业，要变成综合性的行业"，并从吸收就业、城市建设、保护风景区、人才培养、旅游商品生产等方面对旅游业发展提出了具体的要求[2]。但由于受"文化大革命"的影响，加之"左"倾机会主义路线和反动谬论虽然受到了批判，但一些谬论仍然箍住了一些同志的头脑，思想还不够解放，对旅游业的广阔前景认识还不清晰，还不能放开手脚解决旅游工

---

① 杜一力.谷牧和中国旅游业［N］.北京：中国旅游报，2009-11-30：12
② 国家旅游局，中共中央文献研究室.党和国家领导人论旅游（1978-2004年）［M］.北京：中国旅游出版社、中央文献出版社，2005：5.

作中的矛盾①。1979年11月，《国务院批转国家旅游总局〈关于大力发展旅游事业若干问题的报告〉》指出"旅游是一个综合性的事业，同各行各业的许多部门都有关系"，并要求"各有关部门要密切配合，大力支持，及时解决旅游工作中的问题"②，提出"旅游管理体制要进行改革，实行企业化、进行经济核算、按照经济规律办事，"但因长期受计划经济思想影响以及中华人民共和国成立后旅游业发展进展缓慢，效果不显著等原因，加之中国的改革还处在"摸着石头过河"阶段，对旅游的经济产业的属性的认识还不够深化，"还存在一些不同的意见，还需要进行调查研究"③，经过两年多的探索，1981年《国务院关于加强旅游工作的决定》指出"旅游事业在我国既是经济事业，又是外事工作的一部分"，要走出一条"中国式的旅游道路，做到政治、经济双丰收"④。

"中国式的旅游道路"的提出标志着我国旅游工作开始从"政治接待型"向"经济经营型"的转变，同时注重政治效益和经济效益的有中国特色的旅游业发展道路的思想轮廓已经基本明确，即通过开发我国丰富的旅游资源，开展健康文明的旅游活动，既扩大国家政治影响、服务国家对外政策，又增加收入、为国家建设做贡献。在此基础上，旅游业作为经济事业的性质进一步明确为："旅游事业是一项综合性的经济事业，是国民经济的一个组成部分，是关系到国计民生的一项不可缺少的事业""要把旅游事业的计划、财务，交通运输，物资供应，旅游商品的生产和销售，旅游资源的普查、开发和保护，旅游区、旅游点、旅游饭店、友谊商店的建设以及旅游人员培训、教育、分配等，分别纳入国家和地方的国民经济计划⑤"。从"六五"计划开

---

① 人民日报社论.发展旅游事业大有可为［N］.北京：人民日报，1979-2-17.

② 国家旅游局，中共中央文献研究室.党和国家领导人论旅游（1978-2004年）［M］.北京：中国旅游出版社、中央文献出版社，2005：237.

③ 国家旅游局，中共中央文献研究室.党和国家领导人论旅游（1978-2004年）［M］.北京：中国旅游出版社、中央文献出版社，2005：240.

④ 国家旅游局，中共中央文献研究室.党和国家领导人论旅游（1978-2004年）［M］.北京：中国旅游出版社、中央文献出版社，2005：249.

⑤ 国家旅游局，中共中央文献研究室.党和国家领导人论旅游（1978-2004年）［M］.北京：中国旅游出版社、中央文献出版社，2005：248-250.

始，旅游业开始纳入国民经济和社会发展五年计划中，国家针对不同时期旅游业的发展重点，如：重点旅游城市的旅馆建设、重点旅游区的建设、人才培养等进行总体的部署。

2. 旅游是具有广阔前途的事业

旅游业前景怎么样？ 1979 年 1 月，邓小平在同余秋里等国务院负责人谈话时指出："旅游事业大有文章可做，要突出地搞，加快地搞[①]"，随后从资源保护、激励机制、城市建设、选人用人等方面提出了意见。同年 4 月，中国银行代表团对法国、意大利的旅游业考察后向国务院递交了考察报告，介绍了法、意两国的旅游发展经验：旅游已经是广大群众的生活需要，具有创汇多、创造就业机会多的特点；并提出利用我国丰富的旅游资源、加大宾馆等接待设施建设，加强各部门共同配合，采取利用国际贷款和自力更生相结合的方式推进旅游业发展的建议[②]。经过改革开放后短短两三年的迅猛发展，旅游业带来的效益得到凸显，到 1980 年，全国旅游收入已经达到 6.17 亿美元，是 1978 年的 2.35 倍，三年累计创汇 13 亿美元。1981 年，全国旅游工作会议召开，明确指出旅游业是新兴的具有广阔前途的事业，旅游业的发展是国家繁荣经济、赚取外汇、解决就业问题的重要渠道，也是各国人民之间友好交往的重要途径，但我国的旅游事业还处在初创阶段；会议还前瞻性地提出把发展国内旅游、满足群众的需要提上议事日程[③]。1983 年，谷牧提出"旅游事业肯定要发展，国际旅游、国内群众旅游是不可抗拒的，而我们又为什么抗拒它呢[④]？"到 1984 年，旅游的迅猛发展已经超过了各部门的预期，旅游业在"广交朋友，传播文化，扩大影响；增加就业，刺激消费和生产，富国富民；开阔眼界，培养人才；美化环境、美化生活，加快装点祖国大好河山"

---

① 国家旅游局，中共中央文献研究室.党和国家领导人论旅游（1978–2004 年）[M].北京：中国旅游出版社、中央文献出版社，2005：6.

② 佚名.中国银行代表团对法、意情况的三个考察报告 [J].金融研究动态，1979（S4）：1–17.

③ 国家旅游局，中共中央文献研究室.党和国家领导人论旅游（1978–2004 年）[M].北京：中国旅游出版社、中央文献出版社，2005：16.

④ 杜一力.谷牧和中国旅游业 [N].北京：中国旅游报，2009–11–30.

等方面的作用得到更进一步的体现①。1988年，谷牧在全国旅游局长会议上对我国旅游业发展的优势和劣势进行了深入剖析，指出所谓发展旅游的"离主要客源国远，旅游资源分散，周边竞争对手多"三个劣势，是没有充分认识到我国丰富的、特色鲜明的旅游资源所具有的强大的吸引力，要从发展眼光看，把工作做好了，把"劣势"变成优势，旅游业就能够成为重要产业，前景十分广阔②。李鹏也在这次会议上指出旅游事业是一项很有前途的事业，随着我国改革开放政策的进一步贯彻，旅游事业会有较大的发展③。

2.1.2 旅游业在国民经济开放发展中的作用

1. 增加外汇收入

党的十一届三中全会以后，党和国家的工作重心转移到了社会主义现代化建设上来，对外汇的需求量激增。而1978年我国的进出口总额为206.4亿美元，贸易逆差11.4亿美元，外汇储备仅为1.67亿美元。随着对利用外资促进国家建设的态度的转变④，与出口商品相比，旅游业作为一个开放性的国际化产业在创汇方面的优势得到更深入的认识，赚取更多的外汇、服务社会主义现代化建设成为大力发展旅游事业的主要目的之一。邓小平谙熟现代旅游经济规律，提出要依托我国的旅游资源优势，增加外汇收入，他指出"旅游赚钱多，来得快，没有还不起外债的问题""搞旅游业要千方百计地增加收入"，他曾算过一笔账："一个旅行者花费一千美元，一年接待一千万旅行者，就可以赚一百亿美元，就算接待一半，也可以赚五十亿美元"⑤，并豪迈地提出了我国旅游业要力争21世纪末达到50亿美元乃至100亿美元的创汇目

① 国家旅游局，中共中央文献研究室.党和国家领导人论旅游（1978-2004年）［M］.北京：中国旅游出版社、中央文献出版社，2005：32-33.
② 国家旅游局，中共中央文献研究室.党和国家领导人论旅游（1978-2004年）［M］.北京：中国旅游出版社、中央文献出版社，2005：55-58.
③ 国家旅游局，中共中央文献研究室.党和国家领导人论旅游（1978-2004年）［M］.北京：中国旅游出版社、中央文献出版社，2005：49.
④ 李妍.试述党的十一届三中全会前后邓小平关于利用外资的思想［J］.毛泽东思想研究，2007（4）：68-70
⑤ 国家旅游局，中共中央文献研究室.党和国家领导人论旅游（1978-2004年）［M］.北京：中国旅游出版社、中央文献出版社，2005：2.

标。陈云也指出："旅游收入，比外贸出口收入要来得快、来得多；旅游收入实际是'风景出口'，而且可以年年有收入，一年比一年多"①。1979 年 11 月，《国务院批转〈国家旅游总局关于大力发展旅游事业若干问题的报告〉》提出："大力发展旅游事业，可以吸收大量外汇，为四个现代化建设积累资金"②。随着旅游业的发展，旅游创汇的方式不再仅局限于景区门票、交通、住宿等方面，旅游创汇的方式不断丰富，旅游商品、旅游纪念品的生产和销售也成为提高旅游创汇水平和经济效益的重要组成部分③。到 1988 年，旅游外汇收入达到 22.2 亿美元，占非贸易外汇收入的 1/3，旅游业已经成为国家非贸易外汇收入的重要来源④，到 1996 年，我国旅游外汇收入达到 102 亿美元，是 1978 年的 38.8 倍，提前 4 年实现了目标。

2. 增加劳动就业

我国是一个人口众多、劳动力资源充足的国家。"文化大革命"以来经济事业和各项事业发展缓慢，而人口增长过快，使需要就业的人数同可能提供的就业机会之间，产生了十分尖锐的矛盾就业问题⑤。全面妥善安排待业人员，不仅能够充分发挥劳动力资源的价值，更能够进一步巩固我国安定团结的政治局面。针对这一实际，邓小平倡导大力发展第三产业，尤其是旅游。1978 年 2 月，他在听取四川省工作汇报时就指出"发展旅游事业，可以用很多人"⑥这是邓小平第一次明确指出旅游业具有带动就业的作用。同年 4 月，邓小平同方毅等商谈全国教育工作会议的报告，当谈到大学生的专业比例结构时，邓小平说"我们还有很多领域没有开辟，比如，旅游事业，就业的路宽得

① 国家旅游局，中共中央文献研究室.党和国家领导人论旅游（1978—2004 年）[M].北京：中国旅游出版社、中央文献出版社，2005：3.
② 国家旅游局，中共中央文献研究室.党和国家领导人论旅游（1978—2004 年）[M].北京：中国旅游出版社、中央文献出版社，2005：237.
③ 国家旅游局，中共中央文献研究室.党和国家领导人论旅游（1978—2004 年）[M].北京：中国旅游出版社、中央文献出版社，2005：281.
④ 国家旅游局，中共中央文献研究室.党和国家领导人论旅游（1978—2004 年）[M].北京：中国旅游出版社、中央文献出版社，2005：53.
⑤ http://www.china.com.cn/guoqing/2012-09/10/content_26747586.htm，2012-9-10/2019-8-5.
⑥ 中共中央文献研究室.邓小平年谱（1975—1997）（上）[M].北京：中央文献出版社：262.

很。①"1979年1月，在同国务院负责人谈话时，邓小平指出"旅游业发展起来能够吸收一大批青年就业②。"邓小平之所以多次强调旅游业具有扩大就业的作用，是因为旅游业作为劳动密集型的服务行业，为了能够满足旅游者在旅游活动中的多方面需求，必然需要众多的直接和间接就业人员，一些发达国家的实践表明，旅游业每增加1个直接就业人员，便可以增加5个以上间接就业人员，如果旅游业发展起来了，就可以开辟众多就业门路，可以使许多人拥有就业机会。实践证明，旅游业的发展对解决当时的待业青年问题发挥了积极的作用，如：北京市通过成立编制合作社，通过集中管理、分散生产的方式，在不需厂房且投资极少的情况下不仅增加了工作岗位，更促进了手工艺品生产的传承③；秦皇岛市通过兴办海滨青年服务社、提供住宿、餐饮、照相等服务等方式安排待业青年从事旅游业，使青年人有事做并获取稳定的收入④。

2.1.3 促进旅游业生产力发展的措施

1. 加强组织机构建设，加强统筹协调

在改革开放之初，国家经济发展还处于计划经济模式，建立自上而下的"如臂使指"的组织机构成为发展旅游业的首要任务。

国家旅游局的前身是1964年7月22日由第二届全国人大常委会批准成立的中国旅行游览事业管理局。中国旅行游览事业管理局作为国务院的直属机构，与中国国际旅行社合署办公，既承担着领导和管理全国旅游业的行政职能，也作为旅游企业，接待来自世界各地的游客，呈现出典型的"政企合一"状态⑤。1978年是中国旅游业发展历史中具有里程碑意义的一年，这一年，国务院成立了旅游工作领导小组，并将"中国旅行游览事业管理局"改为"中国旅行游览事业管理总局"，负责管理全国的旅游事业；各省、自治

---

① 中共中央文献研究室.邓小平年谱（1975–1997）（上）[M].北京：中央文献出版社，2004：296.

② 国家旅游局，中共中央文献研究室.党和国家领导人论旅游（1978–2004年）[M].北京：中国旅游出版社、中央文献出版社，2005：6.

③ 北京市委、市革委会.关于安排城市青年就业问题的报告[J].劳动工作，1979（1）：5–10.

④ 秦皇岛市劳动服务公司.待业青年办旅游[J].劳动工作.1981（12）：6.

⑤ 姚延波.我国旅行社业发展历程回顾与展望[N].北京：中国旅游报，2017–9–5：3.

区和直辖市也逐步成立了旅游局、负责管理地方的旅游事业。这一系列举措，正式宣布结束了"文化大革命"期间对旅游业的错误认识，重新确定了旅游业的地位，明确了党和政府大力发展旅游业的立场和决心。1982 年，中国旅行游览事业管理总局与中国国际旅行社实行了"政企分开"，更名为国家旅游局，进一步强化了旅游行业管理职能 [①]。

2. 加快管理体制改革，提高旅游生产力

伴随着国家旅游局的成立，旅游管理机制也在不断地变革和完善。在国家经济发展水平整体较低、基础设施和旅游接待设施还比较薄弱的情况，建立能够尽快促进旅游生产力发展的产业运行机制成为改革的重点。

在接待机制方面，旅游业是率先向市场经济转型的产业。1979 年 11 月，国务院在批转国家旅游总局《关于大力发展旅游事业若干问题的报告》中提出：旅游管理体制要进行改革，要实行企业化，搞经济核算，按照经济规律办事；各地分、支社凡有条件的，应从 1980 年起转为企业化，实行独立经济核算，自负盈亏 [②]。为了解决饭店床位不足，接待能力有限的问题，1979 年 8 月，国务院批转了中国旅行游览事业管理总局《关于改变全国高级饭店管理体制的建议》，要求各地接待国宾、中央领导用的或供中央开会用的高级宾馆和招待所、专用别墅，凡适宜接待旅游外宾的转交地方旅游局或国际旅行社管理使用 [③]。1981 年 10 月 10 日，《国务院关于加强旅游工作的决定》提出：旅游事业要实行"统一领导、分散经营"的管理体制；统一领导，就是统一计划、统一政策、统一制度、统一纪律、统一协调。分散经营，就是在统一领导的前提下，分工负责，分级管理，充分发挥各有关地方、部门、单位的积极作用，共同把旅游事业办好 [④]。但随后（1981 年 11 月 24 日），中国旅行

① 《当代中国》丛书编辑委员会. 当代中国的旅游业［M］.北京：当代中国出版社，1994：566–571.

② 国家旅游局，中共中央文献研究室.党和国家领导人论旅游（1978–2004 年）［M］.北京：中国旅游出版社、中央文献出版社，2005：240.

③ 《当代中国》丛书编辑委员会. 当代中国的旅游业［M］.北京：当代中国出版社，1994：613.

④ 国家旅游局，中共中央文献研究室.党和国家领导人论旅游（1978–2004 年）［M］.北京：中国旅游出版社、中央文献出版社，2005：250–251.

游览事业管理总局发布《关于统一旅游对外联络工作的规定》，规定旅游外联工作统一由中国国际旅行社总社和中国旅行社总社对外进行，各省旅行社不直接外联，不直接对外招徕游客，客观上形成了统一领导、统一经营的一体化格局。然而，经过几年的大发展，"统一领导、统一经营"的管理体制越来越不适应进一步发展的需要。在1985年1月，《国务院批转国家旅游局〈关于当前旅游体制改革几个问题的报告〉的通知》中明确指出：我国现行旅游体制，基本上是政企不分，独家经营，统负盈亏，吃"大锅饭"，不按经济规律办事，经济效益不高，束缚了旅游事业的发展，并提出了："政企分开、自主经营、自负盈亏"以及"下放外联权和签证通知权，增加招徕渠道"等改革措施[①]。改革措施的实施，使各地旅行社拥有了自主经营权，极大地促进了旅行社生产力的发展，如：中国青年旅行社的广西、上海和广东分社在1986年和1987年两年的接待量均超过了总社[②]。

在建设机制方面，宾馆作为旅游业中的重要接待设施是当时中国旅游业发展的短板，引进外资建设宾馆成为中国改革开放的先导[③]。1978年，邓小平提出"利用外资建旅馆可以干嘛！应该多搞一些"，得到陈云、李先念等国家领导人的积极响应[④]。党的十一届三中全会以后，国务院决定将旅游宾馆列为首批对外开放、利用外资的行业之一，并成立了以谷牧、陈慕华、廖承志为首的"利用侨资、外资建设旅游饭店领导小组"，推动引进外资建设旅游宾馆工作。1979年5月，国务院批准在北京、上海、广州、南京4城市建设6家中外合资宾馆，首家中外合资宾馆——北京建国饭店于1982年正式开业。据不完全统计，到1985年年底，全国利用外资建成了94家宾馆，客房18500间，床位34500张。这些宾馆的建设对提升我国旅游接待能力、提高旅游服务水

---

① 国家旅游局，中共中央文献研究室.党和国家领导人论旅游（1978-2004年）[M].北京：中国旅游出版社、中央文献出版社，2005：262-263.

② 《当代中国》丛书编辑委员会.当代中国的旅游业[M].北京：当代中国出版社，1994：274.

③ 许京生.旅游饭店业：改革开放的先导产业（上）[N].北京：中国旅游报，2018-10-11.

④ 国家旅游局，中共中央文献研究室.党和国家领导人论旅游（1978-2004年）[M].北京：中国旅游出版社、中央文献出版社，2005：2-14.

平发挥了积极的促进作用。伴随着旅游宾馆设计、施工、经营管理等方面经验的积累，到 1986 年，国家开始鼓励使用国内企业利用国际商业贷款自建旅游饭店①。

3. 加强人才培养，提高劳动力素质

劳动力是生产力中最具有活力的因素，劳动力的素质直接影响了生产力的发展水平。以导游为代表的旅游工作人员是游客的陪同员、宣传员、服务员、安全员、讲解员，要具有政治素质过硬、一般知识过硬、外语业务过硬的素质②。在"文化大革命"期间，我国教育事业受到严重的破坏，旅游人才奇缺，难以满足改革开放后旅游业快速发展的需求。邓小平敏锐地认识到人才对旅游业发展的重要性，提出："要搞一些培训班，培养翻译、导游、经营管理人员，甚至服务员；服务员也要有知识，有一点外语基础"③，并直面中国旅游管理水平低下的情况，提出"搞旅游，经理看来要请人"④。1979 年，李先念在听取全国旅游工作会议情况汇报时提出"要加强旅游队伍的建设，训练好旅游服务人员⑤"。

为切实提高旅游服务质量，1979 年 11 月，国务院在批转国家旅游总局《关于大力发展旅游事业若干问题的报告》中提出抓紧人员培训的几种方法：一是筹办全国性旅游学院和在有条件的大专院校开设旅游系或旅游专业，培养高级管理人员和翻译导游人员，各地亦可视情况开办旅游专科学校；二是各地要创造条件尽快开办旅游学校和各类训练班，培养管理人员、厨师和各种服务人员；三是要有计划、有重点地选派各级旅行社和饭店的经理以及翻

———————————

① 国务院关于使用国际商业贷款自建旅游饭店有关问题的通知（国发〔1986〕101 号）[Z].1986-11–17.

② 《当代中国》丛书编辑委员会. 当代中国的旅游业 [M]. 北京：当代中国出版社，1994：490.

③ 国家旅游局，中共中央文献研究室. 党和国家领导人论旅游（1978–2004 年）[M]. 北京：中国旅游出版社、中央文献出版社，2005：5.

④ 国家旅游局，中共中央文献研究室. 党和国家领导人论旅游（1978–2004 年）[M]. 北京：中国旅游出版社、中央文献出版社，2005：7.

⑤ 国家旅游局，中共中央文献研究室. 党和国家领导人论旅游（1978–2004 年）[M]. 北京：中国旅游出版社、中央文献出版社，2005：14.

译导游等骨干到国外或香港进修考察①。此间，上海旅游专科学校、桂林旅游专科学校等旅游专业院校在各地陆续成立，南开大学、中山大学等7所高校也从1980年起开办了旅游系或翻译导游专业，为旅游业发展培养高水平人才②。除了创办旅游高等教育，旅游中等职业教育和旅游成人教育也在各级旅游行政管理部门和教育机构的支持下得到大力发展。

经过长期不懈的发展，旅游业促进国民经济发展的先锋作用更加突出。到1990年，我国旅游外汇收入达到22.2亿美元，实现旅游贸易顺差17.48亿美元，占当年外汇收支经常项目差额的14.6%，旅游业对生产力发展的促进作用得到进一步的显现。在1992年颁布的《中共中央、国务院关于加快发展第三产业的决定》中，旅游业因"投资少、收效快、效益好、就业容量大、与经济发展和人民生活关系密切"等特点，被确定为第三产业中的重点产业③。

2.2 大众旅游阶段：建设人民群众更加满意的现代服务业

1993—2014年，是国内旅游以提升旅游服务质量为主的阶段。随着国家社会经济的发展，国内旅游需求逐步高涨，旅游业在社会经济中的作用逐渐从促进生产力发展拓展到提高人民物质文化生活质量。

2.2.1 旅游业性质的深化和拓展

1.从新的经济增长点到战略性产业

在旅游业被确定为第三产业的重点产业后，伴随着中国经济的持续快速发展，在经济总量矛盾明显缓解，经济结构性矛盾愈益突出的情况下，加大结构调整力度，积极培育和扶持新的经济增长点，成为调整和优化结构的重要内容和必然选择④。旅游业因其"市场需求量大、产业关联度高、经济效益

① 国家旅游局，中共中央文献研究室.党和国家领导人论旅游（1978–2004年）［M］.北京：中国旅游出版社、中央文献出版社，2005：245–246.
② 《当代中国》丛书编辑委员会.当代中国的旅游业［M］.北京：当代中国出版社，1994：496–498.
③ 中共中央、国务院关于加快发展第三产业的决定［J］.中华人民共和国国务院公报，1992（18）：682–686.
④ 1996年中央经济工作会议［EB/OL］.https://www.gov.cn/test/2008–12/05/content_1168803.html，2008–12–5/2019–8–5.

好"等特点①，成为经济发展中综合性很强的产业，有着广阔的发展前景，能够为发展经济注入更大的推动力②，在 1998 年 1 月中央经济工作会议上被列为国民经济新的经济增长点。《国民经济和社会发展第十个五年计划纲要》中更是明确了促进旅游业成为新的经济增长点的三个措施："加大旅游市场促销和新产品开发力度，加强旅游基础设施和配套设施建设，改善服务质量"，为旅游业在新世纪的大发展奠定了基础。2001 年，国务院在《关于进一步加快旅游业发展的通知》中指出："树立大旅游观念，充分调动各方面的积极性，进一步发挥旅游业作为国民经济新的增长点的作用"。

　　旅游产业发展带来的成绩得到了广泛的认同，1995 年，朱镕基在云南视察时就提出："把旅游业作为一个支柱产业发展，大有希望"③；其在考察四川时再次肯定了旅游产业发展的作用："发展旅游业确实是产业结构调整的一个方向，大力发展旅游业，可以有力带动产业升级和群众增收致富④。"1999 年，国务院决定增加法定假日后，国内旅游业更加快速增长，国内旅游消费与经济增长间的动态弹性系数表明国内旅游业的发展对于经济增长具有正向、积极的促进作用⑤。在 2000 年的旅游工作会议上，国家旅游局提出了"到 2020年，建设世界旅游强国，把旅游业发展成为我国国民经济的支柱产业"的宏伟目标，并得到钱其琛的认同⑥。到 2008 年，全国已有 27 个省级行政区把旅游业确定为支柱产业、主导产业或重要产业。2009 年，《国务院关于加快发展旅游业的意见》提出："旅游业是战略性产业"，要"把旅游业培育成国民经

---

① 张广瑞 . 关于"旅游业与新的经济增长点"问题的几点想法［J］. 财贸经济，1997（8）：41-46

② 国家旅游局，中共中央文献研究室 . 党和国家领导人论旅游（1978-2004 年）［M］. 北京：中国旅游出版社、中央文献出版社，2005：116.

③ 国家旅游局，中共中央文献研究室 . 党和国家领导人论旅游（1978-2004 年）［M］. 北京：中国旅游出版社、中央文献出版社，2005：96.

④ 国家旅游局，中共中央文献研究室 . 党和国家领导人论旅游（1978-2004 年）［M］. 北京：中国旅游出版社、中央文献出版社，2005：160-162.

⑤ 张丽峰 . 我国国内旅游消费与经济增长动态关系研究［J］. 技术经济与管理研究，2015（6）：124-128.

⑥ 国家旅游局，中共中央文献研究室 . 党和国家领导人论旅游（1978-2004 年）［M］. 北京：中国旅游出版社、中央文献出版社，2005：122-123.

济的战略性支柱产业。"[①] 从新的经济增长点到支柱产业，旅游业产业地位不断提升。

2. 让人民群众更加满意的现代服务业

与旅游业产业地位提升相伴随的是旅游业在社会发展中的角色转变。随着中国经济的持续快速发展，国家对外开放政策的持续推进，创汇渠道不断拓宽，创汇能力不断提升，到 1996 年，我国货物贸易和服务贸易出口总额已经达到 1716 亿美元，外汇储备达到 1050 亿美元，国家外汇紧张的局面得到了初步缓解，对旅游创汇的需求不再那么迫切。与此同时，人民群众的经济收入持续增加，游览祖国大好河山的愿望日益强烈，随着国家基础设施建设投入的加大，航空、铁路等交通基础设施状况不断改善，运输大规模游客的基础条件基本具备，发展国内旅游，建设让人民群众更加满意的现代服务业，依托旅游产业，促进国家经济结构调整成为这一时期旅游产业发展的核心思想。早在 1984 年，谷牧就曾提出在发展国际旅游的同时，对国内旅游业的发展也要充分重视，并指出"我们自己国家的人想看看祖国的山河，这不是我们提倡不提倡，是群众有这个需要，我们要适应这个需要，满足群众的这个要求[②]。"李鹏也在 1988 年提出要正确处理国际旅游与国内旅游的关系，他指出：随着国内人民生活水平的提高，国内旅游也要上，发展潜力也是很大，应给予支持[③]。到 1993 年，中国人均 GDP 已经达到 377 美元，已经基本具备了进行国内旅游的经济基础，更有上海、广东等地人均 GDP 超过 800 美元，国内旅游已在实践中产生迫切的需求[④]。1993 年，国务院转发国家旅游局《关于积极发展国内旅游业的意见》，指出：国内旅游业的兴起和发展，满足了人民群众日益增长的物质文化需求，带动了相关产业和事业的发展，促进了各

---

① 《国务院关于加快发展旅游业的意见》[EB/OL]. https://www.gov.cn/zwgk/2009-12/03/content_1479523.html，2009-12-3/2019-8-5.

② 国家旅游局、中共中央文献研究室.党和国家领导人论旅游（1978-2004年）[M].北京：中国旅游出版社、中央文献出版社，2005：35.

③ 国家旅游局、中共中央文献研究室.党和国家领导人论旅游（1978-2004年）[M].北京：中国旅游出版社、中央文献出版社，2005：70.

④ 张立生.我国国内旅游市场规模分析与预测[J].地域研究与开发，2004（1）：59-61.

地区之间的经济文化交流，繁荣和振兴了地方经济，对社会经济的发展产生了积极作用。到 2009 年，《国务院关于加快发展旅游业的意见》（国发〔2009〕41 号）明确了"把旅游业培育成人民群众更加满意的现代服务业"的目标。

2.2.2 旅游业在国民经济均衡发展中的作用

"让一部分地区先富起来"是"事物发展的不平衡规律是宇宙间的普遍规律"在社会主义建设中的具体应用[①]。邓小平于 1988 年正式提出了沿海和内地、东部和西部共富的"两个大局"的战略构想。他指出："沿海地区要加快对外开放，从而带动内地更好地发展，这是一个事关大局的问题，内地要顾全这个大局。反过来，发展到一定的时候，沿海要拿出更多力量来帮助内地发展，这也是个大局，沿海也要服从这个大局[②]。"改革开放二十年来，得益于优越的地理位置、便利的交通条件等优势，东部地区在经济特区、沿海开放城市等改革政策支持下快速发展，先富了起来。1998 年，我国东部地区人均国内生产总值分别为 1150 美元，已经跨入中等收入阶段，尤其是上海市人均国内生产总值更是达到了 3043 美元，已经开始跨入中上等收入阶段；而西部地区人均国内生产总值仅为 487 美元，仅为东部地区的 42%[③]。为逐步缩小地区差距，加强民族团结，保障边疆安全和社会稳定，1999 年，中央经济工作会议提出："现在研究实施西部大开发战略的条件基本具备，时机已经成熟[④]。"西部地区拥有浓郁的民族旅游资源和奇特的自然旅游资源，充分发挥旅游资源优势，大力发展旅游业，促进东西部地区的交流互通，推动西部地区的快速发展成为西部大开发的重要任务。2000 年，《国务院关于实施西部大开发若干政策措施的通知》〔国发〔2000〕33 号〕中把发展特色旅游业列为实施西部大

---

① 　徐海莎.邓小平"先富后富共同富"思想的哲学思考［J］.当代世界社会主义问题，1994（1）：30-35.

② 　邓小平.邓小平文选（第 3 卷）［M］.北京：人民出版社，1993：277-278.

③ 　中国社会科学院工业经济研究所课题组.西部开发与东、中部发展问题研究（上）［J］.中国工业经济，2000（4）：28-34.

④ 　1999 年中央经济工作会议［EB/OL］.https://www.gov.cn/test/2008-12/05/content_1168875.html，2008-12-5/2019-8-5.

开发的重点任务之一①。《"十五"西部开发总体规划》提出：西部地区文化旅游资源，充分利用西南、西北丰富的自然和人文景观，把旅游业培育成为西部地区的支柱产业②。西部十二省（自治区、直辖市）也在各自的"十五"规划中把旅游业列为重点培育的新兴支柱产业或新的经济增长点。2001年，朱镕基在全国旅游发展工作会议上指出：西部地区都要把旅游业作为特色产业加快发展，形成经济优势，要积极吸引外资、港澳台资和东部地区的投资，逐步实现旅游业对海内外投资者全面开放③。在国家和各地区政策的引导下，西部地区的经济持续强劲增长，与中部、东部地区经济发展差距不断缩小④。其中，旅游业对西部大开发政策的响应尤为灵敏：一方面，西部地区内部的旅游差距在不断缩小，而且速率很快；另一方面，东部地区和西部地区之间旅游差异扩大的态势在2001年之后就得到了有效控制，在保持了3年的稳定后也快速缩小，旅游在缩小东西部区域经济发展差距中表现出明显的正向作用⑤。

相比西部地区，中部地区旅游资源更丰富、交通等基础设施更完善、旅游市场更广阔，发展旅游业的条件和潜力更大。在"十一五"期间开始实施的"中部崛起计划"中，乡村旅游和红色旅游成为推动贫困地区和革命老区因地制宜、又好又快发展的重要方式⑥。发挥旅游业关联带动作用明显、区域协作性强的产业特质，以旅游业为联动的首选行业，进行协作，实现旅游资源、客源市场共享，成为中部地区各省共同的认识。2004年9月，湖北、湖南、安徽、

① 国务院关于实施西部大开发若干政策措施的通知（国发〔2000〕33号）〔EB/OL〕. https://www.gov.cn/gongbao/content/2001/content_60854.html，2001–1–10/2019–8–5.
② 国家计委、国务院西部开发办关于印发"十五"西部开发总体规划的通知（计规划〔2002〕259号）〔EB/OL〕. https://www.gov.cn/gongbao/content/2003/content_62545.html，2003–1–30/2019–8–5.
③ 国家旅游局，中共中央文献研究室.党和国家领导人论旅游（1978–2004年）〔M〕.北京：中国旅游出版社、中央文献出版社，2005：153–154.
④ 刘生龙，王亚华，胡鞍钢.西部大开发成效与中国区域经济收敛〔J〕.经济研究，2009（9）：94–105.
⑤ 付涤非，李立华，刘睿.西部大开发以来我国区域经济及旅游发展差异的对比研究〔J〕.特区经济，2012（9）：180–182.
⑥ 国家发展和改革委员会.促进中部地区崛起规划〔EB/OL〕. https://zfxxgk.ndrc.gov.cn/web/iteminfo.jsp?id=259，2010–1–11/2019–8–5.

江西、河南 5 省签订了《赤壁宣言》旅游合作协议，共同打造中部旅游经济共同体。2006 年 3 月，安徽、河南、湖北、湖南、江西、山西六省旅游局官员签署《中部旅游合作框架协议》，中部六省旅游业合作正式拉开帷幕。中部连片特困地区 30 个贫困县的旅游发展实践证明：旅游发展对于提高贫困地区人均收入具有重要作用，旅游发展对贫困减缓具有非线性的正向影响关系[①]。

2.2.3 促进旅游业生产力发展的措施

1. 改革工休制度，释放旅游消费潜力

人民群众进行旅游活动除了需要有一定的可自由支配收入外，还需要有能够自由支配的闲暇时间。为此，1986 年开始，国家科委对我国推行五天工作制的可行性进行了研究，并在邓小平南方谈话之后向国务院提交了有关实行五天工作制的报告[②]。1995 年，国务院作出了修订《国务院关于职工工作时间的规定》的决定，从当年 5 月 1 日起，全国开始实施五天工作制，引发了全国各地的周末旅游热[③]。1999 年，国务院公布了修订后的《全国年节及纪念日放假办法》，规定：春节、"五一""十一"各放假 3 天，在具体执行过程中，通过调休形成 7 天的长假。此举促进了国内旅游黄金周的形成和井喷式的旅游增长[④]。2000 年 6 月，国务院办公厅转发了国家旅游局等九部委《关于进一步发展假日旅游的若干意见》，指出：假日旅游"黄金周"极大地激发了人民群众的旅游热情，推动了我国旅游业以及相关行业的发展，满足了人民群众的旅游需求，对提高人们物质文化生活水平起到了积极作用，促进了资源优势向产业优势的转化以及一些地区特色经济的形成。[⑤]

2. 加强旅游监管，维护旅游市场秩序

随着旅游业的迅猛发展，旅游业生产与消费的同时性带来了监管上的困

① 张大鹏.旅游发展能减缓特困地区的贫困吗——来自我国中部集中连片 30 个贫困县的证据［J］.广东财经大学学报，2018（3）：87-96.

② 胡平，谢文雄.我国五天工作制出台始末［J］.百年潮，2009（12）：41-46.

③ 高舜礼.方兴未艾的周末旅游热［J］.中国行政管理，1995（10）：10-12.

④ 张英.对我国 2000 年假日旅游的回顾［J］.渝州大学学报（社会科学版），2001（12）：50-52.

⑤ 国家旅游局，中共中央文献研究室.党和国家领导人论旅游（1978-2004 年）［M］.北京：中国旅游出版社、中央文献出版社，2005：313.

难，20世纪90年代后期，"零团费"现象开始在旅游市场中出现，并迅速演化成为"负团费"①。多年来，虽然国家旅游行政管理部门一直严厉打击，然而"零负团费"现象却一直存在，成为旅游业的"顽疾"。为规范旅游发展秩序，保障旅游服务质量，国家出台了多项法律法规来整顿"零负团费"现象，如《导游人员管理条例》（1999年）规定：导游人员不得欺骗、胁迫旅游者消费或者与经营者串通欺骗、胁迫旅游者消费;《旅行社条例》（2009年）规定：旅行社不得以低于旅游成本的报价招徕旅游者;《中华人民共和国旅游法》（2013年）规定：旅行社不得以不合理的低价组织旅游活动，诱骗旅游者，并通过安排购物或者另行付费旅游项目获取回扣等不正当利益②。国务院也先后发布了加快旅游业发展的相关意见，从加强价格监督检查、规范旅行社经营和导游服务行为，加强旅游市场监管和诚信建设，以及加强旅游市场综合执法、引导会员企业诚信经营等方面推进建立良好的旅游市场秩序③。

3. 发挥旅游带动效应，深化产业融合

在打破区域界线促进区域均衡发展的同时，旅游业也在不断打破传统的产业界线，推动着产业之间的相互融合。2001年，《国务院关于进一步加快旅游业发展的通知》指出：树立大旅游观念，促进相关产业共同发展；国家旅游局于2002年发布了《全国农业旅游示范点、工业旅游示范点检查标准（试行）》，在2004年命名了首批"全国农业旅游示范点"和"全国工业旅游示范点"。后在农业部的支持下，两部门联合开展了全国休闲农业与乡村旅游示范县和全国休闲农业示范点创建活动④。2011年，国家林业局和国家旅游局联合发布了《加快发展森林旅游的意见》，提出：把发展森林旅游上升为国家

---

① 佚名.中消协发布第五号警示：旅游"零团费"是圈套［J］.广西质量监督导报，2000（2）：31.

② 中华人民共和国旅游法［EB/OL］.https://www.npc.gov.cn/npc/xinwen/2018-11/05/content_2065666.html，2018-11-5/2019-8-5.

③ 国务院关于进一步加快旅游业发展的通知（国发〔2001〕9号）［EB/OL］.https://www.gov.cn/zhengce/content/2016-09/22/content_5110828.html，2016-9-22/2019-8-5.

④ 农业部 国家旅游局关于开展全国休闲农业与乡村旅游示范县和全国休闲农业示范点创建活动的意见（农企发〔2010〕2号）［EB/OL］.https://www.moa.gov.cn/govpublic/XZQYJ/201008t20100804_1612014.html，2010-8-3/2019-8-5.

战略，作为建设生态文明的重要任务[①]。

经过 20 余年的发展，旅游业凭借其在扩大就业、增加收入、推动中西部发展和贫困地区脱贫致富等方面显著的带动作用，成为现代服务业的重要组成部分[②]。

2.3 全域旅游阶段：充分发挥旅游业综合性产业作用

2014 年后，随着中国经济持续发展，国家对旅游业的定位逐步跳出经济领域，更加重视其在推进生态环境保护、优秀文化传承和创新，助力中华民族伟大复兴中的综合性作用。

2.3.1 旅游业的综合性产业性质的再认识

随着旅游业的持续强劲的发展，旅游业的综合性产业性质越来越凸显，成为不同国家、不同文化相互交流的重要渠道和促进生态环境提高人民生活幸福的重要产业。

1. 在促进文化交流和传播方面

早在 2004 年，习近平在浙江省旅游发展工作会议上就曾指出："旅游与文化密不可分，发展旅游对增进国家和地区之间、民族之间的交流和沟通、弘扬我国优秀传统文化，增强中华民族的凝聚力都有十分重要的意义[③]。" 2009 年，文化部和国家旅游局联合发布的《关于促进文化与旅游结合发展的指导意见》指出，加强文化和旅游的深度结合，有助于加快文化产业发展，促进旅游产业转型升级推动中华文化遗产的传承保护，扩大中华文化的影响，提升国家软实力，促进社会和谐发展[④]。旅游作为一项促进旅游者之间文化交流的重要方式，也促进了旅游目的地与外界社会在经济、文化、思想等方面的

---

① 国家林业局　国家旅游局关于加快发展森林旅游的意见（林场发〔2011〕249 号）[EB/OL].
https://www.forestry.gov.cn/portal/slgy/s/2467/content-513222.html，2011-12-1/2019-8-5.

② 国务院关于促进旅游业改革发展的若干意见（国发〔2014〕31 号）[EB/OL]. https://www.gov.cn/
zhengce/content/2014-08/21/content_8999.html，2014-8-21/2019-8-5.

③ 习近平. 树立和落实科学发展观 加快建设旅游经济强省[J].浙江旅游年鉴（2005）：105-111.

④ 文化部，国家旅游局.关于促进文化与旅游结合发展的指导意见[EB/OL]. https://www.gov.cn/
zwgk/2009-09/15/content_1418269.html，2009-9-15/2019-8-5.

交流。一方面，旅游发展能够促进优秀传统文化的传承保护。旅游发展为优秀传统文化的传承带来了机遇，通过旅游展现传统文化能够让游客感受到当地文化的魅力，体验当地悠久的社会历史和独特的民俗风情，让当地居民更具有文化自信；另一方面，旅游发展能够促进文化之间的交流。当地居民和游客的密切交往，能够让对方有更多机会亲身接触体验不同的传统文化、增进不同文化之间的相互理解和相互融合。

2. 在促进生态环境保护方面

早在改革开放之初，邓小平就以石林、漓江为例提出要加强环境保护、促进旅游发展。但当时还只是强调创造良好的环境，以便促进旅游业的发展。传统上认为旅游和环境保护是"鱼与熊掌不可兼得"，旅游产业的发展需要良好的或独特的环境，而在旅游发展过程中的建设和游客量的大量增加可能会对环境造成破坏。2005 年，时任浙江省委书记习近平提出了"绿水青山就是金山银山"的理念，他指出："生态环境优势转化为生态农业、生态工业、生态旅游等生态经济的优势，那么绿水青山也就变成了金山银山。"[①] "两山理论"的提出从哲学的高度诠释了旅游和环境保护既对立又统一矛盾关系，阐明了经济与生态的辩证统一关系，体现了人与自然和谐发展的本质，即："绿水青山"是"金山银山"的重要依托，应摒弃以牺牲生态环境为代价的旅游发展模式，以旅游发展促进优质生态环境的再生产[②]。在此后 10 多年里，"两山理论"逐步发展完善并经历了实践的检验。2013 年，党的十八届三中全会提出建立国家公园体制，从 2015 年起我国陆续在 10 个试点区开展国家公园体制试点工作。2017 年，中共中央办公厅、国务院办公厅印发了《建立国家公园体制总体方案》，标志着"两山理论"经历了实践的检验，成为推进自然资源科学保护和合理利用、促进人与自然和谐共生的重要理论。习近平在党的十九大报告中提出："树立和践行绿水青山就是金山银山的理念，坚持节约资

---

① 习近平. 之江新语 [M]. 杭州：浙江人民出版社，2007：153.
② 刘伟，朱云，叶维丽等. "绿水青山就是金山银山"的哲学基础及实践建议 [J]. 环境保护，2018（10）：52–54.

源和保护环境的基本国策"，他在参加党的十九大贵州省代表团讨论时指出：要抓住乡村旅游兴起的时机，把资源变资产，实践好绿水青山就是金山银山的理念①。

2.3.2 旅游业在社会发展中的作用

1. 旅游成为人民幸福生活的重要组成部分

随着我国经济的持续快速发展，人民的生活水平不断提高，2018 年，我国的恩格尔系数已经下降到28.4%②，旅游已经成为大多数人民生活中"常态"或"刚需"，成为人民幸福安康的生活的重要组成部分。2016 年，《国务院办公厅关于进一步扩大旅游文化体育健康养老教育培训等领域消费的意见》提出：旅游和文化、体育、健康、养老产业并称为"五大幸福产业"，着力推进幸福产业服务消费提质扩容。旅游业作为幸福产业，它的幸福属性主要体现在两个方面，一是旅游发展方面，二是产业发展方面③。在人民生活水平日益提高的新时代，旅游能更好地满足人们追求更高层次的精神享受和服务体验的需求，为人们带来精神上的幸福感。

2. 旅游外交促进建立良好国际关系

2013 年，习近平在俄罗斯中国旅游年开幕式上的致辞指出："旅游是传播文明、交流文化、增进友谊的桥梁，是增强人们亲近感的最好方式。"④2015年，"旅游外交"一词出现在全国旅游工作报告中，"旅游行业要主动作为，主动发声，服务国家整体外交，开拓旅游外交，构建旅游对外开放新格局，成为新阶段我国对外交往合作的重要内容⑤"。2016 年，国务院印发《"十三五"旅游业发展规划》，指出我国旅游外交格局开始形成，新时期要全面实施旅游外交战略，开展"一带一路"国际旅游合作，拓展与重点国家

---

① 国家旅游局.习近平论旅游［Z］.北京，2017：179.

② 国家统计局局长就 2018 年国民经济运行情况答记者问［EB/OL］.https://www.stats.gov.cn/tjsj/sjjd/201901/t20190121_1645944.html，2019–1–21/2019–8–5.

③ 白长虹.发展旅游产业 筑牢幸福基石［N］.北京：中国旅游报，2017–12–20.

④ 习近平.在俄罗斯中国旅游年开幕式上的致辞［N］.人民日报（海外版），2013–3–23.

⑤ 2015年全国旅游工作会议工作报告［EB/OL］.https://www.pinchain.com/article/20084，2015–1–15/2019–8–5.

旅游交流，创新完善旅游合作机制[①]。此后几年中，中国发起成立了世界旅游联盟，与"一带一路"沿线国家共同发布了《"一带一路"旅游合作成都倡议》，旅游外交成为中国新时代的外交方式，助力中国建设全方位、多层次、立体化的特色大国外交布局。从"旅游搭台、经济唱戏"到"旅游交流，服务外交"，旅游业的使命实现了从促进社会生产力发展到推动建立良好的国际人文环境转变。

3. 旅游促进产业融合和扶贫减贫

旅游业综合效应大，带动能力强，在保障和改善民生方面具有显著作用。第一，促进创业就业，增进民生福祉。旅游业属劳动密集型产业，且就业门槛低、就业容量大，能够吸引众多劳动力。第二，助力扶贫富民，旅游扶贫具有当地就业、灵活从业、带动面广、返贫率低的特征，是实现乡村振兴的重要抓手。第三，旅游具有与相关产业融合度高的特点，旅游既能够与农林牧渔等物质生产型产业融合，带动产业升级和产业结构调整，又能够与体育、康养等服务型产业深度融合，为人民群众休闲健康等提供了更多的选择渠道。

2.3.3 新时代发展旅游业的重要措施

1. 深化产业融合，开启全域旅游发展新阶段

随着人们的旅游需求日益多样性，旅游产业与相关产业的深度融合、旅游产业链的不断延伸，旅游产业的时空布局越来越广泛，参与旅游产业发展的行业和人员越来越多，各地区对旅游产业的发展方式也在不断进行新的探索。2007年，成都市在国家统筹城乡综合配套改革试验区建设中提出"全域成都"理念，推进龙门山和龙泉山两个旅游发展带的"全域成都"建设，此后，四川省巴中市、浙江省桐庐县等地区先后提出了优化空间布局、丰富产品体系等全域旅游的理念并进行了实践探索。2016年，全国旅游工作会议上提出中国旅游要从"景点旅游"向"全域旅游"转变，2017年，国务院把全

---

① 国务院关于印发"十三五"旅游业发展规划的通知［EB/OL］. https://www.gov.cn/zhengce/content/2016-12/26/content_5152993.html，2016-12-26/2019-8-5.

域旅游列入了政府工作报告[①]，全域旅游成为中国为世界旅游发展贡献的中国智慧。全域旅游发展理念强调：（1）旅游需求的多样性是全域旅游的源动力。不同类型、不同层次的旅游需求在社会总体旅游需求中共同存在；（2）加强旅游产业与相关产业的深度融合、促进旅游管理部门主动推进产业融合，吸引更多相关产业参与到旅游产业链中；（3）旅游产业的旅游产业链的延伸是全域旅游的本质。旅游行政布局全域化和全员参与是全域旅游的外在表现形式；（4）政府主导是全域旅游的有力支撑[②]。随着旅游与相关产业融合程度的不断加深，旅游产业链越来越长，所涉及的范围越来越广。2015 年，为明确旅游及相关产业的统计范围，国家统计局编制了国家旅游及相关产业统计分类（2015），旅游业共涉及国民经济行业分类中的 85 个行业，其中 65 个行业部分活动属于旅游及相关产业。

2.进一步优化组织机构，引导产业融合发展

文化是旅游的灵魂、旅游是文化的载体[③]。随着人们旅游阅历的增加，人们的旅游需求也在不断地变化，人们已经不再仅仅满足旅游中的湖光山色、天籁之音所带来的眼睛、耳朵等感觉器官上的体验，而是追求更深层次的精神文化的满足。旅游和文化的融合越来越密切，旅游与文化的关联度、协同性日益增强，旅游产品与文化品牌深度融合，逐渐成为激发人们旅游需求的重要力量；旅游产业与文化产业有机融合，逐渐成为提升旅游产业经济效益和社会效益的重要支撑，旅游消费与文化消费深度融合，逐渐成为旅游产业带动产业发展的重要引擎。基于此，为深入推进文化和旅游的融合，2018 年3 月，国家进行新一轮机构改革，成立文化和旅游部。更加深入地推进文化与旅游的融合：（1）把更多的中国优秀文化在旅游发展中进行活化和展示，丰富

---

①　2017 年政府工作报告［EB/OL］. https://www.gov.cn/premier/2017-03/16/content_5177940.html, 2017-3-16/2019-8-5.

②　高元衡，王艳，吴琳等.从实践到认知，全域旅游内涵的经济地理学理论探索［J］.旅游论坛， 2018（5）：9-21.

③　刘云山.推动旅游文化产业实现新的更大发展［EB/OL］. https://cpc.people.com.cn/GB/64093/ 64094/11185870.html, 2010-3-21/2019-8-5.

旅游的内容，提升旅游的品质，把文化真正打造成为旅游的灵魂，让旅游更加富有魅力；（2）在旅游中更好地宣传、推广中国优秀文化，让更多的旅游者成为中国文化的宣传者、传播者，把旅游真正打造成为文化的载体，促进中国优秀文化的广泛传播，让中国优秀文化更加富有国际影响力。

进入新时代，旅游业真正开始成长为综合性产业。在经济上，旅游经济在国民经济中的比重越来越高，发展旅游已经成为促进区域经济发展和产业结构优化的重要方式；在生态环境上，青山绿水也是金山银山的理念已经深入人心，发展旅游，在带来经济发展的同时，又能够促进绿水青山的保护和可持续利用；在文化方面，旅游发展一方面促进了中华优秀传统文化的保护、传承和转化创新，另一方面也促进了中国文化在国际上的传播。随着社会的发展，得益于中国经济发展水平的提高和老百姓可自由支配收入的增长，旅游活动已经成为中国老百姓日常生活的必要组成部分。

2.4 小结

回顾中国改革开放40多年来的旅游发展，可以看出：在中国特色社会主义建设过程中，通过不同阶段中国旅游业发展思想的引导和产业政策的推动，中国旅游业真正开始成长为综合性产业，这既是长期坚持中国特色旅游业发展思想的成果，也是中国特色社会主义发展过程中中国社会发展不断转型的结果。从改革开放之初对旅游业综合性产业的定位到新时代旅游业真正开始成为综合性产业，中国旅游业伴随着中国社会经济发展的转型走出了一条"解放和发展旅游生产力，推进国家夯实经济基础；到大力发展国内旅游，推进生产关系的调整；再到发挥旅游的生态功能和文化交流功能，服务中华民族伟大复兴"之路。这条道路，正是马克思主义基本原理与中国旅游业发展的具体实际相结合、不断推进独具特色的中国旅游发展之路的具体体现。

第3章
全域旅游促进区域平衡充分发展理论综述

3.1 引言

区域均衡发展是社会经济发展中长期存在的问题。在不同的历史阶段，不同的地区受自然、人文、政治等因素影响，社会经济发展并不能实现均衡发展。如在 20 世纪 60~70 年代，在中苏交恶以及美国在中国东南沿海的攻势情况下实行的"三线建设"战略，历经 3 个五年计划时期，涵盖 11 个省、自治区，共投入 2000 余亿元和几百万人力，部署了数千个建设项目，初步改变了中国内地基础工业薄弱，交通落后，资源开发水平低下的工业布局不合理状况，为增强我国国防实力，改善生产力布局以及中国中西部地区工业化做出了极大贡献，有效地促进了我国内陆地区经济的发展[①]。在党的十一届三中全会后，随着国际政治局势趋向缓和，国内工作重点转向经济建设，国家开始推行改革开放政策，处在东部沿海的地区成为经济发展的重点区域，设立了经济特区、沿海开放城市、沿海经济开放区等沿中国东部海岸线从南到北全面对外开放的前沿阵地，并逐步形成了沿交通干线、大江大河，由沿海向内地逐步推进的格局。

---

① 李曙新.三线建设的均衡与效益问题辨析［J］.中国经济史研究，1999（4）：110-119.

区域均衡发展问题早已得到国家的高度重视。根据时代发展的需要推进区域间的均衡发展，不同的国家和地区出台了多种多样的政策和措施。如美国在 20 世纪 60 年代为促进阿巴拉契亚地区的发展，约翰逊总统敦促国会出台了《阿巴拉契亚地区开发法》，并设立开发领导机构"阿巴拉契亚地区委员会"[1]。20 世纪 90 年代初德国统一后，为实现统一后的经济协调发展，德国联邦政府通过设立"德国统一基金会""信托局""货币转换基金会"等财政措施以及"附加投资、投资补助、税收优惠、低息贷款以及担保"等形式的支持投资和扩大再生产的财税政策，完善了转移支付体系，筹集了专项资金，加强推动了东西部之间的经济合作，加快了德国东部地区的经济发展[2]。

就国内而言，在东部地区经过长期的改革开放取得明显进步，东、中、西部地区差异不断扩大的情况下，20 世纪末 21 世纪初，为促进区域均衡发展，中国陆续启动实施西部大开发战略、促进中部地区崛起战略和东北地区振兴规划，并取得了一定的效果[3]。但这些地区在社会经济取得长足发展的同时，与东部地区相比以及在各地区内部比较仍然存在发展不平衡不充分的状况，并且受区位、人口、科技等因素影响，在这种发展不平衡不充分中西部地区长期处于低水平发展的一方。

2017 年，习近平总书记在党的十九大报告中指出中国特色社会主义已经进入新时代，社会主要矛盾已经转化为人民日益增长的美好生活需要和不平衡不充分的发展之间的矛盾。社会主要矛盾的变化一方面揭示了我国在社会主义建设过程中取得的丰硕成果，社会生产力水平总体上显著提高，但也揭示了我国仍处于并将长期处于社会主义初级阶段的基本国情没有变。发展的不平衡不充分，从根本上说还是源于生产力水平不够高。这种不平衡不充分，

① 黄贤全，张科.论美国政府的区域经济开发政策（1961-1981 年）[J].西南大学学报（社会科学版），2018，44（5）：182-188+192.
② 孙敏.促进东西部的平衡发展——德国重新统一后的财税政策对我国的借鉴意义 [J].财政研究，2001（11）：73-76+16.
③ 彭曦，陈仲常.西部大开发政策效应评价 [J].中国人口·资源与环境，2016，26（3）：136-144.

不仅体现在落后地区、农村的发展的不平衡、不充分，甚至东部发达地区包括一些大城市依然存在发展不平衡、不充分的现象。

随着人们生活水平的不断提高，旅游逐步已成为人们现代生活方式中必不可少的重要组成部分[①]。并且因旅游业所具有的产业链长、产业面广等特征，旅游业的发展对其他产业有不同程度的带动、促进作用，旅游业在 20 世纪 90 年代也逐步成为区域经济发展的新的增长点[②]。同时，随着旅游资源的开发、旅游基础设施和旅游服务设施的建设，以及不断推进区域经济的发展，使其不断成长为一些旅游资源丰富地区社会经济发展的支柱产业和战略产业[③]。随着旅游业对其他相关产业的带动作用逐步显现，全域旅游作为实现以旅游引领区域社会经济全面深化改革的重要手段，被写入国家"十三五"旅游业发展规划，中国旅游发展模式也从景点旅游向全域旅游转变。

全域旅游是以旅游业为优势主导产业，实现区域资源有机整合、产业深度融合发展和全社会共同参与，通过旅游业带动乃至于统领经济社会全面发展的一种新的区域旅游发展理念和模式（国家旅游局，2015），在促进西南民族地区旅游资源有机整合、旅游与相关产业深度融合和全社会共建共享方面更具有优势。随着全域旅游成为中国旅游业发展的战略导向，关于区域旅游的研究也成为旅游研究界的研究热点。

3.2 关于区域平衡发展的研究

3.2.1 区域平衡发展理论研究

区域发展是区域经济学的核心研究内容。对地区差别以及地区性政策的关切是推动区域经济学发展成为一门分支学科的主要动力。

随着 1978 年中国实施改革开放政策，国家社会经济发展总体上呈现出越

---

① 郑本法 . 需要理论与旅游动机［J］. 甘肃社会科学，2000（6）：72–73+75.
② 魏小安 . 旅游发展的经济增长点战略［J］. 旅游学刊，1997（5）：8–12+61.
③ 谢洪忠，骆华松，黄楚兴，王嘉学 . 云南旅游支柱产业软环境现状及建设［J］. 经济问题探索，2002（2）：109–112.

来越好的态势，但社会经济发展在区域间的平衡性问题上却表现得越来越突出，东部沿海地区和中西部地区的发展差距逐步拉大，并引发了一系列社会问题。从 20 世纪 90 年代开始，中国区域经济发展差距问题在国内外学术界得到空前的关注。国内外的学者们从不同角度运用不同的理论深入地研究了中国区域经济发展差距各个方面的问题。这些理论主要包括：经济增长理论（Economic Growth Theory）、扩散效应理论（Trick-Downap-Proach）和循环累积因果理论（Cumulative Causation Model）。

1. 经济增长理论

经济增长理论主要包括新古典增长理论（New Classical Regional Growth Thoery）和内生增长理论（The Theory of Endogenous Growth）。

新古典增长理论认为在规模收益不变的前提下，生产要素（包括劳动力、资本和技术）的边际生产率会随着生产的增长而降低。因此，当一个区域内的某生产要素的绝对值高于另一个区域时，如果再在这一区域内投资这一要素的话，就不如在另一区域内投资，因为那里的边际生产率会更高。在这样的原理推动下，生产要素可以在不同区域间流动，直至生产要素的边际收益在各区域内相同，因此，区域经济发展将最终趋同，而区域非均衡是由于市场机制对区域均衡进行调节的滞后或市场自身不完善造成的。任何区际差异现象都是暂时的，即使最初的区域发展是不平衡的，资本和劳动的逆向流动也可实现总体效率与空间平等的最优结合，社会不需要付出总体效率的损失，区际发展水平将趋于收敛[1][2]。但是在中国的经济增长过程中，由于受地方保护主义等因素的影响生产要素的流动并非无限制的。因此，新古典增长理论具有一定的适用范围。

内生增长理论强调知识和技术在长期经济增长中的作用，认为经济能够不依赖外力推动实现持续增长，内生的技术进步是保证经济持续增长的决定

① 宋学明.中国区域经济发展及其收敛性［J］.经济研究，1996（9）：38-44.
② 送吾.新古典主义区域增长理论评介——对中国区域经济发展的启示［J］.科学经济社会，2004（1）：16-18.

因素[①]。宋学明（1996）认为："积累的形式主要是通过人们的学习增加知识资本和人力资本。知识或人力资本的增加会促进经济的发展，经济得到发展后反过来又会提供更多的学习机会。因此，经济越发达的区域，其知识或人力资本的积累越大，经济发展就越快；而经济差的区域，其学习的可能性较小，经济发展也就慢。"从内生增长理论的角度看，区域间的差异会随着时间的变化而增加，不过，如果在区域间有贸易和要素流动，区域经济差异会有缩小的可能。李杰（2009）基于空间内生增长理论建立了模型，发现贸易自由度的提高可以促进产业的空间聚集，并因此使该地区的经济增长进入"快车道"；而知识溢出效应的提高，则使产业的空间分布模式保持对称稳定，并因此促进区域间差距逐步减小；李杰对中国的区域经济发展差异进行研究后，发现我国区域经济布局体现的正是效率较高的核心—边缘结构均衡，但由于贸易自由化的作用明显大于知识溢出的作用，故导致产业的空间聚集力大于扩散力，从而形成了典型的东部隆起和中西部塌陷的经济地理现象[②]。

2. 扩散效应理论

扩散效应指所有位于经济扩张中心的周围地区，都会随着与扩张中心地区的基础设施的改善等情况，从中心地区获得资本、人才等，并被刺激促进本地区的发展，最后逐步赶上中心地区[③]。

扩散效应理论认为，资金首先应大量投放在经济体的一个特定地区，一旦这些地区发展起来之后，它们对于其他地区商品和服务的需求就会增加，从而产生从该地区到其他地区的技术知识扩散，最终，其他地区会通过这种扩散效应或溢出效应而受益。一旦先进地区的生产成本上升到其他地区并能有效与其竞争的时候，地区差距将被矫正（Golley，2002）。扩散效应理论认为地区差距在短期内会存在，但在历经长期时间后将消失。

① 潘士远，史晋川.内生经济增长理论：一个文献综述［J］.经济学（季刊），2002（3）：753–786.

② 李杰.基于空间内生增长理论的区域差异成因探析［J］.南开经济研究，2009（3）：87–107.

③ ［EB/OL］.https://wiki.mbalib.com/wiki/ 扩散效应.

扩散效应理论的一个不足是地区间存在回波效应的可能，即优先发展地区的经济得到发展之后，其他地区的资源还会源源不断地流向该地区，这正是累积因果模型的理论核心。该理论认识到了溢出效应和回波效应的同时存在，但强调后一种效应通常比前一种效应要大。一旦一个地区具有了竞争力，由于集聚经济（Agglomeration Economic）和规模收益递增（Increasing Returns to Scale）的存在，它会继续保持经济的高速增长，而没有投资吸引力的地区的经济将趋于停滞。该理论认为地区不平衡是可能的和持久的，政府的政策能改变这种不平衡模式，比如，可以通过在落后地区建立"增长中心"（Growth Center）和吸引产业的产业区，扩大基础设施投资规模等方法来取得地区经济的平衡发展[①]。陈建军（2003）对长江三角洲地区进行研究后指出，长江三角洲地区并非一个二元空间而更近似于匀质空间，两地之间的关系并非"极化—扩散"，而是资源优势互补、产业分工的关系[②]。

3. 循环累积因果理论

循环累积因果理论认为在市场力量存在的情况下，其作用通常是倾向于增加而不是减少区域间的差异，由于聚集经济效益和规模收益递增的存在，发达地区在市场机制作用下会处于持续、累积的加速增长之中，并会产生扩散效应和回波效应（这正是扩散效应理论的不足之处），而且在区域经济增长过程中，由于市场机制的作用，回波效应会比扩散效应大得多。因此，没有投入吸引力的区域的产出将趋于零。

缪尔达尔认为，从一个动态的社会来看，社会经济各因素之间存在着累积循环因果关系。他的逻辑基础是：某一社会因素的变化，将会引起另一社会因素的变化，而这一级的变化反过来又会加强最初一级的变化，但发展的方向取决于最初一级变化的方向。他指出，市场经济力量作用趋势与其说是

---

① 刘夏明，魏英琪，李国平.收敛还是发散?——中国区域经济发展争论的文献综述 [J].经济研究，2004（7）：70–81.

② 陈建军，姚先国.论上海和浙江的区域经济关系———一个关于"中心—边缘"理论和"极化—扩散"效应的实证研究 [J].中国工业经济，2003（5）：28–33.

缩小区域间差异，不如说是扩大区域间差异。由于地区间人均收入和工资水平差距的存在，某些区域发展快一些，另一些区域发展则相对较慢，一旦某些区域由于初始优势而超前于别的区域发展，这些区域在既得优势基础上会继续超前发展，从而导致发展快的区域发展更快，发展慢的区域发展更慢。这一过程导致了地理上的二元经济（Geographical Dual Economy）结构的形成，并带动区域经济差异的扩大。王丹（2019）以循环累积因果理论为基础对 20 世纪 80 年代我国的创新创业生态体系进行了梳理，发现：创新创业生态、创投基金生态以及多层次资本市场生态三者之间互为环形因果；而我国在这三个生态体系内的发展建设环环相扣、形成了循环累积效应，强化了系统内的累积力量，进而促进了我国整个创新创业生态体系呈现螺旋上升的发展趋势[①]。

3.2.2 影响区域平衡发展的因素研究

研究区域平衡发展的学者们首先需要探寻的一个问题是：是什么因素导致了区域不平衡发展。国内外学者从哲学规范和实证研究的角度出发对区域不平衡发展的问题进行深入剖析，表明：区域不平衡发展是由自然、人口、历史以及经济和社会等多方面原因共同引起的，主要有以下几个方面。

1. 自然禀赋

一个地区的发展最初总是从对自然资源的利用开始的，这也是产业结构演进的一般规律。因此一个拥有丰富自然资源的地区，在发展的初期总是能够获得自然的"恩赐"。而大多数自然资源的存在具有不可移动性的特征，导致形成明显的区域差异性，这也就决定了在人类社会发展的生产活动大多追求自然资源丰富的地区，如农牧社会的"逐水草而居、择丘陵而处"。自然资源分布的不平衡一定程度上导致了区域发展的不平衡，尤其是在生产力水平较低、人们改造自然的能力还有限的时代[②]。

---

① 王丹，李诗林，陈泽，肖星.循环经济理论下的中国创新创业生态体系的发展研究［J］.科学学研究，2019，37（10）：1874-1880.
② 程希.对不同地区人口分布与经济和资源环境关系的总体评价［J］.人口与经济，1996（6）：20-25+12.

区位也是影响区域平衡发展的因素。陆大道（1996）通过对我国经济现状和地理差异的研究，指出中国自然条件和地理区位是导致中国工业发展区域不平衡的基本原因[①]。区位的形成既包括自然原因，也受社会长期发展的积累影响[②③]。

2. 人力资本差异

劳动力是生产发展中最活跃的因素，是推动经济增长的生力军。根据新古典增长理论和内生增长理论，资本和劳动的存量变动会在短期内影响经济增长率，但在长期将趋于稳定。而人力资本存量的差异却有可能直接影响全要素生产率（FTP）。也就是说，其他条件相同时，人力资本的溢出效应是技术进步和创新的源泉，人力资本存量较大的国家或地区有可能在长期内保持相对较高的经济增长率。据此一些学者认为人力资本差异是影响地区之间长期趋异的重要原因。如中国明清两代科考总计诞生了203名状元，其中江浙两省就拥有99位[④]，形成了"东南财赋地，江浙人文薮"现象。人力资本的集聚可以通过直接效应和以劳动生产率、贸易壁垒为中介效应来影响区域高质量发展[⑤]。教育，尤其是高等教育是推动高质量人力资本形成的重要因素，政府应在加大对高等教育财政投资的同时，引导社会资本对其合理投资，从而促进地区经济增长[⑥]。

3. 物质资本差异

物质资本是经济发展的一个重要条件，丰富的物质资本不仅代表了先进的生产力、发达的技术、较强的市场竞争能力，还是社会生产方式、生活组

① 陆大道.东西部差距扩大的原因及西部地区发展之路［J］.中国软科学，1996（7）：38-40.

② 范斌，丰志勇，周杰文.不同社会时期的区位优势及影响因素的探讨［J］.特区经济，2005（11）：122-123.2.

③ 舒家先，张雨.社会信任与FDI的区位选择——基于省级数据的空间面板模型［J］.重庆工商大学学报（社会科学版）：1-11［2022-01-26］.

④ 梅介人.中国状元及其地理分布［J］.中国人才，2002（12）：25-27.

⑤ 彭伟斌，曹稳键.人力资本集聚对区域高质量发展的影响及其异质性［J］.求索，2020（5）：180-189.

⑥ 林敏，邱爽，周光美，向玉涛.四川省高等教育人力资本与区域经济发展研究［J］.合作经济与科技，2019（16）：105-107.

织形式、市场环境等的基础。

美国著名地理学家尼尔·史密斯（Neil Smith，1954—2012 年）应用历史唯物主义方法，整合马克思主义和地理学的资本周期运动、空间一体化与尺度推移等范畴，提出不平衡发展的尺度、资本周期运动等新理论，解释了资本主义社会生产与地理空间问题的复杂关系，丰富和拓展了马克思主义地理学。史密斯认为，不平衡发展是资本积累的矛盾在地理空间中的表达，地理固定的使用价值和运动的交换价值之间的矛盾在空间中转化成差异化和均衡化趋势的矛盾[①]。比较马克思和史密斯的论述，可以发现均衡化趋势是资本一般性和商品交换的空间转化，差异化趋势是资本分立与劳动分工的空间转化。资本的历史使命是通过发展生产力实现生产条件和生产水平的地理均衡化，但差异化生产是空间修复的手段，也是需要修复的问题，地理空间的差异化趋势总是不断阻碍均衡化趋势。从资本主义社会发展进程看，资本无法通过地理空间生产解决其内在矛盾和实现持续的积累，反而会导致和加剧地理空间的失衡。地理空间在资本主义生产方式下不可能迈向均衡生产，正如资本主义不可能实现平衡发展一样，因为差异化和均衡化趋势相互依存、对立统一，是资本积累的必要前提和必然后果[②]。经过对中国 20 世纪 90 年代以来的资本流动的研究可以发现，随着我国区域经济发展差距逐渐拉大，资本出现反向流动，原因在于区域经济不平衡发展导致区域间资本生产率差异拉大，从而使发达地区对资本的需求远高于欠发达地区，在整体经济尚处于资本稀缺的时期，各地区资本相对供给程度与经济发展水平呈负相关关系，即发达地区资本相对供给程度反而低于欠发达地区[③]。

---

　　① Smith N. Uneven development：Nature，capital，and the production of space. Athens［M］. Georgia：University of Georgia Press，2008.

　　② 谢富胜，巩潇然.资本积累驱动下不同尺度地理空间的不平衡发展——史密斯马克思主义空间理论探讨［J］.地理学报，2018，73（8）：1407–1420.

　　③ 赵志耘，吕冰洋.资本流动、资本供给和区域经济不平衡发展［J］.中国软科学，2007（12）：152–160.

4.技术差异

技术进步是经济增长的关键，根据内生增长理论，持续的经济增长来源于技术进步和科技创新，创新是技术进步的源泉。对技术差异对区域经济的影响的研究将技术进步作为外生变量纳入区域经济增长模型，主要包括：索洛模型[①]、知识资本外溢模型[②]、人力资本溢出模型[③]等。

技术差异对区域发展的影响主要依托技术创新和技术扩散实现。朱勇、陶雪飞（2006）研究了技术创新能力对区域经济增长差异的影响，认为西部地区的技术创新能力与东部发达地区相比存在明显的差距，并且技术创新水平对经济增长的贡献度低于发达地区[④]。窦丽深、李国平（2004）研究后认为中国不同区域的技术创新和区域间的技术扩散对区域生产率的影响显著，导致中国地区间生产率的差距呈不断扩大的趋势，并导致中国区域经济发展差异不断扩大[⑤]。王飞（2007）利用经济增长核算模型研究了技术扩散对区域发展差距的影响。结果表明技术扩散是影响经济增长的重要因素，其在地区间分布的不平衡在一定程度上导致了国内地区间的经济差距[⑥]。马伟伟（2019）采用结构方程模型测算了我国技术进步对经济增长的贡献程度。测算结果显示，2000年以来我国技术进步对经济增长的贡献率总体呈现了"波动式上扬"的趋势，而近十多年来技术进步对经济增长的贡献率持续围绕30%的水平上下波动[⑦]。

---

① 于璐瑶，华晓龙.西安市经济增长的全要素生产率实证研究［J］.统计与信息论坛，2010，25（9）：87-92.
② 彭水军，包群，赖明勇.技术外溢与吸收能力：基于开放经济下的内生增长模型分析［J］.数量经济技术经济研究，2005（8）：36-47.
③ 侯风云，张凤兵.农村人力资本投资及外溢与城乡差距实证研究［J］.财经研究，2007（8）：118-131.
④ 朱勇，陶雪飞.技术创新能力与经济增长的区域性差异研究［J］.科技进步与对策，2006（4）：85-87.
⑤ 窦丽琛，李国平.技术创新扩散与区域生产率差异——对中国的实证分析［J］.科学研究，2004（5）：538-542.
⑥ 王飞.论技术扩散和区域差距［J］.商业时代，2007（17）：93-94.
⑦ 马伟伟.技术进步对经济增长贡献的新测算［J］.统计与决策，2019，35（6）：131-133.

5. 区域发展政策

区域发展政策是国家针对区域发展中存在的问题和任务所采取的特殊政策，其总体目标是追求经济增长效率和社会经济公平最大化。区域发展政策主要包括体制、机制两个方面。在体制方面，林毅夫（1998）认为，传统体制下以扭曲要素和产品价格为特征的宏观经济政策，是导致中国地区间收入差距拉大的主要原因，因为这种政策致使现在的价格体系所形成的地区比较优势与该地区的资源禀赋相背离。要解决收入差距拉大的问题，必须理顺宏观政策环境，建立全国统一大市场体系，保证价格体系真实反映要素的实际收益。而市场化程度则是决定地区发展差异的主要原因[①]。在机制方面，在资源总量相对固定的情况下，地区间的经济结构和经济外向的重要性被凸显。二者可以通过制度和政策的支持实现转变，这种差异较绝对差异而言更容易发生转变，如深圳的发展历程[②]。资源的有限性决定了并非所有的欠发达地区都能同时享有优先发展的机会，各级政府可以推动自然资源禀赋向区域经济发展动能的转化，区域发展政策及与之相关联的政府机构和体制对区域的统筹和协调作用就会愈加凸显[③]。

围绕区域发展政策的研究主要从三个角度展开。一是从制度、政府与市场关系的角度，促进区域平衡发展必须正视现有制度的弊端，只有去除这些弊端，才能发挥制度安排的驱动作用[④]。二是从体制机制角度，资源不匹配是阻碍区域平衡发展的重要因素，实现区域平衡发展，需构建区域间的良好互动关系，切实解决区域发展政策缺乏制度支持、区域间市场发育程度不均衡、地区产业结构趋同，缺乏统筹协调的问题[⑤]。三是从政府间合作的角度，区域

[①]　林毅夫.北大经研中心林毅夫教授等人的最新研究成果：市场化程度决定地区发展差异［J］.领导决策信息，1998（10）：11.

[②]　苗洁，吴海峰.中国区域协调发展研究综述［J］.开发研究，2014（6）：1–5.

[③]　马斌.央地关系一体化下的地方政府创新与区域发展［J］.浙江社会科学，2013（3）：63–69.

[④]　王志凌，谢宝剑.我国区域协调发展：制度、政府与市场——兼论区域合作战略［J］.贵州大学学报（社会科学版），2007（1）：9–16.

[⑤]　张平，张桂梅.对构建和谐社会背景下区域协调发展的思考［J］.山东社会科学，2006（2）：28–31.

合作发展中政府的能力和支持因素的变化对区域合作战略的形成及合作的成败都具有重要的影响①。

3.2.3 区域平衡发展评价研究

国外对区域平衡发展评价的研究始于第二次世界大战之后，随着战后经济秩序的重建，国际区域经济结构产生的新的变化引起学者们的广泛关注②③。我国对区域平衡发展评价的研究则始于改革开放后④。评价主要从定性和定量两个方面展开。

在定性评价方法方面，国外学者较多从经济地理和区域经济理论角度展开对区域经济发展差异的研究，并从多个方面分析区域发展的差异，如空间格局、时间演变、产业结构等，随后从自然资源、人力资源、三大产业、区域政策和文化因素等宏观方面，提出不同区域存在的差异，从而导致区域经济的不协调性，并由此发现区域发展差异的动因，主要包括：经济全球化、经济自由程度、发展战略、区域政策、工业化、产业结构、边界效应等方面⑤⑥。在国内，区域基础条件、收入水平是导致人力资源流动的主要原因⑦，单良（2016）研究了环渤海地区人力资源与经济发展的互动关系，发现环渤海地区经济增长速度逐步放缓，人力资源开发力度则不断加强，人力资源与

① 罗若愚，邹玲.区域经济发展中区域合作治理的形成及影响因素分析——以长株潭和成渝经济区为例［J］.经济问题探索，2012（1）：126-131.

② Awh，Yoon-Bock. A study in the concept of balanced development with particular reference to the Nurksian doctrine of balanced growth. Thesis--University of Florida. Vita. Bibliography：leaves，1960，167-177.

③ Committee on Science，Technology，and Regional Economic Development. The impact of science and technology on regional economic development：an assessment of national policies regarding research and development in the context of regional economic development［M］. National Academy of Sciences，1969.

④ 刘虹.略论区域经济发展条件的评价——以珠江三角洲地区为例［J］.科学·经济·社会，1986（2）：114-117.

⑤ Robert J.Barro.Economic Growth in a Cross Section of Countries［J］.The Quarterly Journal of Economics，1991，106（2）：407-443.

⑥ Galor.Convergence?Inferences from theoretical models［J］.The Economic Journal，1996，39（6）：137-141.

⑦ 谷秀兰，栾乔林，黄朝明.区域发展不均衡与劳动力流动研究［J］.山西建筑，2012，38（11）：260-262.

经济发展两系统间协同效应逐步显现[①]；李小平（2012）研究认为，国家政策是民族地区资源优势转化为发展优势、竞争优势，推动民族地区经济社会发展的重要手段，在体现出国家经济社会发展的总体战略和区域经济社会发展中资源调整，平衡的作用的同时，又体现国家在处理民族问题，调整民族关系上的价值倾向[②]。诸裕祥（2018）从要素投入规模及其效率视角分析了我国区域物流业发展非均衡的动态演进过程后发现：双要素投入规模在全国物流业的配置趋于不断优化的状态，但西部地区仍然存在资本投资规模不足的现象；劳动力投入规模不均衡成为我国区域物流业发展不均衡的主要成因，且提升资本投资效率成为主要竞争领域[③]。

在定量评价方面主要采用多元统计分析法和指数分析法。多元统计法多选取区域经济发展的影响因素，建立区域经济发展的评价模型，然后利用统计分析得到区域经济的评价得分，使用的分析方法包括层次分析法、主成分分析法、聚类分析、模糊综合评价法等；指数分析法主要是通过选择不平衡率、结构变异程度的度量方法，对区域经济发展的某一指标进行测算，使用的方法包括泰尔指数法、变异系数法、结构指数法、不平衡系数法等。这些方法大多由外国学者首先提出并应用。如，Baumol（1986）利用指数分析方法，对 16 个国家从 1870—1987 年的经济发展数据进行研究，发现区域经济的差异在增大，但是增长的速度逐渐放缓[④]。Li Q（1999）利用时间序列多元统计方法分析了 16 个 OECD 国家时间序列的经济投入和产出数据，发现这些OECD 国家经济发展效率存在趋同的趋势[⑤]。

---

①　单良，宋关东.区域人力资源开发与经济发展的时空耦合分析——以环渤海地区为例［J］.人口学刊，2016，38（4）：103-112.

②　李小平.国家政策在民族地区的波尾效应和红利现象研究［D］.昆明：云南大学，2012.

③　诸裕祥，陈恒.我国区域物流业发展非均衡及其外部效应估计——基于要素投入及其效率的分析［J］.商业研究，2018（1）：112-121.

④　Baumol W J . Productivity Growth，Convergence and Welfare：What the Long Run Data Show［J］. The American Economic Review，1986，76（5）：1072-1085.

⑤　Li Q，D Papell. Convergence of international output Time series evidence for 16 OECD countries［J］. International Review of Economics & Finance，1999，8（3）：267-280.

国内方面，在多元统计法上，夏海龙（2007）利用聚类分析法对河南省108个县的区域经济差异进行了评价，将区域经济划分为较发达、中等发达和欠发达三大类，并从地理位置、社会文化、经济特征等三个方面分析了三类区域的异同[①]。韩颖（2009）利用灰色聚类法评价了河南省农村区域经济的发展差异，将农村区域分为四个发展类别[②]；王进（2009）利用因子分析法对我国大陆31个省（自治区、直辖市）的农村竞争力进行了评价，划分出五类区域[③]；李琳，王博，徐洁（2014）利用综合评价法对我国大陆31个省（自治区、直辖市）的经济和环境发展协调性进行了评价研究，利用了模糊综合法得到了各地区的综合评价结果[④]。马茹（2019）构建了中国经济高质量发展评价指标体系，对比分析了中国区域经济高质量发展总体态势，认为中国经济高质量发展大致呈现东部、中部和东北部、西部依次递减的区域非均衡态势[⑤]。

在指数分析法上。张强（2016）利用泰尔指数法对江苏城镇化区域差异进行了测量，发现区域之间的差异对整体城镇化差异贡献较大，得出产业结构和政府投资是区域城镇化发展差异的主要影响因素这一结论[⑥]；向书坚（2015）利用 Shift-Share 模型测度中国现代服务业就业优势效应的区域差异，发现中国现代服务业就业优势效应的区域差异较大，其中东部沿海地区优势效应最强，中部地区优势效应最弱[⑦]；邹朋飞，谢国斌（2014）采用

① 夏海龙.河南农村区域经济差异与影响因素研究［D］.郑州：河南农业大学，2007.

② 韩颖.河南省农村区域经济发展水平比较研究［D］.郑州：河南农业大学，2009.

③ 王进，王礼力，庞新江.我国农村区域竞争力评估指标体系及实证分析［J］.北京理工大学学报（社会科学版），2009，11（2）：43-48.

④ 李琳，王博，徐洁.我国经济与生态环境协调发展的地区差异研究——基于综合评价方法［J］.科技管理研究，2014，34（10）：38-41.

⑤ 马茹，罗晖，王宏伟，王铁成.中国区域经济高质量发展评价指标体系及测度研究［J］.中国软科学，2019（7）：60-67.

⑥ 张强.江苏城镇化区域差异的测量和影响因素分析——基于泰尔指数的分解［J］.调研世界，2016（9）：38-41.

⑦ 向书坚，温婷.中国现代服务业就业优势效应的区域差异性分析——基于空间偏离-份额模型的实证检验［J］.科技管理研究，2015，35（9）：223-229.

SBM-Undesirable 模型，在考虑能源和环境的双重约束后分析了国内区域经济发展效率，从高到低依次为东部、东北、中部和西部[①]。覃成林（2013）利用Moran'sI 系数和变异系数测算了我国区域经济的联系状态和发展差异，并用一个综合指标分析了经济发展的协调度。研究表明，2001—2010 年全国经济协调度明显上升，四大区域的经济发展特征也各不相同，我国的省（自治区、直辖市）中有 23 个协调度处于较高水平[②]。

区域平衡发展差异方面，学者主要采用绝对差异比较和相对差异比较两类方法。绝对差异是指某变量偏离参照值的绝对额，通常用极值方法计算极值差幅，相对差异是指某变量偏离参照值的相对额，一般通过两个变量值的比率或百分比来衡量。测算绝对差异的方法一般有：平均差、标准差（S）和极差（R）；测算相对差异的方法有：变异系数、洛伦兹曲线、基尼系数、兹涅茨比率、锡尔（Theil）系数等。马颖忆（2011）利用变异系数等对 1978—2008 年的中国区域差异水平进行了分析，发现全国范围内区域经济绝对差异不断拉大，相对差异有所缩小[③]；张华宇（2020）采用洛伦兹曲线研究了中国全科医生资源配置公平性，发现我国全科医生按服务人口分布的洛伦兹曲线比较接近绝对公平线，按服务面积分布的洛伦兹曲线偏离绝对公平线程度较大[④]。任媛（2016）采用基尼系数研究了 1993—2013 年我国农村居民收入的区域差异，发现 20 多年来，我国四大区域农村居民收入差异呈现"平稳——上升——下降"的三阶段特征，其中工资性收入在总收入中所占比重一直处于上升态势，是造成不同区域农村居民收入差异的核心因素[⑤]。文艳（2013）采

---

① 邹朋飞，谢国斌.基于环境与资源双重约束的我国区域经济增长效率研究［J］.湖南师范大学社会科学学报，2014，43（5）：121-129.

② 覃成林，郑云峰，张华.我国区域经济协调发展的趋势及特征分析［J］.经济地理，2013，33（1）：9-14.

③ 马颖忆，陆玉麒.基于变异系数和锡尔指数的中国区域经济差异分析［J］.特区经济，2011（5）：273-275.

④ 张华宇，苗豫东，屈晓远等.基于洛伦兹曲线和基尼系数的中国全科医生资源配置公平性研究［J］.中国全科医学，2020，23（4）：409-413.

⑤ 任媛，邰秀军.基于基尼系数的我国农村居民收入的区域差异与分解［J］.经济体制改革，2016（1）：70-76.

用锡尔系数法对我国西部12个省（自治区、直辖市）2008—2009年旅游竞争力差异进行了定量分析，发现西部12个省（自治区、直辖市）的旅游综合竞争力差异强度出现两极分化现象，旅游竞争力差异强度随着时间有减弱的趋势，在区位分布上有着明显的同层次集中分布的特征[①]。王铮（2002）研究了20世纪90年代中国经济增长动态，发现中国的地区之间的经济发展速度存在着差异，中国东、中、西部3大区域各自有着不同的稳态，相对全国发展水平，东部地区明显高于全国平均水平，中部保持在全国平均水平附近，西部则落后于中部；20世纪90年代，中国区域经济的差异性更多地体现在区域间的差异上，尤其是东部经济发达地区与中西部经济落后地区的经济差异性在这段时间加速扩大，但是近些年这个差距的增长率开始缩小，已经出现进入一个转折时期的迹象[②]。

3.2.4 促进区域平衡发展措施研究

受各国各地区的社会经济发展意愿和发展实力的影响[③]，各国各地区政府在促进区域平衡发展方面采取了多种多样的措施，包括行政管理措施、财税政策、产业政策等。如德国在两德统一后高度重视东西平衡差距，在纵向财政平衡政策、重点区域开发政策、支持中小企业发展的产业政策等方面采取大量措施，有效促进了东西部地区的平衡发展[④]。我国自1978年以来实施的改革开放政策、西部大开发计划、中部崛起政策、乡村振兴战略等政策也是在国家不同的发展时期，根据所处的时代特点和社会主要矛盾所采取的促进区域和产业平衡发展的政策。

李尧远（2009）认为在促进我国区域平衡发展中，地方政府之间的合作是一种重要方式但也存在诸多制约因素，应在国家层面上设立区域协调管理

---

① 文艳，郑向敏，李勇泉.基于锡尔系数的西部12省旅游竞争力差异研究［J］.重庆师范大学学报（自然科学版），2013，30（2）：128–134.

② 王铮，葛昭攀.中国区域经济发展的多重均衡态与转变前兆［J］.中国社会科学，2002（4）：31–39+204.

③ 张杰.国家的意愿、能力与区域发展政策选择——兼论西部大开发的背景及其中的政治经济学［J］.经济研究，2001（3）：69–74.

④ 方立.德国解决地区发展差距的政策措施［J］.欧洲，1997（6）：52–55+51.

机构，以解决地方政府合作过程中产生的诸多问题[①]。杨嵘均（2011）提出要正视农村区域发展非均衡的现实状况，转变长期以来国家非均衡发展战略的思维定式，扩大农村公共财政覆盖范围、提供均等化公共服务以及存量适度调整、增量重点向中西部农村地区倾斜，实现东、中、西部农村区域均衡发展[②]；李顺明（2020）针对我国区域差异大、发展不平衡的现实国情，提出要通过鼓励探索区域间财政收益分成机制、完善中央对地方转移支付制度、加大财政投入、建立健全区际利益补偿机制和合理推行税收优惠等措施，加快区域经济协调均衡发展的步伐[③]。许先普（2019）从产业结构的角度，基于内生增长理论框架，分析了旅游消费对区域均衡发展的影响机制与效应，提出要加快发展中、西部地区的旅游产业[④]。林靖宇（2020）提出应坚持"人的繁荣"和"地区繁荣"的深度耦合的空间政策，顺应要素空间流动的客观趋势，对内开放合作，提升区域连接性和市场可达性；聚焦不同类型区域的主要问题，强化空间政策精准化设计；着力构建区域协调发展新机制，推动区域经济包容性增长[⑤]。林爱文（2021）提出要建立自然资源开发补偿机制，建立横向生态补偿机制，促进区域生态责任共担，通过设立环境恢复治理基金，明确补偿主客体，完善补偿方式，强化保障措施，促进资源要素合理配置，以期实现资源开发利益共享、责任共担的长效机制，推进区域协调发展[⑥]。侯泽华（2021）从产业转移的角度出发，指出"一带一路"倡议显著提升了转入

---

① 李尧远，任宗哲.我国区域经济发展中地方政府合作困难的原因与措施探析［J］.西北大学学报（哲学社会科学版），2009，39（5）：148-153.

② 杨嵘均.推进农村区域均衡发展的理论基础及政策措施［J］.南京工业大学学报（社会科学版），2011，10（2）：57-62.

③ 李顺明，杨清源，唐世芳，葛琳玲.统筹区域经济协调均衡发展的财税对策［J］.税务研究，2020（3）：128-133.

④ 许先普，陈天鑫.旅游消费、产业结构调整与区域均衡发展［J］.消费经济，2019，35（2）：25-33.

⑤ 林靖宇，邓睦军，李蔚.中国区域协调发展的空间政策选择［J］.经济问题探索，2020（8）：11-21.

⑥ 林爱文，周亚娟，钱婧.区域协调发展背景下自然资源开发补偿机制研究［J］.区域经济评论，2021（6）：59-65.

地区的区域协调发展水平，对转出地区的影响则较弱，资本密集型产业向沿线地区转移对提升全国区域协调发展水平的效果最好，多样化集聚是产业转移提高区域协调发展的主要渠道①。

3.3 关于旅游发展与区域平衡发展的研究

旅游资源是发展旅游业的物质基础，具有浓厚的历史文化价值、艺术观赏价值和科学考察价值，在位置和交通条件、景象的地域组合条件、旅游环境容量条件和客源市场条件等条件的支持下，能够带来明显的经济效益、社会效益和环境效益②。旅游业早已成为我国国民经济中的一个重要产业部门以及区域经济的重要组成部分，对促进区域社会经济平衡发展具有重要的作用③。

3.3.1 区域旅游平衡发展理论研究

陈传康（1986）从地理学和旅游资源角度出发，提出区域旅游发展要以风景资源结构为基础，统筹考虑接待服务措施，研究旅游者旅游行为层次结构，进而拟定相应的战略对策，以便进一步扩大旅游市场④。保继刚（1988）系统梳理了区域旅游发展理论，指出旅游资源决定了区域旅游的吸引性和旅游活动行为层次，区位条件决定了区域的可进入性和门槛游客量，区域经济背景部分决定了投资能力和开发规模⑤，并从上述角度对不同类型的区域旅游发展战略进行了研究。汪宇明（2008）指出区域间旅游经济发展的本源性动力是竞争，区域旅游合作是区域旅游发展竞争的高级形态和境界⑥。

① 侯泽华，梁双陆．"一带一路"、产业转移与区域协调发展［J］.山西财经大学学报，2021，43（7）：43-57.

② 杨树青．对甘、青、藏民族地区发展跨区域旅游经济的思考［J］.甘肃社会科学，1998（6）：45-48.

③ 吴忠才.旅游产业发展与区域经济增长的协整与因果关系——以湘鄂渝黔边区为例［J］.财经理论与实践，2009，30（2）：116-118.

④ 陈传康.区域旅游发展战略的理论和案例研究［J］.旅游论坛，1986（1）：14-20.

⑤ 保继刚，唐新民．区域旅游发展战略理论初探［J］.云南社会科学，1988（5）：14-19.

⑥ 汪宇明，何小东．关于区域旅游障碍的辨析——兼论行政区划对区域旅游发展的影响［J］.旅游学刊，2008（8）：39-45.

冯淑华（2006）将产业集群理论用于区域旅游研究，指出旅游产业集群是由若干个地理位置邻近的增长极，通过资源互补、市场共享、协同发展等构建的区域旅游整合体，旅游资源条件、旅游通道、城市体系和客源市场是影响旅游产业集群形成的主要因素。旅游产业集群是一个开放的自组织体系，具有强大的带动和辐射功能，借助集群内的空间梯度扩散，推动整个区域旅游业的发展[1]。

汪宇明（2002）将核心—边缘理论用于区域旅游发展规划，提出核心与边缘地区应该是一种平等竞争、优势互补、合作互赢的空间关系，应通过培育旅游核心区，形成旅游创新活动基地，带动边缘区域发展，壮大整个区域的旅游竞争力[2]。

栾坤（2011）认为区域经济协调发展就是区域之间相互依赖、关联互动，从而达到各区域的经济均衡持续发展的过程。为了促进经济和旅游业的发展，区域内经济、旅游发达的地区应对落后地区进行人力、资金方面的援助，开发旅游资源，从而实现圈内各城市的旅游资源的整合；落后的地区应该积极配合、协作发展，在形象地位、品牌创建、合作机制的建立方面与经济发达地区合作，并最终促进区域旅游可持续发展[3]。

衣保中（2021）运用耦合理论对中国旅游产业与区域经济发展之间的关系进行了研究，发现 1994—2017 年中国旅游产业与区域经济发展之间存在显著耦合关系，并经历了失调衰退阶段、过渡阶段、协调上升阶段这三个阶段，由强到弱依次为居民消费水平、第三产业总值、A 级旅游景区数量等因素影响二者的耦合协调度[4]。

---

① 冯淑华，沙润.旅游增长集群模式及其构建研究——以江西省为例 [J].南昌大学学报（人文社会科学版），2006（5）：51–55.

② 汪宇明.核心—边缘理论在区域旅游规划中的运用 [J].经济地理，2002（3）：372–375.

③ 栾坤.基于区域经济差异和协调发展理论的城市旅游圈竞合发展研究——以广西北部湾经济区城市为例 [J].城市发展研究，2011，18（9）：37–41.

④ 衣保中，李铭洋.中国旅游产业与区域经济发展耦合协调关系研究 [J].社会科学战线，2021（9）：255–260.

3.3.2 影响区域旅游平衡发展的因素研究

旅游业是综合性产业，影响区域旅游平衡发展的因素众多。

旅游资源是旅游产业发展的基础。受自然环境和社会发展历史的影响，旅游资源分布具有不均衡性，相应也影响区域旅游的平衡发展，资源丰富的地区多以资源主导型的旅游发展模式为主，如湖南湘西土家族苗族自治州依托凤凰古城[①]，广西龙胜各族自治县依托"全球重要农业文化遗产——龙脊梯田"，使旅游业带动了当地社会经济的迅速发展[②]。

旅游市场同样是实现推动旅游产业发展的核心要素。在旺盛的旅游市场需求驱动下和经济、科技、文化 IP 等因素的共同支持下，旅游业也获得了长足的发展，如广州长隆旅游度假区[③]和深圳华强集团所开发的方特系列主题公园[④]。

大型交通设施是沟通旅游目的地和旅游客源地的重要条件，是促进区域旅游平衡发展的重要支持。朱竑（2005）指出对于改善区域旅游可进入性的大型交通设施对区域旅游业发展带来的明显的整体性影响，可以极大地促进旅游资源开发、降低进入门槛，拓展游客市场；同时可以调整并优化内部原有旅游开发格局，促生新的旅游目的地，丰富旅游的产品体系；此外，还具有推进旅游经济跨越式发展、扩大旅游的影响等诸多作用[⑤]。

区域旅游发展形象定位[⑥]、旅游人力资源[⑦]、旅游市场营销[⑧]、旅游产业与其

① 杨胜国.依托民族文化资源，发展凤凰旅游产业［J］.民族论坛，2006（2）：35.

② 张婷.农村体验型旅游开发模式研究——以龙胜县和平乡平安村为例［J］.农业经济，2011（9）：36–37.

③ 余敏.产品生命周期视角下的主题公园剖析——以广州长隆欢乐世界为例［J］.特区经济，2010（5）：281–283.

④ 丁雨莲，赵媛.旅游产业融合的动因、路径与主体探析——以深圳华强集团融合发展旅游主题公园为例［J］.人文地理，2013，28（4）：126–131.

⑤ 朱竑，谢涤湘，刘迎华.青藏铁路对西藏旅游业可持续发展的影响及其对策［J］.经济地理，2005（6）：910–914.

⑥ 陈海明，顾良智，演克武.基于PEST分析法和平衡计分卡的澳门旅游发展因素测定［J］.企业经济，2014（8）：140–144.

⑦ 吴小立.民族地区资源特性、旅游价值及人力资本投资机会［J］.广西民族研究，2013（3）：170–176.

⑧ 吴耀宇.新媒体在江苏入境旅游市场营销中的应用及趋势［J］.旅游学刊，2018，33（4）：3–5.

他产业的融合发展[①]等因素也是促进区域旅游平衡发展的重要因素。

3.3.3 旅游发展促进区域平衡发展研究

随着旅游业的不断发展，旅游业在社会经济发展中的地位不断提升，对其他行业和产业的影响不断扩大，促进区域平衡发展的作用不断显现。孙军（2019）对旅游协调区域经济能力机理进行了分析，发现旅游具有协调区域经济发展的能力，这对西部地区来讲尤其如此，并且旅游的这种协调能力具有稳健性[②]。骆泽顺（2015）基于经济增长收敛理论，利用 2000—2012 年我国省级面板数据，检验了旅游发展在促进区域经济协调发展中的作用机制，发现作为一个独立的经济增长因素，旅游发展能有效促进区域经济增长；作为一个经济增长收敛的条件因素，旅游发展在促进区域经济协调发展过程中存在收敛机制，即旅游发展能够有效促进区域经济的协调发展，并加快区域经济差异缩小的速度[③]。

在区域发展角度，魏云龙（2020）指出地区旅游合作是促进区域旅游协调发展的新思路，通过地域系统和旅游系统的经济整合力、空间结构力和行政引导力构成有机协调的动力体系，在空间整合机制、市场竞合机制与效用均衡机制的作用下，地区旅游由分散式的单独发展走向系统化的整合发展[④]。鲁小波（2013）分析了辽宁经济与旅游格局，建议采用区域旅游一体化战略、落后地区政策倾斜战略、挖掘资源潜力战略、人才战略和创新战略重点扶持经济落后的辽西和辽北地区发展旅游产业，带动经济增长，实现区域协调发展[⑤]。罗盛锋（2021）使用 DEA 模型对八个少数民族较集中的省份 2001—2018 年的生态、旅游与乡村社会发展效率进行了测度并运用耦合协调模型分

---

① 邹统钎．走向市场驱动的文旅融合［J］．人民论坛·学术前沿，2021（Z1）：107-115.

② 孙军．旅游业协调中国区域经济发展研究［J］．现代经济探讨，2019（8）：35-43.

③ 骆泽顺，林璧属．旅游发展促进区域经济协调发展的收敛机制研究［J］．经济问题探索，2015（8）：148-153.

④ 魏云龙，马波．地区旅游合作：促进区域旅游协调发展的新视野［J］．重庆科技学院学报（社会科学版），2020（5）：52-57.

⑤ 鲁小波，陈晓颖，郭迪．促进区域平衡的辽宁旅游发展战略［J］．北京第二外国语学院学报，2013，35（5）：43-50.

析了三大系统的耦合协调度和时空演变特征，发现西南民族地区耦合协调度优于西北民族地区[①]。

在制度层面，余凤龙（2010）指出制度变迁是推动我国旅游业快速发展的重要因素，我国旅游管理体制的变革是伴随着制度环境变迁逐步演变，制度变迁是区域旅游差异产生并扩大的重要原因，可以通过制度创新，促进区域旅游发展，缩小区域旅游差距[②]。李鹏（2021）从"双循环"发展格局出发，提出了新发展格局下旅游业发展路径与策略建议：发挥政府的积极作用，培育旅游市场内生动力，实施创新驱动战略，培育和壮大旅游市场主体，推进区域协调发展，统筹旅游供求关系，深化文旅融合发展，推进全域旅游发展，积极融入旅游经济国际循环，实现国内国际双循环良性互动[③]。

在促进城乡平衡发展方面，刘长生（2012）构建了区域旅游产业发展与城乡协调发展的内在影响机制的静态与动态面板计量模型并进行了实证，结论显示：旅游产业发展吸收了大量乡村居民参与到旅游发展中，从而获得相应的劳动收入与投资性收益，对城乡协调均衡发展有较大的积极影响；但这种影响存在显著的地区差异性，旅游产业固定资产投资对城乡协调发展的影响相对较小，而旅游劳动就业对城乡协调发展的影响相对较大[④]。周应华（2018）总结了英国农村区域协调发展的经验，指出促进乡村旅游能够提升农村地区的吸引力[⑤]。

在产业融合方面，赵嫚（2022）采用熵权法、耦合协调度模型对2000—2018年中国省际文化产业和旅游产业融合水平进行了测度和分析，结论显示：

① 罗盛锋，孟淑云，黄燕玲.民族地区生态系统与旅游、乡村社会发展系统的时空耦合研究［J］.生态经济，2021，37（12）：135-144.

② 余凤龙，陆林.制度变迁下的中国区域旅游发展与差异研究［J］.人文地理，2010，25（3）：124-127.

③ 李鹏，邓爱民."双循环"新发展格局下旅游业发展路径与策略［J］.经济与管理评论，2021，37（5）：21-30.

④ 刘长生，简玉峰.区域旅游开发与城乡协调发展的内在影响研究［J］.经济地理，2012，32（1）：153-158.

⑤ 周应华，朱守银，罗其友，刘洋，徐鑫，陈泽南.英国农村区域协调发展的经验与启示［J］.中国农业资源与区划，2018，39（8）：272-279.

中国文化产业和旅游产业融合的耦合度处在中度耦合阶段，但呈现缓慢上升态势；区域间文旅产业融合水平与融合速度呈现较大差异性，并且文化产业和旅游产业融合水平存在空间"集聚效应"，西部地区的文旅产业融合呈现明显的中心化特点，融合度发展水平与地区文化产业以及旅游产业的本身发展水平具有一致性[①]。危浪（2020）从系统动力学的角度分析了农业与旅游产业融合的互动关系，认为农业转型发展和旅游消费升级是驱动农业与旅游产业融合的核心动力，市场需求、农业生态保护和政策支持是影响系统模型的重要因素。同时，危浪提出应以市场需求为导向，以生态环境保护为基础，加大产业政策扶持力度，促进农业与旅游业的深度融合发展[②]。

在运行机制层面，赵雅萍（2013）指出旅游流动影响下的要素流动效应是促进及其对区域经济产生差异的主要原因，旅游业影响下的我国区域要素集聚能力呈现东、中、西三级递减的空间格局，旅游业对中、西部地区经济社会发展的综合贡献要大于东部地区[③]。

在效果方面，陈弢（2014）用协调度分析了1996—2010年全国省域旅游产业变化，结果表明全国有23个省份协调水平显著提高，5个协调水平下降，其他没有明显变化；协调度地区差异依然明显，东部沿海省份多处于高协调水平，而西部内陆则多位于低协调水平[④]。

3.3.4 促进区域旅游平衡发展措施研究

郭寻（2006）指出，受行政区划的刚性约束、地区利益分配矛盾以及行政体制等制度性因素的制约，导致地方政府之间合作的目标机制、运行机制和制度保障机制不能适应区域旅游业发展的需要，从而造成了区域政府合作有名无实。郭寻提出在地位平等、互信互利、政府主导和市场合作等原则的

---

①　赵嫚，王如忠.中国文化产业和旅游产业融合发展动力机制与发展评价 [J].生态经济，2022，38（2）：121–129.

②　危浪，桂学文.农业与旅游产业融合发展的系统动力学分析 [J].数学的实践与认识，2020，50（19）：261–268.

③　赵雅萍，吴丰林.旅游业对区域经济差异的影响机理——基于要素流动的实证分析 [J].开发研究，2013（5）：66–70.

④　陈弢.区域旅游发展协调度的时空差异研究 [J].地理研究，2014，33（3）：558–568.

基础上，建构制度化的多层次组织机构以制定统一的区域旅游经济发展政策，同时可以采取建立区域旅游利益共享机制，重建地方政府竞争秩序以及完善政府合作原则等对策[①]。

魏云龙（2020）借助协调发展思想，从地区个体角度分析了旅游合作的形成逻辑基础、主体关系、动力作用与机制，指出来自地域系统和旅游系统的经济整合力、空间结构力和行政引导力构成了有机协调的动力体系。同时，其指出在空间整合机制、市场竞合机制与效用均衡机制的作用下，地区旅游由分散式的单独发展走向系统化的整合发展。此外，魏云龙还从区域意识、合作规则、系统反馈优化等多层次出发探讨了地区旅游合作发展的推进路径[②]。

周洁（2021）认为全域旅游是实现区域空间统筹管理和要素整合配置的一种新型城市发展范式，全域旅游模式既能破解区域发展不平衡问题、构建新发展格局的时代性，也有提升城市发展能级、增强区域竞争力的有效性，更有探索城市群协同发展、创新协调管理机制的作用[③]。

朱桃杏（2019）指出交通基础设施建设是促进区域旅游平衡发展的重要措施，高铁大大压缩了沿线旅游城市的时空距离，通达性提高幅度显著。沿线旅游城市通达性提高幅度均在 50% 以上，而且高铁开通前后，沿线旅游城市旅游经济增长幅度差异很大，交通基础设施相对较弱的城市高铁驱动影响显著[④]。

王兆峰（2018）指出旅游环境是影响区域旅游平衡发展的重要因素，经过对湘、鄂、渝、黔 4 省（直辖市）2004—2016 年旅游产业与旅游环境两系

---

① 郭寻，吴忠军.区域旅游发展中政府合作的制度障碍及对策思考［J］.人文地理，2006（1）：106–109.

② 魏云龙，马波.地区旅游合作：促进区域旅游协调发展的新视野［J］.重庆科技学院学报（社会科学版），2020（5）：52–57.

③ 周洁.区域协调发展战略下的全域旅游——粤东城市群联动范式探索［J］.社会科学家，2021（6）：50–55.

④ 朱桃杏，葛勇，王慧.京沪高铁与沿线区域旅游经济协调发展研究［J］.铁道工程学报，2019，36（11）：99–102+107.

统间耦合协调度分析后认为，旅游产业与旅游环境发展指数存在区域空间差异，旅游产业和旅游环境系统的耦合协调水平整体偏低，旅游产业与旅游环境子系统的耦合表现有所差异，与经济、服务、社会环境耦合水平较高，与生态环境的耦合水平增长乏力[①]。

3.4 小结

综上所述，通过对区域发展和旅游发展研究历程的回顾，可以看出：（1）区域平衡发展是国家、地区社会经济发展中涉及国计民生的重要问题，旅游业作为综合性产业，在促进区域平衡发展中发挥着重要的作用；（2）区域内的旅游产业与农业、文化产业等相关产业之间的协调发展、融合发展是旅游发展促进区域平衡发展的重要方式；（3）加强管理体制改革创新、加强基础设施建设、创造良好的旅游发展环境是促进区域旅游发展的重要抓手。

---

① 王兆峰，霍菲菲，徐赛.湘鄂渝黔旅游产业与旅游环境耦合协调度变化［J］.经济地理，2018，38（8）：204–213.

第4章
全域旅游内涵的理论探索①

2016 年，全国旅游工作会议提出中国旅游要从"景点旅游"向"全域旅游"转变，把全域旅游作为旅游管理部门在未来一段时间推进的重要工作抓手，引起了旅游学界的热议。一年多以来，旅游学者对全域旅游的概念、内涵从不同角度进行了解读，就全域旅游的驱动因素、发展理念、发展逻辑、发展重点、发展模式等进行了探讨，并对多地如何开展全域旅游进行了案例分析。纵览一年多来学界对全域旅游的研究，尽管旅游学界对全域旅游进行了一些理论上的分析和探索，但还缺乏对全域旅游内涵进行深入的理论思考。

旅游作为一种以空间移动为基本特征的活动，旅游产业作为一种在旅游者的空间移动过程中提供服务的产业，其发展演化的规律和特征均在空间得以体现。本书尝试对全域旅游实践探索的历程和理论研究的演进进行梳理，并从经济地理学的角度出发探讨全域旅游的内涵。

4.1 全域旅游的兴起历程

4.1.1 全域旅游实践探索的历程

2007 年，成都市提出用"全域成都"理念推进国家统筹城乡综合配套

---

① 本章核心内容发表在《旅游论坛》2018 年第 5 期。题名为：从实践到认知：全域旅游内涵的经济地理学理论探索。

改革试验区建设，提出开发建设龙门山和龙泉山两个旅游发展带推动"全域成都"建设[①]，这是"旅游"与"全域"两个词首次在一个事项中结合起来。

　　2008 年，绍兴市提出全城旅游的发展战略，明确了城即景，景即城的规划定位，提出了复兴水城、文化兴旅、转型增效、城旅一体的发展思路[②]，将旅游发展与城市发展一体化考虑。2009 年，巴中市在国内率先提出"全域旅游"一词，强调树立全域旅游观念，从空间布局、机制创新等方面打造以旅游产业为主导的产业发展格局[③]。2010 年，大连市提出通过调结构、促发展，全力建设十大系列旅游项目，促进旅游业全域升级[④]。成都市大邑县提出了发展全域度假产业，立足于全域范围内生产要素的统筹和整合，促进旅游产业结构高端化[⑤]。2011 年，安徽安庆围绕建设现代历史文化名城和文化强市目标，深入挖掘"人文安庆、山水宜城"特质资源，加快皖西南旅游区建设，构建安庆全域大旅游格局[⑥]，湖北十堰市提出打造"一主四副五个旅游集散中心"服务"十大旅游区"的全域旅游空间格局[⑦]。2012 年，各地对全域旅游的实践探索呈现出多点开花的态势：浙江桐庐县采取优化空间布局、丰富产品体系等措施，以"风景桐庐"建设为统揽大力发展全域旅游[⑧]；蓬莱提出构建"山海呼应、城乡交融、全域覆盖"的全域旅游格局[⑨]；商南县提出按照景区＋廊道的模式展开空间布局，把商南作为一个大景区来打造[⑩]；杭州提出了旅游全

　　① 陈文勇.开发龙门山旅游资源推动"全域成都"建设［N］.成都日报，2007-12-5（A01）.
　　② 印亮.发展全域旅游的实践与思考——以江苏省扬州市为例［J］.旅游纵览（下半月），2016，6（9）：114-116.
　　③ 李秀东.树立全域旅游观念，做强巴中旅游产业［N］.巴中日报，2009-12-31（1）.
　　④ 雨航，王中才.大连十大系列旅游项目促全域升级［N］.中国旅游报，2010-4-19（2）.
　　⑤ 杨振之，张冠群.区域旅游产业结构高度化与全域度假发展研究——以成都市大邑县为例［A］.第十五届全国区域旅游开发学术研讨会暨度假旅游论坛［C］.成都，2010：19-26.
　　⑥ 徐侃.着力构建安庆全域大旅游格局［N］.安庆日报，2011-4-8（1）.
　　⑦ 苏海涛.仙山秀水汽车城十堰打造全域旅游［N］.湖北日报，2011-1-18（8）.
　　⑧ 毛溪浩.以风景桐庐建设为统揽大力发展全域旅游［J］.政策瞭望，2012，10（12）：36-38.
　　⑨ 高林.蓬莱：全域旅游托起"美丽仙境"［N］.中国特产报，2012-12-5（C03）.
　　⑩ 胡金鑫.商南多轮驱动构建全域旅游［N］.商洛日报，2012-8-28（2）.

域化战略；甘孜州出台了《全域旅游发展的意见》和《全域旅游发展三年行动计划》，明确提出要打造"中国全域旅游先行区"。这一时期，各地区对全域旅游的实践探索以及旅游景观的空间布局在不断扩张。

2013 年，全域旅游的实践探索呈现出由点向面扩展的趋势，省级行政区开始重视全域旅游工作，山东省旅游局将诸城市列为全域旅游试点市[①]。广西遴选出 20 个县区开展创建特色旅游名县，成为国内首个在全省范围内推进旅游引导县域经济发展的省份，后被称为是全域旅游的广西模式[②]。2014 年以来，国内全域旅游的探索力度进一步加大，山东、陕西、湖北等省份的多个市县纷纷提出了以旅游产业集群[③]、全域景区[④]、产业融合[⑤]等为着力点推进全域旅游。这一时期，全域旅游不再仅仅是一种旅游发展的模式或格局，而被提升为一种理念[⑥⑦]。

2015 年 9 月，国家旅游局启动"国家全域旅游示范区"创建工作，指出：全域旅游是指在一定的行政区域内，以旅游业为优势主导产业，实现区域资源有机整合、产业深度融合发展和全社会共同参与，通过旅游业带动乃至于统领经济社会全面发展的一种新的区域旅游发展理念和模式。2016 年年初，全国旅游工作会议提出中国旅游要从"景点旅游"向"全域旅游"转变。2017 年，全国旅游工作会议再次对全域旅游工作进行了深入的分析，提出发展全域旅游一定要避免"八大误区"，国务院把全域旅游列入了政府工作报告。全域旅游在全国旅游业界不断地探索下终于由自发到自觉，最后发展成为国家战略。

从全域旅游的实践探索历程上看（见图 4-1）：首先，全域旅游强调旅游

---

① 王桂桂，王日霞. 诸城成山东首个全域旅游试点市［N］. 中国旅游报，2013-2-18（8）.
② 刘民坤. 全域旅游的理论基础与广西模式［N］. 中国旅游报，2016-10-18（3）.
③ 李玉国. 县级行政区旅游产业全域发展模式研究－以沂南县为例［D］. 山东师范大学硕士学位论文，2014：24-25.
④ 赵丹. 建全域景区，兴全域旅游［N］. 汉中日报，2014-3-27（1）.
⑤ 江朝辉，雷刚. 树立全域旅游理念助推英山经济发展［N］. 黄冈日报，2014-3-4（8）.
⑥ 杨钊. 以全域旅游理念引领示范区建设［N］. 安徽日报，2014-6-3（7）.
⑦ 陶永国，张长荣. 黔江：树立全域旅游理念，建设东方山水名城［N］. 重庆日报，2014-11-7（6）.

产业的空间布局的变化，旅游产业要从某一个景点、景区的发展方式演变到全区域发展的空间格局；其次，在空间格局演变的过程中要重视旅游产业结构和业态的演化，引导旅游产业从单一观光旅游到观光旅游、休闲度假旅游、生态旅游等全面发展，建立多元化旅游产品谱系；再次，要重视旅游产业发展过程中政府的作用，逐步从旅游行政管理部门单打独斗到地方政府主导下的多部门协同推进；最后，对旅游产业的定位有了更加清楚的认识，从旅游"搭台"经贸"唱戏"到旅游产业与相关产业融合发展，再到引领地方产业结构转型升级。随着实践的推进，全域旅游战略指引旅游产业在国民经济中的地位不断提升。

图 4-1　全域旅游的实践探索历程

4.1.2 全域旅游理论探寻的进程

2003 年，王德刚对西藏日喀则旅游产业发展进行了研究[①]，使用了全域化一词，提出日喀则要充分发挥全域化的市场空间优势，全方位扩大市场空间。2009 年，袁庭栋提出成都郊县文化旅游的发展须有全域眼光，要以成都为核心发展有各自特色的差异化旅游产品[②]。2010 年，胡晓苒提出全域旅游的核心是通过对资源重新整合，在空间板块上形成不同特色的旅游产品或业态集群，打破都市（或单一景区）旅游一枝独秀的接待格局，其本质是泛旅游产业的

---

① 王德刚 . 日喀则旅游发展模式研究［J］. 旅游科学，2003，23（3）：29-32.
② 沈映辉 . 郊县文化旅游须有全域眼光［J］. 西部广播电视，2009，30（3）：56.

差异开发和集聚落地①。杨振之提出全域度假的概念，即在度假旅游资源的富集区以度假产业为引导，合理布局生产力，统筹区域旅游产业的发展。2011年，林峰提出了旅游引导的区域综合开发模式，强调用旅游带动区域经济全面突破②。2012年，张文磊提出了全域体验开发模式，认为全域体验开发模式在资源导向、市场导向等5个阶段后可实现区域旅游开发的新途径③。在这个阶段，学界对全域旅游的认识尚处于探索阶段，研究者已经意识到旅游发展不能拘束在传统的旅游业范围内，但对全域旅游尚未形成比较一致的看法，多为实践经验的总结。

2013年，全域旅游研究由经验总结转向理论探寻。厉新建构建了全域旅游的基本框架，提出要树立全新的"四新"观念，即资源观、产品观、产业观和市场观，从全要素、全行业、全过程、全方位、全时空、全社会、全部门、全游客八个方面推进旅游目的地的发展，其作品成为首次全面阐述全域旅游理念的学术著作④。吕俊芳提出全域旅游是一种现代整体发展观念，需要突破景区局限，可以把一个行政区当作一个旅游景区，是旅游产业的全景化、全覆盖，要求全社会、全民参与旅游业⑤。吕俊芳还在研究城乡统筹与旅游协调发展的基础上提出"大城小镇嵌景区"的全域旅游发展模式⑥。汤少忠提出了全景吸引游客，全时留住游客，全业提升产业，全民构建和谐社会的"四全"全域旅游发展模式⑦。2015年，周家俊提出全域旅游是在旅游资源相对丰富的地区把一个行政区域当作一个旅游景区或旅游目的地来进行规划开发，

———————————

① 胡晓苒.城市旅游：全域城市化背景下的大连全域旅游（上）[N].中国旅游报，2010-12-08（11）.

② 林峰，贾雅慧.旅游引导的区域综合开发与旅游投资新时代［EB/OL］.https://www.lwcj.com/w/FocusReport111024001_1.html.2011-10-24/2017-5-10.

③ 张文磊，周忠发.全域体验开发模式区域旅游开发的新途径［J］.生态经济，2013，29（2）：29-32.

④ 厉新建，张凌云，崔莉.全域旅游：建设世界一流旅游目的地的理念创新–以北京为例［J］.人文地理，2013，（28）3：130-134.

⑤ 吕俊芳.辽宁沿海经济带"全域旅游"发展研究［J］.经济研究参考，2013，35（29）：52-56.

⑥ 吕俊芳.城乡统筹视阈下中国全域旅游发展范式研究［J］.河南科学，2014，32（1）：139-142.

⑦ 汤少忠."全域旅游"驱动因素与发展模式［N］.中国旅游报，2014-6-4（14）.

实现旅游资源的全景化、旅游产业的全覆盖，并认为全域旅游的内涵包括：全域资源、全面布局、全境打造、全民参与等方面[①]。朱世蓉提出全域乡村旅游理念：以乡村环境为依托，使各行业、各部门、各居民等共同参与到乡村旅游的建设中来，以此推动乡村旅游顺畅发展和农村产业结构有效整合[②]。这一时期，对全域旅游的研究逐步系统化、条理化，对全域旅游的认识表现出无限扩大化的趋势。

全域旅游写入国家旅游局工作报告后，学界围绕这一概念进行了多个层面的解读和讨论。《旅游学刊》2016 年第九期专门组织了关于"全域旅游"的笔谈讨论，其中：厉新建从市场逻辑分析了全域旅游战略的发展基础，认为全域旅游战略符合长久的发展趋势[③]，李志飞认为地方在进行全域旅游的创建中应注意变与不变的辩证关系[④]。郭毓洁认为"空间域"是全域旅游的核心要素之一，"全域旅游"是在"大旅游"基础上的延伸，将旅游业赋予了产业和空间两个层面的认知[⑤]。王衍用提出发展全域旅游需要在基本层面和转型升级层面上的全新思维，要避免行政思维、无景点思维等误区[⑥]。左文君认为全域旅游系统以景观全域化、产品创新化、产业融合化、市场多元化、游客全民化、服务全程化和管理全面化为特征，分析了全域旅游发展的原动力、驱动力、诱导力和助推力[⑦]。经过这次讨论，学界基本上形成了"全域旅游要跳出传统旅游和小旅游的拘囿，要将一个区域整体作为功能完整的旅游目的地来建设，是一种带动和促进经济社会协调发展的新理念、新模式"的初步共识。

[①] 周家俊，周晓鹏，黄莹.甘孜州全域旅游的内涵研究［J］.旅游纵览（下半月刊），2015，5（10）：99.

[②] 朱世蓉.以"全域乡村旅游"理念整合农村产业结构的构想［J］.农业经济，2015，35（6）：79–81.

[③] 厉新建，马蕾，陈丽嘉.全域旅游发展：逻辑与重点［J］.旅游学刊，2016，31（9）：22–24.

[④] 李志飞.全域旅游时代的变与不变［J］.旅游学刊，2016，31（9）：26–28.

[⑤] 郭毓洁，陈怡宁.全域旅游的旅游空间经济视角［J］.旅游学刊，2016，31，（9）：28–29.

[⑥] 王衍用.全域旅游需要全新思维［J］.旅游学刊，2016，31，（9）：9–11.

[⑦] 左文君，明庆忠，李圆圆.全域旅游特征、发展动力和实现路径研究［J］.乐山师范学院学报，2016，31（11）：91–97.

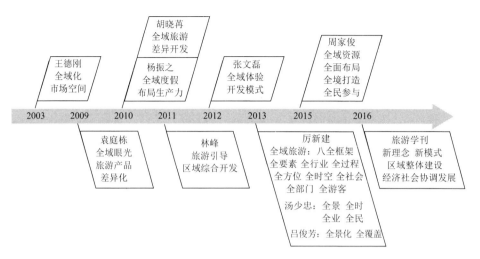

图4-2 全域旅游的理论研究历程

从全域旅游的研究历程上看（见图4-2），经过了全域化、全域度假、全域体验开发、区域综合开发等名称的演化，通过对当前中国经济发展和旅游产业发展背景和环境的研究，"全域旅游"一词逐步得到旅游研究界的基本认同：全域旅游是中国旅游产业发展到现今阶段所必然要采取的策略。但研究者和实践者在研究全域旅游"是什么"和"怎么做"的过程中还缺乏对全域旅游"为什么"的理论探寻。鉴于在实践探索和理论探寻的过程中，学者都把旅游产业的空间布局和产业融合作为实践创新和理论研究的重点，因此，本书将从经济地理学基础对全域旅游的理论基础进行探寻。

4.2 全域旅游的经济地理学理论基础

参照樊杰（2001）对影响中国区域发展的经济地理学理论的分类体系[①]，本书将对中国旅游发展有重大影响并将继续深入影响全域旅游的经济地理学理论分为三种主要类型：第一种是将"旅游过程"机理的经济理论与空间区域研究相结合，揭示区域旅游发展基本内容在时间序列上的变化规律的旅游

---

① 樊杰，曹忠祥，张文忠等.中国西部开发战略创新的经济地理学理论基础［J］.地理学报，2001，56（6）：711-721.

空间演化理论；第二种是揭示旅游生产与旅游活动的空间分布与空间相互作用规律的旅游空间结构理论；第三种是宏观层面上的指导性理论，其范畴往往超越了学科的界限，但对研究理念和目标却具有直接的导向作用。对这三种类型的经济地理学理论的分析以及评断它们在旅游产业实践和研究中的实际应用效果，是探讨全域旅游内涵的重要科学依据。

4.2.1 旅游空间结构理论

空间结构理论是以经典区位论为基础发展起来的[①]。在旅游产业中，影响较大的空间结构理论主要包括地域分异规律、梯度推移理论、核心—边缘理论。它们都强调在自然规律和社会经济规律的作用下区域旅游产业结构和水平的不均衡性，以及区域间的旅游产业的相互影响作用，区位优势明显的区域率先发展并对相关地区产生明显的带动作用，这些理论也成为中国旅游产业发展的重要理论基础，被广泛应用于旅游产业定位[②]、区域旅游规划[③]和旅游流[④]研究。

地域分异规律是指地理环境整体及其组成要素在某个确定的方向上保持相对一致性，而在另一确定方向表现出差异性，因而发生更替的规律。地域分异规律不仅揭示了地表自然生态系统在演化过程所形成的区域差异的规律，也用于对旅游吸引物和旅游客源市场在空间上分布的不均衡性的科学解释[⑤]，是旅游区划的基础。

梯度推移理论揭示了生产力在不同空间上存在着梯度差异，并存在由高梯度区向低梯度区推移的规律。中国近年来所推行的西部大开发、中部崛起、中西部地区承接东部地区的产业转移等战略有效印证了梯度推移理论。基于

---

① 陆大道.区域发展及其空间结构［M］.北京：科学出版社，1995：52.

② 吴殿廷，王丽华，王素娟等.把旅游业建设成为战略性支柱产业的必要性、可能性及战略对策［J］.中国软科学，2010，25（9）：1–7.

③ 冯维波.试论旅游规划设计的理论基础［J］.旅游科学，2000，20（1）：31–34.

④ 李创新，马耀峰等.时空二元视角的入境旅游流集散空间场效应与地域结构—以丝路东段典型区为例［J］.地理科学，2012，32（2）：176–185.

⑤ 李永文.中国旅游资源地域分异规律及其开发研究［J］.旅游学刊，1995，10（2）：45–49.

梯度推移理论，并根据旅游吸引物[①]和旅游客源地[②]的梯度差异进行旅游产业的梯度布局已成为现实。

核心—边缘理论是关于区域内不同空间之间关系的理论。核心—边缘理论认为任何一个区域都是由核心地区和边缘地区组成，其中核心区域往往由一个城市或城市集群及其周围地区所组成，边缘区域则是核心区域的外围地带。边缘区与核心区相互依存，整个区域的发展方向主要取决于核心区，二者组成一个完整的地域系统[③]。在旅游产业中，主要旅游客源地、高品质旅游吸引物所在地和旅游交通枢纽城市易成为核心[④]，它们统领着边缘地区旅游产业的发展。

作为稀缺资源，旅游吸引物和旅游客源的空间分布是不均衡的，存在明显的地区差异。有些区域比较富集、高品质，而有些区域则相对稀疏、低品质，其体现出明显的地域分异规律，如民族风情景区多集中在西部地区，大型主题公园则主要集中在东部地区[⑤]。当这种由富集到稀疏、由高品质到低品质的差异在空间上出现一定规律性时就体现了梯度推移理论。当一个区域内旅游吸引物或旅游客源富集的地区旅游业率先发展起来时，这个地区就会成为区域旅游业发展的核心，其他地区就会围绕这个核心在区域内进行梯度推移布局，也就形成了核心—边缘模式，如环城游憩带等旅游产业空间格局[⑥]。

空间结构理论揭示了全域旅游发展的空间表现形式。全域旅游的发展要挖掘不同地理环境中的旅游吸引物，构建以高品质旅游吸引物和旅游客源为

---

① 马晓路，许霞.海螺沟景区旅游资源的梯度分异规律与开发对策 [J].安徽农业科学，2011，39（13）：7964-7966.

② 刘少和，桂拉旦.环城地理梯度背景下的旅游休闲业空间布局结构分析 – 以粤港澳为例 [J].社会科学家，2008，23（5）：95-99.

③ 汪宇明.核心—边缘理论在区域旅游规划中的运用 [J].经济地理，2002，22（3）：372-375.

④ 钟士恩，张捷，韩国圣等.旅游流空间模式基本理论：问题分析及其展望 [J].人文地理，2010，25（2）：31-36.

⑤ 王文娟.中国主题公园空间分布与优化研究 – 基于国家A级旅游区（点）的统计 [D].安徽师范大学，2010：26-36.

⑥ 吴必虎.大城市环城游憩带（ReBAM）研究 – 以上海市为例 [J].地理科学，2001，21（4）：354-359.

核心的核心—边缘体系，引导旅游流在空间分布上由高梯度区向低梯度区、由核心向边缘不断地扩散，吸引更多的人从事旅游产业，实现处处能旅游、时时可旅游的格局，并使广大参与者共享旅游发展带来的成果。

4.2.2 旅游空间演化理论

空间结构的形成是在各种因素的影响下不断演化而来，在对空间演化的理论研究中影响较大的有增长极理论、"点—轴系统"理论。

增长极理论认为经济增长首先出现一个或数个"增长中心"，然后通过连锁效应和推动效应由点到面、由局部到整体的向外扩散，并对整个经济产生不同的最终影响[1]，这个"增长中心"被称为增长极。增长极既可以是经济领域上的某个要素或产业，也可以是地理空间中的某个区域[2]，当经济领域上的增长极映射到地理空间中时，如果产生在某一地理空间的集聚，就成了地理空间上的增长极。在区域发展中，旅游产业既可以作为经济领域中具有推动效应的产业成为区域发展的产业增长极；也可以作为地理空间中具有带动作用的地区成为区域发展的空间增长极。如桂林以旅游产业作为增长极向旅游地产业拓展[3]，促进了桂林旅游产业的转型升级；云南把昆明、西双版纳、大理和丽江等旅游城市作为空间上的增长极进行推进[4]，促进了全省旅游产业空间格局的进一步拓展。

"点—轴系统"理论认为在区域发展过程中大部分要素会在中心城市等"点"上集聚，并依托由线状基础设施所形成的"轴"在空间上进行集聚和扩散；在集聚和扩散的过程中，"点"和"轴"共同构成的"点—轴系统"会对周边附近区域产生强大吸引和凝聚力，并促进"点—轴系统"不断地完善升级[5]。"点—轴系统"理论的实质是一个区域内以某一产业为核心，以产业之

① 安虎森.增长极理论评述［J］.南开经济研究，1997，13（1）：6-12.
② 颜鹏飞，邵秋芬.经济增长极理论研究［J］.财经理论与实践，2001，22（2）：2-6.
③ 尹铎，吕华鲜.基于增长极理论的旅游地产发展研究——以桂林为例［J］.国土与自然资源研究，2011，33（3）：48-49.
④ 陈俊伟.论广西旅游业的新增长极［J］.旅游学刊，2000，15（2）：46-49.
⑤ 陆大道.关于"点—轴"空间结构系统的形成机理分析［J］.地理科学，2002，22（1）：1-6.

间的信息流、产品流、技术流等产业要素的相继传递为轴，形成区域产业集群的过程在空间上的体现。西部大开发战略提出的"发挥中心城市作用，以线串点，以点带面，逐步形成我国西部独具特色的跨行政区域的经济带，带动其他地区发展"的建设格局是"点—轴系统"在区域发展中的典型应用[①]。在旅游产业发展中，以旅游客源地、旅游集散地、旅游目的地等旅游要素集中地为"点"，以交通线等基础设施为"轴"形成的"点—轴系统"支撑起了旅游产业发展的空间格局。如桂林以市区、阳朔县城两点和漓江、321国道两轴所形成的"点—轴系统"作为桂林旅游产业发展的基本格局[②]，以及以西安、兰州、乌鲁木齐三市为"点"、陇海——兰新铁路沿线为"轴"的西北地区旅游开发的"点—轴系统"[③]。

空间演化理论揭示了全域旅游的演化机理和演化方式。在从"景点旅游"到"全域旅游"转变过程中，一个区域，以知名景区、知名旅游城市为增长极，以交通线、产业链为轴，通过生产要素的自由流动，逐步演化形成在空间上涵盖知名景区、非知名景区景点、乡村、城市社区等区域，在产业体系上形成以旅游产业为核心、相关产业融合发展的产业集群，推动区域社会经济发展在空间上从点状向面状发展，在产业结构上跳出单一景区模式，走向"食、住、行、游、购、娱"和"商、养、学、闲、情、奇"协调发展的全域旅游模式。

4.2.3 宏观指导理论

宏观指导理论主要包括地域生产综合体理论、PRED系统协调理论和可持续发展理论。

地域生产综合体理论是指从区域的内部视角出发，为达到某一经济效果，由政府主导，以企业间的技术经济联系和产业链为纽带，引导组织众多企业

---

① 国务院关于实施西部大开发若干政策措施的通知．［EB/OL］．https://www.gov.cn/gongbao/content/2001/content_60854.html. 2001–10–24/2017–5–10.

② 高元衡，王艳.基于聚集分形的旅游景区空间结构演化研究——以桂林市为例［J］.旅游学刊，2009，24（2）：52–58.

③ 石培基，李国柱.点—轴系统理论在我国西北地区旅游开发中的运用［J］.地理与地理信息科学，2003，19（5）：91–95.

在一定区域空间内聚集，形成相互协调的产业集聚或产业集群的理论[①]。地域生产综合体理论强调经济联系的重要性，是生产力布局的重要理论基础，但在实践中地域生产综合体的形成需要更多地依赖国家指令性计划指导。在旅游产业中，旅游景区、旅游交通等在很大程度上具有公共产品或准公共产品的性质，具有一定程度的非排他性和非竞争性[②]，为提高旅游产业的供给效率、服务质量，政府的主导作用不容忽视[③]。同时，要以产业规划、产业政策、质量标准等政府行为积极引导市场主体参与旅游地域生产综合体建设。

PRED 系统协调理论认为区域是由人口（Populations）、资源（Resources）、环境（Environment）和社会发展（Development）四个子系统构成的一个集自然、社会和经济为一体的动态、开放、复杂的系统[④]。在这一系统中，人口居于中心地位，它通过生产、生活作用于资源与环境；资源与环境则为人类生存和社会发展提供了必要的物质基础；区域的发展需要人口增长、资源利用、环境保护和社会经济发展 4 个子系统间保持良好的协调关系。在区域发展的过程中，4 个子系统之间不断相互促进、相互协同，由协调—不协调—协调，循环往复，处于一种动态的变化过程。随着旅游产业发展进入大众旅游时代，旅游者数量（P）持续增长，旅游需求日益多样化；与之相对应，旅游资源（R）的范畴也在不断扩展并且开发利用程度也越来越高；随着旅游活动强度的加大和旅游产业的扩张，旅游在社会经济发展（D）中的作用也越来越大，对自然环境和人文环境（E）的保护压力也越来越大，旅游 PRED 系统的协调发展迫在眉睫。

可持续发展涉及经济、生态和社会三方面的协调统一，要求人类在发展中讲究经济效率、关注生态和谐和追求社会公平，最终达到人的全面发展。

① 周文. 产业空间集聚机制理论的发展 [J]. 经济科学，1999，21（6）：96–101.
② 高凌江. 我国旅游公共服务体系建设研究—基于公共产品理论视角 [J]. 价格理论与实践，2011（10）：82–83.
③ 郝索. 论我国旅游产业的市场化发展与政府行为 [J]. 旅游学刊，2001，16（2）：19–22.
④ 王黎明. 面向 PRED 问题的人地关系系统构型理论与方法研究 [J]. 地理研究，1997，16（2）：38–44.

但不同的国家在对可持续发展的理解和实践方面却存在着显著的差异。发展中国家更多地把"发展"放在首要位置，认为发展是第一要务；而发达国家则更强调"可持续"，认为合理利用资源和保护生态环境才是可持续发展理论的内核[①]。虽然旅游产业曾被誉为"无烟工业"，具有废弃物排放少、污染小，对景观资源的物质性消耗不明显等特点，但随着旅游业的不断发展，旅游者的数量在不断增长，为满足旅游需求的设施也在不断地增加，旅游业给自然生态环境、社会人文环境带来的影响越来越大，旅游发展与生态环境保护、社会文化传承之间的矛盾也越来越尖锐[②]。为此，促进旅游可持续发展的生态旅游[③]、低碳旅游[④]等旅游发展理念应运而生。

宏观指导理论诠释了全域旅游的支撑环境。旅游产业本身就是综合性产业[⑤]，全域旅游的发展更是要求各行各业都参与到旅游产业中来。在政府主导下，建立以旅游产业为主导的地区生产综合体成为促进全域旅游发展的主要方式。政府通过推进旅游产业供给侧结构性改革以更好地满足旅游者的需求，通过为旅游消费创造良好环境，提高游客满意度；通过构建和谐的 PRED 系统推进区域经济社会的可持续发展。

从上述分析中可以看出，旅游活动和旅游产业早已成为经济地理学的研究对象并得到广泛深入的研究。全域旅游作为一种以旅游产业为优势主导的产业，实现了区域资源有机整合、产业深度融合发展和全社会共同参与的新的区域旅游发展理念和模式。从经济地理学的角度分析，其根本原因在于：旅游产业与其他产业的最大不同在于旅游产品的不可移动性和旅游消费的异

---

① 樊杰，曹忠祥，张文忠等.中国西部开发战略创新的经济地理学理论基础［J］.地理学报，2001，56（6）：711-721.

② 周振东.旅游业不是"无烟工业"—对旅游与环境关系的再认识［J］.经济问题研究，2001，22（10）：50-53.

③ 李育冬.我国西部旅游业可持续发展的必由之路－生态旅游［J］.生产力研究，2006，21（3）：142-144.

④ 唐承财，钟林生，成升魁.我国低碳旅游的内涵及可持续发展策略研究［J］.经济地理，2011，31（5）：862-866.

⑤ 李克强.共绘充满活力的亚洲新愿景－在2016年博鳌亚洲论坛年会开幕式上的演讲［EB/OL］.https://news.xinhuanet.com/fortune/2016-03/24/c_128830171.html.20162016-3-24/2017-5-10.

地性，会伴随着旅游者的空间移动而实现；旅游产业的发展只有通过优化旅游目的地的旅游产品布局、丰富旅游业态，完善旅游产品体系，不断满足旅游者不同类型、不同档次的旅游需求和非旅游需求，才能带动乃至统领区域经济社会的全面发展。

4.3 全域旅游内涵体系的构建

基于上述对经济地理学相关理论的分析，本书构建出以旅游需求为源动力的全域旅游内涵体系（见图 4-3），即全域旅游是在政府主导下，以人们越来越广泛多样的旅游需求为源动力；以旅游产业与相关产业融合，生产要素的自由流动和旅游产业链的延伸为本质；以全时空的存在、全行业参与，成果全民共享为表现形式的全新的旅游发展理念。

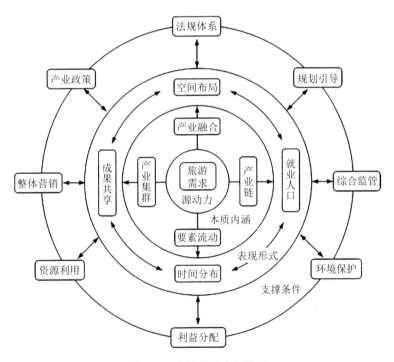

图 4-3　全域旅游内涵体系

4.3.1 旅游需求的多样性是全域旅游的源动力

受地区社会发展水平差异和人口个体差异的影响，社会总体旅游需求具有多样性的特点，观光、休闲度假和身心体验等不同类型、不同层次的旅游需求在社会总体旅游需求中共同存在。与旅游需求的多样性相适应，旅游吸引物的范畴不断扩大，从自然到人文，从历史到当下，从具体的以景区景点为体现形式的旅游吸引物到无法具象的任何与人们日常生活环境有差异的事物都可成为旅游吸引物。吸引物的范畴和范围的扩大引发了人们对旅游供给结构调整的重视，从景点旅游转向全域旅游，跳出传统景点的束缚，在更广泛的空间和领域发展旅游产业，促进旅游供给的业态多元化、空间广泛化、季节性淡化，推进旅游供给的类型结构、档次结构和时空结构的优化，使旅游供给类型更加丰富、档次搭配更加合理、时空分布更加均衡，进而满足旅游者多样化的旅游需求。

4.3.2 旅游产业与相关产业的深度融合、促进旅游产业链的延伸是全域旅游的本质

发展全域旅游，促进旅游产业与相关产业的融合要求旅游行政管理部门树立"不求所有，但求所用"的原则，主动推进"旅游+"，使各部门能够考虑旅游因素，把旅游者、旅游企业纳入服务的对象；在实践过程中要做好旅游需求和本地居民需求之间以及旅游产业和原有产业之间的利益关系的协调。通过产业融合，跳出旅游部门做旅游、旅游企业做旅游的小旅游格局，升级为多部门都为旅游产业服务，各行业都为旅游者服务的全域旅游格局，用"旅游+"促生新产品、衍生新业态，既为旅游产业自身发展拓展空间，也为带动其他产业发展创造附加值；既能促进旅游产业的转型升级，也能带动区域经济结构的调整。通过信息、文化、资金等各种生产要素在产业之间更广泛、更密切、更深入地流动，吸引更多相关产业参与到旅游产业链中。

4.3.3 旅游产业的时空布局全域化和全员参与是全域旅游的外在表现形式

在全域旅游的发展过程中，景点是增长极、是带动全域旅游产业全面发展的"点"。拥有高品质的景点，才能使一个地区吸引更广阔范围内的旅游

者，从而成为知名的旅游目的地。如果说，全域旅游的发展程度代表着一个区域旅游产业的广度，景点旅游的发展程度则代表着这个区域旅游产业的高度。从景点旅游到全域旅游，相关部门在提升景点的质量，提升旅游产业高度的同时要重视景点对外的辐射带动作用，从而增进旅游产业广度，在更广阔的空间和季节形成时空合理布局的全域旅游发展格局。同时，通过产业链的延伸，吸引更多的人参与到旅游产业发展中来，通过旅游产业发展成果的初次分配和再次分配，使旅游发展带来的效益在更广泛的范围进行传递和分配，实现旅游发展成果的共享。

4.3.4 政府主导是全域旅游的有力支撑

政府通过法规体系的保障作用、规划的引导作用、产业政策的推动旅游产业供给侧结构性改革；通过区域整体营销、综合监管，营造良好的全域旅游发展环境；通过建立完善的利益分配机制促进旅游者和当地居民的和谐相处；通过提高资源利用效率、加强环境保护，构建和谐的 PRED 系统，最终推进区域经济社会和旅游产业的可持续发展。

4.4 小结

全域旅游作为新时代旅游产业发展的新理念，引导旅游产业与相关产业的深度融合发展，创新全行业共同参与旅游产业发展的体制机制，是推动区域旅游平衡充分发展的有效措施。全域旅游理念指导下的旅游产业发展能够推动传统文化、民族文化的传承，增强文化自信；带动生态环境保护，改善生活环境；全域旅游能够促进旅游产业空间分布更加广泛，推动基础设施在边远地区的建设；全域旅游还能促进相关产业和旅游产业的融合，拓宽产业链，创造更多工作机会，提升相关产业的附加值，促进旅游收益的再分配，促进旅游发展成果共享。然而，需要注意的是，在全域旅游理念指导下，区域旅游产业发展不仅仅要拓展旅游产业的广度，也要重视"景点"的建设，提高旅游产业的高度；在旅游产业与相关产业的融合中，既要重视"旅游+"，大力吸引其他相关行业参与到旅游发展中，也要重视"+旅游"，主动参与其他相关行业的发展建设。

第5章
全域旅游环境下产业要素演进机制

旅游要素作为旅游学术中最基本和最重要的概念之一，对旅游学术研究、旅游产业发展都有着十分重要的理论和实践意义。近年来，随着旅游学术研究的深入和全域旅游的发展演进，研究者对旅游要素的争议不断，严重影响了旅游学术研究及旅游产业发展指导，有必要进行深入剖析。

5.1 旅游要素的发展阶段划分

学界对构成旅游产业的旅游要素的主要观点大体经历了以下几个阶段。

5.1.1 三要素阶段

第一阶段：三要素阶段（1978—1984 年）。改革开放后我国开始将旅游作为产业经济进行经营和管理，当时，学术研究面临最突出的问题之一便是旅游产业到底包括哪些内涵或者要素？为了回答这个问题，1980 年，"旅游三要素"被提出，即饭店、交通、服务。此后，天津人民出版社于 1983 年出版的《旅游概论》又将服务这一要素解释为旅行社[①]。为此，饭店、交通和旅行社被称为旅游产业三支柱和旅游新三要素。

---

① 《旅游概论》编写组 . 旅游概论［M］. 天津：天津人民出版社，1983：101.

5.1.2 五要素阶段

第二阶段：五要素阶段（1985—1990 年）。1985 年，基于旅游者消费，黄辉实在其所著《旅游经济学》一书中，在三要素基础上提出了旅游五要素的概念，即"吃、住、游、行、买"①。此后，谢长淮②、李治莹③等人在《旅游学刊》《旅游论丛》等期刊上发表文章，均对五要素予以了采纳和沿用。

5.1.3 六要素阶段

第三阶段：六要素阶段（1991—2001 年）。"六要素说"由"五要素说"发展而来，1991 年，孙尚清主持出版《中国旅游经济发展战略研究报告》，首次提出了六要素概念④，即"食、住、行、游、购、娱"。"六要素说"一经提出就得到了广泛认同，大量出现在旅游学专著、论文、政府工作文件以及旅游规划等各种学术文献及实践报告中，并一直沿用至今。如《旅游学概论》⑤等教材大多把"六要素说"作为认识旅游活动、旅游产品以及旅游业的基本框架，在学界和业界成为旅游要素长期的主流观点。

5.1.4 要素争鸣阶段

第四阶段：要素争鸣阶段（2002 年至今）。随着产业发展和人们认知的深入，很多学者开始对"六要素"理论进行了思考和质疑。其争议主要体现在以下几个方面。一是否定学派。这些研究者认为"六要素"由于没有经过科学层面的严谨分析，其不能被认为是学术语言和命题⑥。二是补充学派。研究者们从不同的视角提出了补充，补充了"思"⑦"教"⑧"贾估"⑨"知"⑩"学、

---

① 黄辉实．旅游经济学［M］．上海：上海社会科学院出版社，1985．
② 谢长淮．认识国内旅游特征制定合理发展措施［J］．旅游学刊，1987（1）：73．
③ 李治莹．注重八闽特色迅速发展福建旅游业［J］．旅游学刊，1988（2）：51．
④ 国家旅游局．中国旅游年鉴［M］．北京：中国旅游出版社，1991：107．
⑤ 李天元编著．旅游学概论（第七版）［M］．天津：南开大学出版社，2014：34．
⑥ 吴必虎．旅游到底有多少要素？［J］．环球人文地理，2015（10）：10．
⑦ 涂绪谋．论旅游的第七要素"思"［J］．四川师范大学学报（社会科学版），2009（3）．
⑧ 廖晓静．"教"：应当明晰和追加的旅游要素［J］．经济经纬，2002（6）：86-89．
⑨ 亢雄，马耀峰．对旅游"六要素"的再思考［J］．旅游论坛，2009，2（4）：475-478．
⑩ 张玉莲．论旅游第七要素——"知"［J］．中南林业科技大学学报（社会科学版），2015（1）：49-55．

建、安"① 等新要素。三是革新派。部分研究者抛开了原有要素另辟蹊径，从新的角度提出了"资源、环境、文化、科技、余暇、金钱"②"旅游资源、生态环境、经济基础、文化底蕴、文明状况、员工素质"③"商、养、学、闲、情、奇"等新的六要素④，以及保障、需求和发展三方面的"三个六要素"⑤"文、深、慢、漫、精、境"的"全要素"⑥等新的要素观。

5.2 关于旅游要素的主要争议

纵观前述已有观点，旅游要素的争议主要存在于以下几个方面。

5.2.1 学术价值之争

在旅游要素是否有学术价值方面，主要有以下几类观点。一是学术价值否定派。学者基于对"六大要"质疑的基础上，认为其在科学以及哲学层面上从未经过严谨的分析。就西方文献而言，也没有类似国内的"六要素"观点，旅游要素仅在我国大陆使用，应该放弃这个过时的概念。二是学术价值肯定派。学者认为其是认识旅游产业的重要工具，尤其是"六要素"提出以后，学界将其作为认识旅游活动、旅游产品以及旅游业的基本框架，以及揭示旅游业综合性特征、旅游的消费属性的工具，使旅游主体的生物性以及社会性的统一得以展现，也是学界认知、分析旅游活动和旅游产业的重要工具⑦。

文章以为，旅游要素已经在学术界存在几十年，其对旅游学术研究和旅

---

① 吕俊芳.旅游主体与旅游六要素的创新思考［J］.渤海大学学报（哲学社会科学版），2011（4）：39–41.

② 王昆欣.试论旅游活动"新六要素"［J］.旅游科学，2005（6）：7–10.

③ 陈兴中，郑柳青.旅游活动"六要素"新论——以德国与四川比较为案例［J］.人文地理，2007（5）：80–83.

④ 鲁明勇，覃琴.旅游要素的ʻ多维系统认知与拓展升级研究［J］.湖南商学院学报，2018，25（3）：106–114.

⑤ 颜仁才.试探全息旅游"三人八要素"的构建［A］."问题导向与理论建构"——2012中国旅游科学年会［C］.2012.

⑥ 魏小安.发展全域旅游要从六个"全"着手［EB/OL］.https://go.huanqiu.com/article/9CaKrnK4xqi，［2017–08–07］.

⑦ 翟辅东.旅游六要素的理论属性探讨［J］.旅游学刊，2006（4）：18–22.

游产业发展做出了重要贡献，其价值主要体现在以下几方面。第一，旅游要素是旅游产业认知和发展启蒙的重要工具。改革开放之前，在国家管理层面，旅游一直与外交和外侨接待事业在一起管理和运营。改革开放后，我国认识到旅游的产业价值，将其作为产业来管理和运营。当时，对于旅游研究者和管理者而言，都亟待理解旅游产业的边界问题：到底哪些算是旅游业？而旅游"三要素"在此时提出，不仅很好地解答了当时业界的疑惑，"三要素"也被广泛理解为旅游产业"三支柱"，是国内旅游产业认知的启蒙。第二，旅游要素是旅游学术研究的重要基础概念。不仅为学界厘清了旅游产业的边界和范畴，同时是学界认知、分析旅游活动和旅游产业的重要工具，有着重要的学术价值。第三，旅游要素是制定旅游产业政策及行业技术报告的重要工具。旅游要素，尤其是"六要素"被提出以来，正值我国旅游产业发展的黄金发展期，诸多旅游政策、旅游规划等专业技术报告的编制，"六要素"都是其中的高频词，在全面指导我国旅游产业迅速发展过程中，起到了十分关键和重要的作用。因此，不论是从产业范畴启蒙、学术研究、还是产业实践上来看，旅游要素论的价值都是显而易见的。

5.2.2 学术视角之争

研究者在谈论"旅游要素"时，探讨视角和解读对象完全不同，综合来说有以下几个视角（见表 5-1）。一是产业视角。其中，"三要素"指旅游产业构成的三个支柱，"学、建、安"则更多基于旅游产业发展保障。二是旅游消费或者旅游需求视角。传统的"五要素""六要素"，以及新要素"思"均是这种视角的代表。三是旅游产品和功能视角。新要素中的"教""知"和"商、养、学、闲、情、奇"等要素均是基于这个视角。四是基于旅游目的地的视角。陈南江的"营销、大环境"[①]、魏小安的"文、讯、境、科、制、合"[②]等新要素均是基于此视角。五是综合视角。更多的新要素是基于这个视角，

---

① 蒲湘玲，涂绪谋.从宗教旅游看旅游的第七要素"思"[J].西南石油大学学报（社会科学版），2011，13（2）：60–63.

② 魏小安，韩健民.旅游强国之路 [M].北京：中国旅游出版社，2003：167–170.

如"资源、环境、文化、科技、余暇、金钱"将市场条件和旅游产业的基础条件结合在一起,"旅游资源、生态环境、经济基础、文化底蕴、文明状况、员工素质"则是将旅游产业基础条件和旅游产业要素综合在一起。

从上述研究视角来看,旅游要素的认知视角有着由早期单一产业视角、逐步演化到多视角和综合视角的过程,这虽然增加了人们的认知视角,但也是造成认知混乱、学术争议的重要原因之一。

表 5-1 旅游要素说观点

研究视角	主要观点	提出
旅游产业要素	三要素,饭店、交通、旅行社	《旅游概论》,天津人民出版社,1983
	补充新要素,学、建、安	吕俊芳,2011
旅游需求要素	五要素,吃、住、游、行、买	黄辉实,1985
	传统六要素,食、住、行、游、购、娱	《中国旅游年鉴》,1991
	补充新要素,思	涂绪谋等,2009
	补充新要素,贾、估	亢雄等,2009
旅游产品要素	补充新要素,教	廖晓静,2002
	补充新要素,知	张玉莲,2015
旅游目的地要素	补充新要素,营销、大环境	陈南江,2003
	革新,文、讯、境、科、制、合	魏小安,2003
混合视角要素	革新,"全要素":文、深、慢、漫、精、境	魏小安,2015
	革新,资源、环境、文化、科技、余暇、金钱	王昆欣,2005
	革新,旅游资源、生态环境、经济基础、文化底蕴、文明状况、员工素质	陈兴中等,2007
	革新,保障六要素、需求六要素、发展六要素	颜仁才,2012

资料来源:作者整理。

5.2.3 学术流派之争

如前所述,当前已经出现的旅游要素论至少有"三要素""五要素""六要素""新六要素""七要素""八要素""九要素""三个六要素""全要素"等流派和观点。在所有要素论中，以传统的"六要素"接受面最广、影响最大，其原因主要有：一是提出时间早，在 1991 年提出，前后历经三十多年；二是该观点提出时恰逢我国旅游产业高速发展，旅游产业需要范畴理论来指导，恰逢其时，行业影响力广；三是该观点内容总结相对全面，基本包含了当时人们对于旅游需求或者旅游产业的要求。

但是，随着旅游产业的发展和人们认知的深入，当前旅游要素流派主要存在以下几个方面的问题。一是由于视角不同而造成争论及理解混乱。其中，"三要素"是基于产业范畴而言，"五要素"、传统"六要素"主要是基于旅游需求视角，主要从供求两个方面理解旅游产业的内涵。而补充派的新要素并没有按照原有的逻辑进行，如"教""知"是基于旅游功能、"学、建、安"则更多基于旅游产业保证等。旅游革新派有关要素认知，研究视角更是复杂。其中，王昆欣、陈兴中等各自提出的新六要素将旅游产业基础条件、市场条件和旅游产业要素综合起来总结，魏小安的"全要素"是将旅游传统要素与旅游目的地发展的新要求混合在一起，很难有说服力。二是，沿着旅游要素起源的产业理解视角，随着新技术的发展、产业分工的细化及旅游产业链条的延长，旅游产业视角的要素在不断地演进，无论是影响最大的"六要素"、还是后来的补充和革新，都没有将旅游产业的完整的范畴和内涵补充进来，如旅游电子商务、旅游托管业与旅游咨询（规划）业等新的行业，都没有进入旅游要素研究的视角并形成与时俱进的学术观点。

5.2.4 争论的本质原因

可以说，当前有关旅游要素的争鸣状况是旧愁未去，新愁又来，对传统"六要素"的质疑尚未解答，很多新学派观点自身也充满个人色彩。综合来看，旅游要素争论的原因主要有以下几方面。（1）用词不当是根本原因。要素作为经济学中表述生产的重要学术概念，原指生产函数中的重要变量。而首次被引入旅游中来的旅游"三要素"指的是当时旅游业的三大支柱，与经济学中生产函数"要素"的含义相去甚远，可以说用词不当是造成争议的根本原因。（2）表达不精确是直接原因。学界首次用旅游"三要素"是用来解释旅游产业的三大支柱，但是由于表述时将其表述为旅游"三要素"，而没有明确表述为旅游产业构成的"三要素"，直接导致后来各种偏离产业视角的解读，引发了一波又一波解读视角的混乱和争议。（3）解读视角不同是重要诱因。学者从不同的视角和对象来解读旅游要素以及将不同的视角理解混为一谈的现象，是导致旅游要素内涵混乱、产生巨大争议的重要诱发因素。（4）旅游细分是争议加剧的重要促进因素。随着我国旅游产业规模不断扩大，旅游沿着产业、消费等各个方向不断细分及演化，原有的要素总结不足以表达这些现象。如旅游的"三要素"不能完全涵盖旅游产业的构成，旅游需求更是出现多元化、个性化趋势，传统的"六要素"也不能完全涵盖旅游需求的细分。为此，学界基于以往的要素观点进行修补，但是，由于理解视角之间的不统一，这种补充越多、要素的理解就越混乱，这也是争议加剧的重要原因。

为了正本清源、消除由于学术争议带来的理论与实践消极影响，文章认为基于旅游产业视角来理解旅游要素较为科学。（1）旅游要素首次引入旅游研究是从旅游产业的视角进行的，形成了对后来影响巨大的旅游产业"三要素"（实指旅游产业的"三支柱"）；（2）虽然后来旅游的"五要素""六要素"并没有完全基于产业视角，转向旅游需求的视角解读。但是，其所提的"食、住、行、游、购、娱"要素与旅游美食业、旅游住宿业、旅游交通业、旅游景区业、旅游商品业、娱乐业等旅游细分产业能形成一一相对应的关系。因此，从产业构成视角来理解上述解读也能说得通。（3）在实践中，大量的学术成果、政策文件和行业报告中，凡涉及旅游产业构成表述的时候，也多以传统"六要素"来表述，在实践上也是从旅游产业构成视角来理解和应用的。（4）从产业构成视角理解旅游要素已经经历了40多年，在应用上根深蒂固，学界和业界普遍比较接受。因此，从产业构成的视角来理解旅游要素，既符合行业长期发展实践，也是学界早期观点，能在很大程度上避免学术争议等弊端。

5.3 旅游产业构成要素分析

如前所述，为了减少争议、正本清源，本书从旅游产业构成的视角对旅游要素进行系统分析。

5.3.1 已有旅游产业构成要素

已有产业要素观点主要有以下几方面。一，明确的旅游产业要素内涵表达，如旅游"三要素"，通常指的是饭店、交通和旅行社旅游业三支柱。二，被部分理解为产业要素，如传统旅游"六要素"在旅游产业相关政策、规划及研究报告等产业实践中，基本上普遍被当作旅游产业构成视角的要素在使用。如果按照"三要素"内涵的延伸，"六要素"中的"行"显然应该理解为旅行社业。但是，在行业应用中通常被解读为旅游交通业，"购"也通常被变通为旅游商品业。这样，考虑旅游"三要素"中的"饭店业""交通业"和"旅行社业"，以及传统"六要素"通常被理解和应用的旅游"餐饮业""饭店业""交通业""景区业""商品业"和"娱乐业"，总结起来，目前学界有关旅游产业构成视角的要素有七个：分别是旅游"餐饮业""饭店业""交通业""景区业""商品业""娱乐业"和"旅行社业"。但是，随着旅游产业规模的扩大、产业细分和产业升级，传统旅游产业意义的"七个要素"已经不能涵盖旅游产业的全部构成，需要对旅游产业要素做与时俱进的系统补充和探讨。

5.3.2 旅游产业构成新要素分析

1. 旅游中介服务业

由于技术升级和管理方式等发生变革，以传统旅行社为代表的旅游中介业内涵和构成发生了翻天覆地的升级与变化。

一是随着技术的迭代升级，传统旅行社出于生存需要开始向业务转型、消亡、技术升级、业务多样化、大型化和专业细分化方向发展，但总体上呈现显著的萎缩趋势。我国旅行社的产业化发展始于改革开放后，1985 年，国家颁布《旅行社管理暂行条例》，开始对旅行社实行相对独立的行业管理①。凭借着专业的导游以及周到的团队游服务，传统旅行社曾在沟通供应商与旅游者以及促进旅游业发展中发挥了至关重要的作用。然而随着互联网进步、出行方式转变及旅游需求的变化，依靠信息不对称及出行便捷而发展起来的传统旅行社代理业务受到极大冲击，原本隶属于旅行社服务中的导游服务也逐渐脱离，再加之自身同质化严重、人员素质与专业能力不足、竞争无序等问题，传统旅行社不可避免地走向了转型或消亡。

二是导游管理政策的变革，催生了社会导游行业。国内旅游需求的大规模增长以及较低的导游人员准入门槛，使导游人员的数量急速增长，其中除旅行社专职导游外，社会导游也逐渐增长。2002年，为加强社会导游管理，在国家旅游局要求下各地纷纷建立导游服务机构，旅行社导游与社会导游两套组织管理体系得以形成，导游也由此开始合法化地与旅行社分离②。随着导游资格人员数量的急剧增长，以及由于传统旅行社规模萎缩而带来的专职导游需求较少，2016年，在相关部门的推动下，导游自由执业试点推行，导游服务不再经过旅行社才能获得，满足了旅游者散客化、自主化、个性化的需求，导游话语权逐渐增大，并最终发展为专门的导游服务业。

三是网络技术的发展催生了新兴旅游电子商务平台产业。互联网的发展给传统旅行社带来极大冲击。与此同时，旅游电子商务迅速崛起③，不仅能够打破时空限制，还能在提高交易效率的基础上降低交易成本，并最大限度地对旅游信息资源进行整合。在旅游交通方式及旅游消费观念转变等背景下，依托巨量的信息库，以及开放性、交互性的特点，旅游电子商务改善了以往旅行社与旅游者信息不对等的状况，为旅游者提供全面且个性化的服务。作为旅游电子商务平台中的典型，旅游OTA企业涌入并占领市场，携程、飞猪、美团等企业迅速壮大，旅游电子商务平台成为旅游产业越来越重要的有机组成部分。

① 杜江. 中国旅行社业发展的回顾与前瞻［J］. 旅游学刊，2003（6）：31–39.
② 吴汉秋. 试论我国导游职业的社会化［J］. 大众商务，2010（8）：185–186.
③ 杨丽. 中国旅游电子商务发展中的一些问题与对策研究［J］. 旅游学刊，2001（6）：40–42.

为此，传统旅行社、社会导游、旅游电子商务平台共同构成了新的旅游中介服务，为旅游产业健康发展起着越来越重要的作用。

2. 旅游智业

随着产业规模的扩大，以知识和技术等智力为旅游产业发展服务的行业迅速发展，其代表性的行业主要有以下几个。一是旅游规划设计业。旅游业发展初期阶段，旅游资源丰富、发展潜力巨大，亟待开发利用。我国旅游规划也因此走向产业化发展，大量旅游规划设计职业者及旅游规划公司涌现，甚至出现了专业的上市公司。2000 年，相关部门对旅游规划设计单位的资质认定进行了规定，对旅游规划单位按照甲、乙、丙三级划分管理。然而随着旅游业发展逐渐成熟，原有的规划体系不再适应产业发展，规划公司的资质审核暂停，旅游规划业也进入新的发展阶段[1]。二是旅游咨询业。当前，旅游业的发展越来越依赖智力、知识、创新等软性条件，这也成为旅游企业和旅游目的地增强市场竞争力的重要支撑要素。旅游咨询业便是随之兴起的旅游项目策划和设计类的创意产业，为满足企业和社会组织职能外包的需要而发展起来[2][3]。这些业务主要包括旅游目的地、旅游企业发展战略咨询、技术指导、升级辅导、发展顾问等具体业务。三是旅游托管业。旅游托管业包括专业化酒店托管业、景区托管业、旅游区或者旅游目的地市场营销托管业等具体行业。自 20 世纪 90 年代起，由于缺乏专业经验，酒店委托管理成为我国酒店业重要发展模式，极大地推动了我国酒店业发展，在这一模式下有几个基本要点[4]：经营者除欺诈或严重失职以外，其行为受到绝对保护，且不受业主干扰，而业主则需承担经营费用以及财务风险。景区托管也是在缺乏专业经验的情况下，为应对市场竞争、促进自身转型、增强活力的选择之一。旅游景区所有者以契约的形式，将景区全部或部分经营管理权委托给其他具有

---

① 洪基军. 旅游规划已步入创意时代［J］. 旅游学刊，2013，28（10）：8-11.

② 张文建. 试论现代服务业与旅游业新增长态势［J］. 旅游学刊，2006（4）：23-27.

③ 张文建，柏波. 基于众包的旅游咨询业创新研究［J］. 旅游论坛，2012，5（3）：38-43.

④ Eyster J J. Recent trends in the negotiation of hotel management contracts：terms and termination［J］. Cornell hotel & restaurant administration quarterly，1988，29（2）：81

较强经营能力和承担相应经营风险能力的法人经营[1]。旅游托管业将资本这种有形的资产与知识经验这一无形资产相结合，极大地推动了旅游产业由粗犷式发展向专业化、高效率发展转变。

3. 旅游装备业

随着旅游产业规模的扩大、产品细分、消费升级和国家政策推动等因素，催生了专门为旅游产业发展需要而生产的旅游装备业。旅游装备制造业大体包括：一是高端装备制造业，如豪华邮轮游艇；二是户外运动所需的装备制造业，如帐篷、旅游背包、衣服等；三是旅游基础设备设施制造业，如景区讲解系统等[2]。2009年，《国务院关于加快发展旅游业的意见》首次提出了"旅游装备制造业"的概念并明确要积极发展旅游装备制造业，2015年，相关部门再次发布文件，进一步明确了发展旅游装备制造业的重要任务。随着我国进入全民休闲时代，在市场需求以及政策推动的影响下，旅游装备制造业获得了新的发展空间，旅游装配建筑、房车、邮轮游艇、游乐专用设备、旅游者装备等一大批旅游装备制造业逐步发展，已经形成相当完整的产业门类体系和产业规模，全面支撑和促进了我国旅游业的健康发展及转型升级。

4. 其他新兴旅游行业

随着旅游产业发展、社会生活方式、工作方式和科学技术的变化，一些新兴旅游行业纷纷兴起并获得长足发展。（1）旅游直播业。得益于近年来直播行业的发展，与直播相结合的旅游直播业得以产生并成为旅游经济新的增长点。发展初期，旅游直播本质上更类似于旅游宣传片[3]，致力于通过直播的方式促进旅游目的地的营销宣传。此后，随着流量变现的发展，旅游直播与电商相结合，在进行旅游目的地宣传的同时，也提供特色旅游产品、特色农产品的售卖。不同于旅游直播简单直接地附上购买链接，旅游博主会凭借纪

① 朱丽男，董志文.旅游景区委托管理初探［J］.中国集体经济，2010（15）：138-139.

② 耿松涛，彭建.产业融合背景下的中国旅游装备制造业产业集群发展研究［J］.经济问题探索，2013（11）：44-49.

③ 魏婷.后疫情时代慢直播发展的新特点与新趋势［J］.青年记者，2022（24）：92-94.

实性的拍摄、陪伴感的社交、独具亚文化浓度的视频内容[①]，给旅游者带来了更深入的情感体验，成为新媒体时代新兴旅游行业的重要组成部分。（2）旅游推广业。随着旅游市场竞争的加剧、旅游新媒介等旅游推广引起的营销革命，旅游推广逐步由原来的旅游广告转型升级为以旅游推广策划、实施、业务代理等为一体的旅游推广业。（3）其他旅游新行业。随着旅游产业的发展，出现了诸多新的旅游行业，如促进合同签订的居间业，以及为旅游网站或者媒体提供内容、以旅游为职业、以旅行陪伴为职业的旅游自由职业者等。

5.3.3 旅游产业构成要素系统模型

基于上述分析，当前旅游产业构成有"十要素"：旅游美食业（食）、旅游饭店业（住）、旅游交通业（行）、旅游景区业（游）、旅游商品业（购）、娱乐业（娱）、旅游中介服务业（中）、旅游智业（智）、旅游装备制造业（装）以及其他新兴行业（新）。围绕旅游活动及其诱发的旅游产业，从产业链系统思维来说，旅游业的各个细分产业可以划分为三个层次。首先，是旅游核心产业，主要包括旅游景区业和旅游中介服务业。旅游景区业是一个地区旅游资源的精华，是旅游产业得以产生的重要源动力。而旅游中介服务业能最大限度调动旅游产业中的各项资源，实现资源的最优配置[②]。其次，是伴生产业，主要包括旅游美食业、旅游饭店业、旅游交通业、旅游商品业和娱乐业，这些产业围绕着旅游者出行及活动需求，分工协作为其提供各项产品和服务。最后，是衍生产业，主要包括旅游智业、旅游装备制造业和其他新兴行业，在新的发展背景下，由旅游产业与其他产业融合发展而成。

5.4 旅游产业构成要素的演进机制

5.4.1 产业演进驱动因素分析

1. 旅游消费变化是源动力

产业构成与消费市场是供求的两端，消费作为生产的落脚点，对带动产

---

① 李亚铭，温蜀珺. 从 Vlog 创制看网络主播对社交圈层的再造［J］. 传媒，2020（3）：45-47.
② 王起静. 转型时期我国旅游产业链的构建［J］. 山西财经大学学报，2005（5）：68-72.

业结构变化具有重要影响。从产业角度来看，人们消费理念、消费行为的转变引导着资源在产业间流动①，从而加速产业的结构要素调整。第三次消费升级使得精神性消费成为消费需求主导，据文旅部 2019 年发布的旅游市场报告数据显示，2019 年，国内旅游总收入达 6.63 万亿元，对国民经济发展贡献巨大。而旅游消费在总量不断提升的同时，消费结构也走向优化升级，对高层次、高品质旅游产品的消费需求增加，为了适应旅游消费的变动，旅游产业构成也随之进行结构的变动与优化，推动了旅游产业要素的演化。

2. 旅游产业规模扩大及产业细分是直接驱动力

改革开放初期，我国旅游业刚刚实现从计划经济单一接待行业向市场经济多元服务行业发展的转变②，经过 40 多年的不断发展，我国旅游业发展实现了规模扩大及效率提升。据文旅部数据显示，截至 2019 年年末，全国纳入统计范围的各类文化和旅游单位超过 35 万个，从业人员 500 多万人。与旅游产业规模不断扩大相适应的是专业化的分工与产业细分。产业本身便是社会分工的产物，分工理论认为，社会分工的深入程度会受到市场规模的影响，当市场规模扩大时分工就会进一步精细深入，使产业业态朝着纵深发展③。旅游业本身就存在着一定的互补关系，产业内部随着市场规模的扩大分工不断细化④。最初，饭店、交通与旅行社三大行业便构成了旅游产业的重要支柱，而发展至今，基于产业内部分工与供需关系，又不断催生了旅游购物、旅游娱乐、旅游智业等细分行业。随着旅游业未来的发展，其产业规模与分工也必然会进一步扩大与细化，从而推动产业要素的发展。

① 王云航，彭定赟.产业结构变迁和消费升级互动关系的实证研究 [J].武汉理工大学学报（社会科学版），2019，32（3）：121-129.
② 董观志，张银铃.中国旅游业、旅游学和旅游规划的30年述评 [J].人文地理杂志，2010（3）：1-4.
③ 范朋，晏雄.文化旅游产业统计分类逻辑与统计范围边界 [J].统计与决策，2022，38（17）：31-36.
④ 张春娥.旅游产业链的形成与演进：基于分工与交易费用的解释 [J].广东农工商职业技术学院学报，2008（2）：54-55，63.

3. 社会化分工是产业新业态的重要驱动力

根据分工理论以及交易费用理论，当专业化的分工能补偿交易费用时，社会化分工就会出现，并朝着精细化的方向发展，这是生产力发展的必然结果。在新的发展背景下，旅游消费形成新的发展态势并增长壮大，为追求更好的发展，产业必然以市场需求为导向，进行社会化分工，旅游产业新业态应运而生。以旅游装备业为例，近年来，人们亲近自然、增进健康的需求刺激了户外运动产品以及服务的供给，据《户外运动产业发展规划（2022—2025 年）》数据显示，截至 2021 年年底，全国户外运动参与人数已超过 4 亿人，并预计到 2025 年户外运动产业总规模超过 3 万亿元。飞速发展的户外休闲运动带来了相应配套设施、旅游装备的需求增长，社会分工的经济条件得以满足，驱动着旅游装备制造业这一新业态在我国逐渐发展壮大。

4. 技术变革是产业升级和新兴产业的催生力量

迈入信息化时代，技术变革带来的影响渗入社会生产的方方面面，成为产业转型升级的基础，更有研究者认为产业升级的实质便是技术升级[①]。得益于大数据、互联网等新技术的深入应用，旅游产业创新的主体愈加多元化，新兴产业也在技术变革与创新人才的驱动下应运而生。以旅游电子商务业为例，依托我国信息技术的发展迅速形成了庞大的产业群，据相关数据显示，截至 2019 年 6 月，我国网民规模为 8.54 亿，而在线预订用户规模达到了 4.18 亿，占网民整体的 48.9%。而传统的旅行社行业在受到巨大冲击的同时，也开始借助新技术的运用谋求转型升级，充分利用信息技术，在客户管理、网络营销、产品组合等方面进行改革创新。

5. 政府支持是重要保障力

政府可以通过影响各种要素的流动以及相关市场主体的行为对市场活动进行介入[②]，是参与市场活动的重要主体之一。在社会经济发展中，政府与市

---

① 毛荐其. 全球技术链的一个初步分析［J］. 科研管理，2007（6）：85–92，107.

② 周业安，冯兴元，赵坚毅. 地方政府竞争与市场秩序的重构［J］. 中国社会科学，2004（1）：56–65.

场成为不可或缺、相互交织的重要部分。长久以来，旅游产业逐步融入经济社会发展之中，成为国民经济战略性支柱产业，这一过程中，政府支持成为旅游产业稳步发展的重要支撑与保障力。一方面，政府与市场协同互补，通过各项政策与法律法规，在调节旅游产业中存在的信息不对称、外部性等问题的同时，维护、保障旅游产业的健康稳定发展；另一方面，诸多旅游产业新业态更是在政府政策的因势利导下，通过各种发展激励政策，逐步走向成熟。总之，政府制度环境与产业变化发展相互交织，政府通过各项政策法规支持、保障产业发展，从而带动旅游产业要素的发展与演变。

5.4.2 演进机制分析

旅游产业要素的演进是按照如下机制进行的：旅游需求是旅游要素演进的源动力。依据马斯洛的需要层次理论，人们的需求是有层次的，而且以较高层次的需求为导向。随着人们满足程度的不断变化，旅游需求逐渐升级，从根本上推动旅游产业要素的发展演进。在初期，旅游需求发展尚处于起步阶段，规模小、层次低，旅游三要素、五要素应运而生。此后旅游需求的规模虽然迅速扩大，但由此催生的旅游六要素也仅针对最基本、最低层次的需求。进入新的发展阶段后，逐渐升级的旅游需求以及产业的转型升级使得传统旅游六要素已不适应实际发展，质疑与新观点开始涌现但却未形成统一。当前，旅游需求进一步升级，转向个性化、多元化发展，旅游产业要素也相应产生了新的变化。在这一变化过程中，旅游产业规模的扩大与产业细分是直接驱动力，基于供需关系在原有产业基础上催生出更多迎合旅游者需求的细分行业；社会化分工是新业态的重要驱动力，旅游产业以市场为导向进行社会化分工；大数据、互联网等信息技术的变革渗入旅游产业之中，是促进旅游产业升级、新生产业诞生的重要力量；政府则通过自身的力量，不仅成为旅游产业发展的重要支撑与保障力，更是引导新的产业业态发展壮大的重要力量。在上述多方因素的推动下，旅游产业要素发生改变，旅游产业十要素由此形成（见图5-1）。

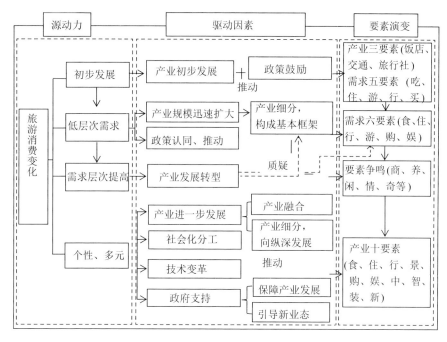

图 5-1　旅游产业要素演进机制

5.5 小结

本章通过对旅游要素现有观点进行了梳理，并对主要争议进行辨析后发现，争议主要涉及学术价值、学术视角、学术流派三个方面。产生争议的原因有很多，其中解读视角的不同是争议产生的重要诱因。

本章从全域旅游的角度对旅游要素进行了解读，提出当前全域旅游发展的"十要素"观，即：旅游美食业（食）、旅游饭店业（住）、旅游交通业（行）、旅游景区业（游）、旅游商品业（购）、娱乐业（娱）、旅游中介服务业（中）、旅游智业（智）、旅游装备制造业（装）以及其他新兴行业（新）。本章依据产业链将"十要素"分为三个层次：核心产业、伴生产业和衍生产业。

本章通过旅游产业要素演进动力分析后发现：旅游消费的变化是源动力，产业规模扩大及产业细分、社会化分工、技术变革与政府支持则是重要的驱动因素，并基于此构建了旅游产业构成要素演进机制模型。

第6章
全域旅游促进地区平衡充分发展机理

对于旅游和旅游业的起源问题是旅游学科的基本问题，国内外旅游史学研究者对此存在着较大的分歧，主要的观点有原始探险说、贸易起源说、祭祀说、宴飨说、质疑反抗说、休闲说、商品经济条件说等[①]。本章以"旅游业是以旅游者为对象，为其旅游活动开展提供客观载体和服务的综合性产业"[②]的定义为基础进行研究，重点研究旅游活动、旅游吸引物，以及与旅游活动开展密切相关的住宿业和旅行社行业的变化，从而发现旅游业发展变化的规律，揭示全域旅游促进地区平衡充分发展的机理。

6.1 旅游产业的发展演化历程

6.1.1 旅游动机和旅游活动的演化

对旅游动机和旅游活动演化历史的追溯离不开对旅游活动的起源和旅游活动的本质的探索。

旅游现象的复杂性导致的认识旅游本质的困难，作为一种社会活动，学者们从多角度对旅游活动的本质进行了探索[③④]，并在一定程度上达成了共识，

---

① 陈海波.旅游的起源及相关问题再考［J］.旅游学刊，2020，35（9）：123-133.
② 韩春鲜，马耀峰.旅游业、旅游业产品及旅游产品的概念阐释［J］.旅游论坛，2008（4）：6-10.
③ 马耀峰，白凯.基于人学和系统论的旅游本质的探讨［J］.旅游科学，2007（3）：27-31.
④ 曹诗图.旅游哲学研究基本问题与理论体系探讨——与张斌先生商榷［J］.旅游学刊，2013，28（9）：94-101.

包括：旅游的本质是一种体验；旅游活动是追求愉悦的活动等[①②]；旅游活动与其他追求愉悦的活动的差异主要在于空间上的异地化等[③]。

鲁小波（2016）以旅游活动的主要矛盾演化为依据将人类的旅游活动划分为 6 个阶段[④]（见图 6-1）。

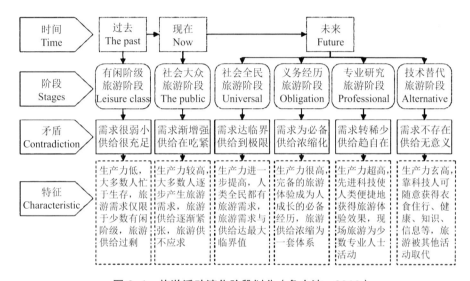

图 6-1 旅游活动演化阶段划分（鲁小波，2016）

早期的旅游活动多为"有闲阶级"的活动，旅游动机以满足开阔视野的"视觉"需求为主，旅游活动多以游山玩水为主，这种动机和活动的出现可能与人的基因多态性存在密切的关系[⑤]；一些有特殊意义的旅游活动也逐步兴起，如春天的"踏青"活动和秋季的"登高"活动[⑥]。

————————

① 谢彦君.旅游的本质及其认识方法——从学科自觉的角度看［J］.旅游学刊，2010，25（1）：26-31.

② 曹诗图，郑宇飞，黄其新.基于旅游属性与本质的中国旅游起源探析［J］.地理与地理信息科学，2013，29（6）：95-99.

③ 邓勇勇.旅游本质的探讨——回顾、共识与展望［J］.旅游学刊，2019，34（4）：132-142.

④ 鲁小波，陈晓颖，马斌斌.人类发展史视域下旅游活动的主要矛盾及发展阶段探析［J］.地理与地理信息科学，2016，32（2）：111-115+120.

⑤ 李承哲，李想，李玉顺，郭为，高洁.DRD4基因多态性与旅游行为关联性初探——以旅游"探求新奇"动机研究为桥梁的理论构建及研究方法探析［J］.旅游学刊，2017，32（11）：116-126.

⑥ 王林.古代"踏青""郊游"与现代城郊旅游关系溯源［J］.哈尔滨学院学报，2005（8）：107-111.

目前我们正处在大众旅游阶段。生产效率的提高使人们的经济收入和闲暇时间越来越多，旅游需求越来越旺盛，旅游动机也呈现出多元性的特点[①]。如：满足人们回归自然的本性需求[②]、满足身心健康动机、怀旧动机、文化动机、交际动机、求美动机和从众动机等需求[③]，以及满足对生活多样性的需求等[④]。而生产效率的提高为人们的旅游动机的实现奠定了物质基础，旅游活动也从视觉的满足向多种感觉器官和精神层面的满足延伸，各种类型的旅游活动应运而生，如：度假旅游、探亲旅游、探险旅游、休闲旅游、乡村旅游、研学旅游、红色旅游等。在大众旅游阶段，旅游活动表现出全域性的特点，旅游活动不再仅仅局限于传统的、专为旅游者建设的旅游景区、星级宾馆，当地居民惯常的生活空间已经成为满足旅游需求、实现旅游活动的重要载体[⑤]，如在历史街区和传统村落进行的社区旅游活动[⑥]。

随着科技的进步，虚拟旅游作为一种新的旅游活动方式迅速发展，在一定程度上给人们带来了新的旅游体验，弥补了人们无法实地旅游的遗憾[⑦]。虚拟旅游改变了传统的以"人的空间转移"为基本特征的旅游活动方式，体现出"以思维和意识的虚拟空间转移为主"的新特征。旅游者凭借各种感官辅助仪器在依托互联网技术和AR、VR、MR等现代信息技术所开发的虚拟旅游场景中进行"旅游"，感受"异地性"，获得与现实时空中旅游活动相似的沉浸感和实时交互的体验感[⑧]。

---

① 刘纯.走向大众化旅游的社会——论现代旅游行为与动机 [J].内蒙古大学学报（人文社会科学版），2000（4）：99–103.

② 孙惠春.现代人旅游动机的心理学分析 [J].辽宁工程技术大学学报（社会科学版），2003（2）：102–104.

③ 邱扶东.旅游动机及其影响因素研究 [J].心理科学，1996（6）：367–369.

④ 刘纯.关于旅游行为及其动机的研究 [J].心理科学，1999（1）：67–69.

⑤ 高元衡，王艳，吴琳，邓飞虎.从实践到认知：全域旅游内涵的经济地理学理论探索 [J].旅游论坛，2018，11（5）：9–21.

⑥ 唐顺铁.旅游目的地的社区化及社区旅游研究 [J].地理研究，1998（2）：34–38.

⑦ 成茜，李君轶.疫情居家约束下虚拟旅游体验对压力和情绪的影响 [J].旅游学刊，2020，35（7）：13–23.

⑧ 刘沛林.从新宅居生活看网络虚拟旅游的前景和方向 [J].地理科学，2020，40（9）：1403–1411.

6.1.2 旅游吸引物范畴的演进

在早期旅游活动阶段，"有闲阶级"的活动，多以满足开阔视野的"视觉"需求为主，从总体上看这个时期的旅游吸引物多以景色优美的自然景观和山川古迹为主，并留下很多脍炙人口的优美诗篇，如李白的《望庐山瀑布》、苏轼的《题西林壁》等。

进入大众旅游阶段，随着旅游动机的多样化，旅游吸引物也从具象的自然景观、山川古迹拓展到相对抽象的自然环境、人文环境等。如广西长寿之乡——巴马瑶族自治县，凭借优质的空气、水和食药材等优良的自然环境所具有的康复性，长寿和中医养生文化所代表的康复的精神性以及淳朴的社区、游客彼此的情感支持共同营造的康复氛围，成为中国知名的养生旅游胜地[①②]。随着社会经济的进一步发展，旅游者的旅游需求不断演化，与常住地及日常生活的差异性成为激发旅游需求的新动力，受此影响，旅游吸引物不再仅仅局限于具有较高的历史文化价值、景观价值和环境价值的物体和环境，"与旅游者常住地及日常生活的差异性"成为旅游吸引物的根本特性。如住宿餐饮，原为生活的必要构成部分，在现代旅游活动中，大多数住宿餐饮企业也是以提供"宾至如归"的服务为宗旨[③]。但在现代旅游活动当中，目的地居民的日常住宿环境和日常餐饮业已成为吸引旅游者产生旅游需求的重要载体，如依托民宅所开发的特色民宿[④⑤]、依托地方饮食所开发的特色餐饮[⑥⑦]。

---

① 童新华，汪宇明.巴马长寿旅游资源开发问题研究［J］.人文地理，1994（4）：63–67+50.

② 黄力远，徐红罡.巴马养生旅游——基于康复性景观理论视角［J］.思想战线，2018，44（4）：146–155.

③ 甘颖，孙鹏.中国古代旅馆业服务文化研究［J］.重庆第二师范学院学报，2014，27（3）：59–61.

④ 王美钰，李勇泉，阮文奇.民宿创业成功的关键要素与理论逻辑：基于扎根理论分析［J］.南开管理评论，2022，25（2）：203–215.

⑤ 卢慧娟，李享.基于IPA分析法的民宿旅游吸引力研究——以北京城市核心区四合院民宿为例［J］.地域研究与开发，2020，39（1）：112–117.

⑥ 钟竺君，林锦屏，周美岐，张豪，韩雨婕.国内外"食"旅游："Food Tourism""美食旅游""饮食旅游"研究比较［J］.资源开发与市场，2021，37（4）：463–471.

⑦ 杨艺.旅游场域中民族饮食习俗文化资源"景观化"研究——以程阳八寨侗族百家宴为例［J］.民族学刊，2021，12（12）：115–122+136.

伴随着虚拟旅游活动的产生是虚拟旅游吸引物和虚拟旅游环境的产生[①]。虚拟旅游吸引物进一步拓展了旅游吸引物的范畴，其中既包括现实中的旅游吸引物的虚拟化，也包括了在虚拟旅游中完全创新的旅游吸引物[②③]。

6.1.3 住宿业发展演化

随着社会生产力发展，人们的生产活动的空间尺度不断扩大，出现了以公务、商贸为主的长途游览行程。人们无论是在任何旅游行程中都需要食、住、行，对于提供食、住的地方就是客栈、驿站，这为旅行者提供了休憩的场所。在以前旧时代的休憩场所主要由公办和私办这两类组织组成。官方开办的住宿设施主要服务国家统治的信息传输和人员交流工作，如在道路节点设置的服务信使、公差人员和商旅的驿站[④]，以及在城镇驻地建设接待外国使者、外民族代表及外国客商的"四方馆"[⑤]等。民间开办的住宿设施主要包括服务商旅、士人、同乡、宗教人士等人员的出行活动，包括"逆旅"[⑥]"客舍"[⑦]"兰若"[⑧]等。住宿业的发展，体现了一个盛世时代在经济、交通与生活上的花团锦簇、四通八达、百花齐放，例如有着太平盛世的唐朝。明清时期，由于科举制度的进一步发展及商贸的发展，在省城和京城出现了服务乡梓考生的会馆，成为当时住宿业的重要组成部分[⑨]。

近代住宿业兴起于英国，与产业革命的兴起关联紧密。产业革命加快了城市化的进程，推动了城市旅馆业的发展。1760年，迪翁夏艾公爵第五世孙

---

① 郑鹏，马耀峰，李天顺.虚拟照进现实：对虚拟旅游的研究内核及范畴之思考［J］.旅游学刊，2010，25（2）：13-18.

② 刘一雄，舒萌菲，胡浪，秦权，刘华，毛凯楠.基于虚拟现实技术的山地旅游资源构建研究——以贵州花江峡谷为例［J］.科学技术创新，2021（24）：47-48.

③ 甘露，谢雯，贾晓昕，周涛.虚拟现实体验能替代实地旅游吗？——基于威士伯峰虚拟现实体验的场景实验分析［J］.旅游学刊，2019，34（8）：87-96.

④ 庾莉萍，白杉.鸡鸣驿——中国现存最大的驿站［J］.档案时空，2004（1）：36-37.

⑤ 王静.隋唐四方馆、鸿胪客馆论考［J］.西域研究，2002（2）：23-28.

⑥ 孔毅.魏晋南北朝之"逆旅"及其文化意蕴［J］.许昌学院学报，2005（6）：18-22.

⑦ 郑向敏.中国古代旅馆流变［D］.厦门大学，2000.

⑧ 河野保博，葛继勇，齐会君.唐代交通住宿设施——以宗教设施的供给功能为中心［C］.唐史论丛（第十八辑）.2014：8-25.

⑨ 范金民.清代江南会馆公所的功能性质［J］.清史研究，1999（2）：45-53.

在伦敦兴建了一座月牙形的饭店建筑，并用法语词汇"hôtel（饭店）"命名，后演变成"Hotel"，之后成为饭店称呼的国际通用词语。因有着与时俱进的生产力，英国饭店业的面貌发生了巨大的变化，设备开始更新，经营不断完善，服务不断改良，管理不断改进。许多注重装潢和服务的高雅、豪华的饭店，不断涌现，成为王公贵族、上流社会聚会、消遣娱乐的中心[①]。

第二次世界大战结束后，欧美亚等世界主要经济区域进入长期、稳定的发展时期，在飞机和汽车的推动下，旅游业进入快速发展阶段。以标准化管理为基础、以饭店联号、连锁酒店（Hotel Chain）为主要形式，以管理输出、品牌输出和客源市场共享为主要方式的住宿业集团迅速扩张。欧美等旅游业发达国家涌现出洲际酒店集团（Inter Continental Hotels Group PLC，英国）、希尔顿酒店集团公司（Hilton Worldwide Holdings Inc，美国）、凯悦酒店集团（Hyatt Hotels Corporation，美国）等众多住宿业集团。住宿业的功能也进一步拓展，从以供住宿、餐饮服务为主，向提供休闲、养生、娱乐等旅游综合服务转变。

在改革开放之初，国内住宿业在国营招待所和国宾馆的基础上，通过引进国际酒店管理集团的品牌和管理团队等方式，推进了国内住宿业的改革开放[②]。进入 20 世纪 90 年代后，中国住宿业也呈现集团化趋势，出现了锦江国际集团（1991 年）、如家酒店集团（2001 年）、华住酒店集团（2005 年）等。在创立之初，这些住宿业集团主要还是集中在经济型饭店层面，进入 21 世纪 10 年代后，各住宿业集团的品牌矩阵不断丰富，逐渐向高档次、特色化住宿业延伸[③]。随着信息化和标准化的不断发展，住宿业集团发展模式不断创新，出现了像"OYO""H 连锁酒店"等快速扩张的连锁酒店集团[④]。

---

① 冉群超. 旅行、旅游、旅游业—英国旅游史研究［D］. 天津师范大学，2014.
② 苏晓梦. 改革开放以来中国酒店业发展变化研究［J］. 中小企业管理与科技（上旬刊），2021（7）：57–59.
③ 覃涛. P 酒店集团品牌策略研究［D］. 厦门大学，2019.
④ 杨云慧，农朝幸. OYO 酒店快速扩张对我国酒店经营管理的启示［J］. 商业经济，2020（9）：114–116.

6.1.4 旅行社业的演化

1841年7月5日，现代旅游业的创始人——英国人托马斯·库克（1808—1892年）组织了570人从莱思特到拉夫巴勒出席禁酒大会。大会地址的距离往返约22英里，在此活动中需要交付往返路程费用、餐食费用、演奏乐队的费用，活动的负责人库克负责活动的策划与准备。这次活动作为历史上最先将旅游与运输业直接挂钩的有组织的商业活动，被认为是现代旅游业的开端。1845年，托马斯·库克成立了世界上第一家旅行社——托马斯·库克旅行社（该企业于2019年宣布破产），成为世界旅行代理业务的开端，此后在欧洲各地出现了许多类似的组织人们外出旅游的机构，作为经济行业的旅游业应运而生[①]。旅行社的出现标志着旅游活动进入了一个新的阶段，它使原来分散的、自发地、个别进行的旅游活动成为有组织的、社会化的旅游活动。旅行社不仅成为连接旅游需求者与旅游供给者的纽带，还将旅游要素中的单项产品进行组合包装成旅游线路，使旅游这项古老的社会性活动开始变成一项经济、文化性事业[②]。

现代旅行社在英国的产生得益于：（1）工业革命使英国成为世界第一强国，在提高了生产效率的同时推动英国人的生活方式发生了巨大的变化；（2）英国有着丰富的自然旅游资源和历史文化旅游资源、世界领先的交通运输基础设施和大批潜在的旅游需求者；（3）独特的政治文化背景和宗教精神为旅游组织者的成功创业提供了良好的土壤[③]。

国内旅行社方面，1923年，陈光甫先生在上海银行成立旅行部，代售全国铁路车票。1927年，陈光甫将旅行部从上海银行分离出来成立中国旅行社，并将上海银行各分行的旅行部改为中国旅行社分社，自此中国的正规大型旅游服务机构正式成立。1928年年初，国民政府颁发第一号旅行业执照给

[①] 李崇寒.从托马斯·库克到陈光甫，跟团游170年前诞生［J］.国家人文历史，2015（23）：26-29.

[②] 傅广生.现代旅游业在英国的诞生［J］.学海，2005（4）：127-132.

[③] 保尔·芒图.十八世纪产业革命——英国近代大工业初期的概况［M］.杨人鞭等译，上海：商务印书馆，1997.

中国旅行社。到抗战前，中国旅行社在全国各地共设置了 66 个分支机构，逐步构成了该时期分布较广、体系较为健全完善的国内旅游服务网络。抗战期间，旅游业受到战火的纷扰，中国旅行社迅速转变经营方向，将主要精力转移到为抗战提供客运、食宿、货运等方面的经营活动之中，并依然因地制宜不断开拓旅游服务业务，满足爱国华侨回国抗日的愿望。1939 年，中国旅行社还及时开办了西贡分社，和新加坡分社联合组织安排了 500 多名爱国人士归国[①]。

中华人民共和国成立至 1978 年前，中国国际旅行社和中国旅行社及其在主要省会和旅游城市设立的分支机构以政治接待为主，其主要工作是服务各种政府接待工作。改革开放后，中国国际旅行社和中国旅行社的主要任务转变为接待自费来华的旅游者；1980 年，中国青年旅行社成立，从此确立了国内旅行社行业"三大社"的格局。

2001 年，中国加入 WTO，我国认真履行世贸规则和加入 WTO 承诺，于 2002 年允许外资开设合资、控股旅行社，并于 2003 年允许外资设立独资旅行社，提前兑现了承诺。

加入 WTO 给中国旅行社行业带来了巨大的挑战和机遇。在外资旅行社巨大的竞争压力下，中国旅行社通过加快推进旅行社分工专业化、产权多元化、规模集团化、经营网络化和管理现代化改革，实现了旅行社行业的跨越式发展[②]。互联网和移动互联网技术的普及，改变了旅游者的出游方式及旅游产品购买方式，旅行社的产业定位也逐步由旅游产品的代理商、中介商变为综合服务提供商，旅游产品销售平台化，旅行社的集中度不断提升[③]。

在这波"互联网+"的浪潮中，既有传统旅行社的"互联网化"，也有互联网技术企业的"旅游平台化"。传统旅行社的"互联网化"方面，如众信旅

---

① 杨征权.建国前中国旅行社发展的历史考察［J］.兰台世界，2015（18）：12-13.

② 罗明义.加快推进旅行社改革适应旅游业加入 WTO 全面开放［J］.经济问题探索，2007（5）：131-135.

③ 庞世明，王静."互联网+"旅行社：商业模式及演变趋势［J］.旅游学刊，2016，31（6）：10-12.

游集团股份有限公司，成立于1992年，主要从事出境旅游批发业务[①]，1995年形成了"UTS众信天下"品牌；2008年，众信国旅信息化建设取得突破性进展，ERP系统第一期上线，B2B同业分销系统上线；中国第一所在A股上市的私营旅行社众信国旅于2014年在深圳证券交易所上市，同年并购了上海悠哉网络科技有限公司，并将悠哉网（https://www.uzai.com/）作为B2C平台，开始了线上线下相互支撑的"旅行社＋互联网"的经营模式。到2022年，众信旅游在全国开设了85处分支机构，悠哉网在旅游行业排名27位（2022年7月）。

互联网技术型企业的"旅游平台化"方面，如南京途牛科技有限公司的途牛网和阿里巴巴旗下的飞猪品牌。其中南京途牛科技有限公司成立于2006年，经营范围以第二类增值电信业务中的信息服务业务和订房服务等预订服务为主，并于2014年在美国纳斯达克证券交易所上市。途牛在分析了携程、艺龙等一批综合型在线旅游头部企业"酒店＋机票"为主营业务的经营模式后实行差异化战略，针对当前旅游者需求多样化、个性化的趋势，主打旅游线路定制和预订业务，通过互联网，中国将传统的在线产品和游戏结合在一起，统一了商业模式，形成了"自营＋合作＋平台"的"互联网＋旅行社"的经营模式。而成立于2014年的飞猪品牌则凭借阿里巴巴庞大的平台优势和长期积累的B端企业客户群和C端消费者用户群，开创了旅游企业和品牌的官方旗舰店模式，为商家打造"第二官网"，2022年，飞猪在国内旅游平台类网站中的排名第三位。

在"互联网＋"推动旅行社的预定业务快速创新发展的同时，旅行社线下接待业务也在原国家旅游局的推动下不断创新。2016年，国家旅游局在江苏、浙江、上海、广东四省启动线上导游自由执业试点，在吉林长白山、湖南长沙和张家界、广西桂林、海南三亚、四川成都六市启动线上线下导游自由执业试点工作[②]。桂林市委托桂林市天元国际旅行社有限公司建立了"道游网"，将具

---

① 悉星.众信旅游悄然转身［J］.市场观察，2011（6）：87.

② ［EB/OL］导游自由执业试点启动，游客今后可"网约"导游 http://www.gov.cn/xinwen/2016-08/24/content_5102084.html.

有执业资格的导游人员的信息全面公示，使旅游者能够通过道游网直接选择心仪的导游，导游可根据旅游者的需求进行旅游产品的设计并提供相应的服务，改变了传统的"旅游者选旅行社和旅游产品、旅行社安排导游"的业务流程模式。导游自由执业试点工作从根本上改变了传统旅行社行业的运转规则，将导游从旅游接待工作的后台推到了一线，开创了旅游交易的新模式，对稳定导游薪酬、提高导游服务水平、治理旅游市场乱象具有一定的推动作用[①]。

从旅游需求的演化和旅游供给的演化历程可以看出：（1）人们的旅游需求不断深化，从满足视觉、听觉等基本感官器官的旅游需求，向情感、知识、认同等内心深处的旅游需求的满足拓展；（2）旅游资源的范畴随着人们旅游需求的拓展而不断外延；（3）旅游活动组织方式也从自发的、个人自我组织开展的旅游活动向有组织的旅游产业活动转变；（4）人们个性化的旅游需求得到进一步的激发和释放，全球化、信息化以及互联网的发展为旅游产业提供满足人们个性化旅游需求提供了政策支持和技术支持。

6.2 全域旅游促进地区平衡充分发展的机理分析

6.2.1 旅游资源的外延不断扩大促进全域旅游复合性增强

1. 资源的定义

资源是人类生存和发展的物质基础，主要包括自然资源和劳动力资源（社会资源的主要构成要素）两个基本要素。

资源的定义，是一个历史的范畴，在不同的历史时期，人们对资源有不同的认识。李维华（2003）认为资源至少具有两个特性：（1）资源是依附于或相对于一定主体而言的，没有脱离主体而独立存在的资源；（2）资源可被其所依附的主体用于实现一定的目的，无论这个目的是现实的还是预期的。

根据人类社会生产力的发展，李维华依据人们对资源的认识和分类过程将人们对资源的认识划分为四个阶段，其中：第一个阶段局限于自然资源的

---

① 王艳，高元衡，岑家美，赵桂年.论桂林导游自由执业改革的经验与不足［J］.北方经贸，2018（7）：155–156.

传统观念，资源主要包括土地、树木、水、矿产等；第二个阶段从自然资源拓展到社会资源、经济资源，资本（资金）和劳动力（人）被纳入资源的范畴；第三个阶段进一步拓展到了知识资源，知识、科技被纳入资源的范畴；第四个阶段初步形成了"大资源"的概念[①]。

马克思主义政治经济学重视对资源的研究。在提出"劳动是价值的唯一源泉"这一论断的同时，也指出"物的有用性使物成为使用价值，一个物可以是使用价值而不是价值，如空气、处女地、天然草地、野生林等"。并指出，"劳动并不是它所生产的使用价值即物质财富的唯一源泉。正像威廉·配第所说，劳动是财富之父，土地是财富之母"。资源配置也成为马克思主义政治经济学的重要研究对象[②]。

2. 资源分类

资源分类是一项繁杂的工作，也是资源研究的重要内容，目前国内外尚未建立完善的资源分类体系，现有研究主要集中在对自然资源的分类。

联合国环境规划署（United Nations Environment Programme，UNEP）对自然资源建立了三级分类体系：一级分类为"原则分类"，分为生物性和非生物性两大类；二级分类为"注释性分类"；三级分类为"地理分类"（见表6-1）。

表6-1 联合国环境规划署自然资源分类（蔚东英，2022）

一级分类	二级分类	三级分类	四级分类
非生物性自然资源	功能性资源	大气资源	大气气体资源、大气层进程
		水资源	地表水、海洋水、地下水、矿物水、土壤水
	不可再生资源	能源和矿产	石油资源、天然气资源、煤炭和泥煤资源、金属矿物资源、非金属矿物资源
		土壤和沉积物	表层土壤、底层土壤、海洋沉积物
	物质资源	土地地貌	山脉、平原、高原、山谷
		海洋地貌	海洋架、海洋斜坡、深海、超深渊海

① 李维华，韩红梅.资源观的演化及全面资源论下的资源定义［J］.管理科学文摘，2003（2）：10-14.

② 韩春，陈元福.资源配置：政治经济学研究对象新论［J］.经济研究导刊，2011（3）：5-6+19.

续表

一级分类	二级分类	三级分类	四级分类
生物性自然资源	生物多样性	栖息地	滨海地区、沿岸地区、深海、沿海地区、内陆地表水、草原、荒野和灌丛、林地与森林、没有植被或植被稀少的地方、农田和耕地、城市和发达地区、复杂栖息地
		物种	野生物种、驯养商业物种

中国也缺乏完整的资源分类体系。在自然资源分类方面，多依据自然资源属性特征以及属性之间的相互关系来划分[①]。

李文华（1985）在多层次自然资源分类体系的基础上，提出了基于自然资源枯竭的多层次分类体系（见图 6-2）。该分类体系首先根据自然资源的是否可耗竭，将自然资源首先划分为耗竭性资源和非耗竭性资源，前者又划分为再生性资源和非再生性资源，后者划分为恒定性资源和易误用及污染资源[②]。

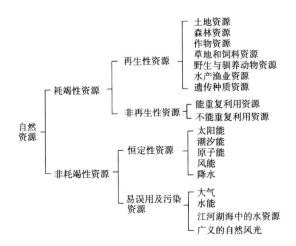

图 6-2　基于资源耗竭性特征的自然资源多级分类体系（李文华，1985）

结合自然资源的空间分布和属性特征，孙鸿烈（2000）构建了综合的自

①　王伟.自然资源类型统一分类指标研究［J］.中国矿业，2018，27（6）：66-69.

②　李文华，沈长江.自然资源科学的基本特点及其发展的回顾与展望［A］.中国自然资源学会.自然资源研究的理论与方法［M］.北京：科学出版社，1985.

然资源分类体系（见图6-3）：依据自然资源的空间分布属性将自然资源划分为陆地自然资源、海洋自然资源和太空自然资源3个一级类型；并根据资源本身所具有的自然属性特征进行了二级分类，将陆地自然资源分为土地资源、水资源、气候资源、生物资源和矿产资源；海洋自然资源分为海洋生物、海水化学、海洋气候和海底资源[①]。

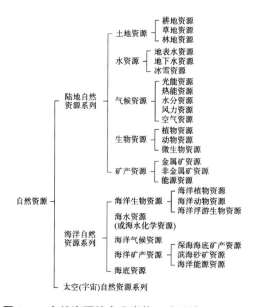

图6-3　自然资源综合分类体系（孙鸿烈，2000）

对比上述两个分类体系，尽管在体系设计和一、二级分类方面存在较大差异，但在最基本的层次上，可以根据自然资源的自然特征区分这两者，如林业资源、水资源、土地资源、矿产资源等。

在其他资源方面，孙悦民（2009）对海洋资源分类体系进行了研究，采用五分法构建了四等级的海洋资源分类体系，将海洋资源分成了海洋生物资源、海洋矿产资源、海洋化学资源、海洋空间资源和海洋能量资源5个类型[②]（见表6-2）。

---

①　孙鸿烈.中国资源科学百科全书［M］.北京：中国大百科全书出版社，2000.

②　孙悦民，宁凌.海洋资源分类体系研究［J］.海洋开发与管理，2009，26（5）：42-45.

表 6-2　海洋资源分类表（孙悦民，2009）

		A11 海洋藻类	
A 海洋生物资源	A1 海洋植物	A12 海洋种子植物	
		A13 海洋地衣	
	A2 海洋动物	A21 海洋鱼类	
		A22 海洋软体动物	
		A23 海洋甲壳类动物	
		A24 海洋哺乳类动物	
	A3 海洋微生物	A31 原核微生物	
		A32 真核微生物	
		A33 无细胞生物	
B 海洋矿产资源	B1 滨海矿砂		
	B2 海底石油		
	B3 海底天然气		
	B4 海底煤炭		
	B5 大洋多金属结核		
	B6 海底热液矿床		
	B7 可燃冰		
C 海洋化学资源	C1 海水本身		
	C2 海水溶解物		
D 海洋空间资源	D1 海岸带	D11 海岸	
		D12 潮间带	
		D13 水下岸坡	
	D2 海岛	D21 半岛	
		D22 岛屿	
		D23 群岛	
		D24 岩礁	
	D3 海洋水体空间	D31 海洋水面空间	
		D32 海洋水层空间	

续表

		D41 陆架海底	
	D4 海底空间	D42 半深海底	
		D43 深海海底	
		D44 深渊海底	
D 海洋空间资源		D51 海洋自然旅游资源	D511 海洋地文景观
			D512 海洋水域风光
			D513 海洋生物景观
	D5 海洋旅游资源		D514 海洋天象与气候景观
		D52 海洋人文旅游资源	D521 海洋遗址遗迹
			D522 海洋建筑与设施
			D523 海洋旅游商品
			D524 海洋人文活动
E 海洋能量资源	E1 海洋潮汐能		
	E2 海洋波浪能		
	E3 海流能		
	E4 海风能		
	E5 海水温差能		
	E6 海水盐度差能		

在非自然资源分类方面。李树榕（2014）认为目前文化资源缺乏相对科学的分类标准，主要表现为：一是分类的标准不够科学，类别之间的区分不够准确、不够细致，甚至不够明确；二是各类别之间存在大量的局部重叠和种属之差相互混淆的问题；三是划分的类别不能涵盖所有的文化资源现象。李树榕以"文化产业发展的需要"为出发点，建立了以"获取文化资源的途径"为基本的分类标准，将文化资源分为三个基本类别：一是物质实证性文化资源，包括皇家建筑、民居建筑、宗教建筑等历史建筑以及金器、银器、瓷器等历史文物；二是文字与影像记载性文化资源，包括语言、文字、文学

作品等；三是行为传承性文化资源，也被称为非物质文化遗产[①]，包括生产行为、生活行为等[②]。

刘玲利（2008）将科技资源分为：科技人力资源要素、科技财力资源要素、科技物力资源要素、科技信息资源要素、科技市场资源要素、科技制度资源要素和科技文化资源要素七大类资源要素[③]。

王文（2008）从开发利用的角度将历史文化资源分为：历史事件、文化名人、历史名镇、重要事件发生地、历史遗迹五大项[④]。

3. 旅游资源的定义

与林业资源、水资源、矿产资源等以资源的自然属性来命名的资源不同，旅游资源的概念是从使用导向的角度提出的。

长久以来，在旅游研究领域，"旅游吸引物"和"旅游资源"两个词语一直是专家学者讨论的热点[⑤⑥]。保继刚、楚义芳（1993）认为：旅游吸引物通常指促进人们前往某地旅游的所有因素的总和，它包括了旅游资源、适宜的接待设施和优良的服务，甚至还包括快速舒适的旅游交通条件，并且认为旅游吸引物通常情况下是旅游资源的代名词[⑦]。厉新建等（2003）认为：旅游资源就是旅游吸引物，只是后来的学者又引经据典地从"资源"的定义出发来界定旅游资源，从而使"旅游资源"名词这个外壳产生了不同的含义[⑧]。吴晋峰（2014）基于系统论的视角，应用 TNPRE 关系模型对旅游吸引物、旅游资源、

① 王美诗.非物质文化遗产发展的定义、分类及价值追求［J］.东南文化，2021（5）：19-24.

② 李树榕.怎样为文化资源分类［J］.内蒙古大学艺术学院学报，2014，11（3）：10-14.

③ 孙刘玲利.科技资源要素的内涵、分类及特征研究［J］.情报杂志，2008（8）：125-126.

④ 王文.历史文化资源的分类及开发路径——以济南市部分文化资源为例［J］.人文天下，2020（3）：57-61.

⑤ 陈才，王海利，贾鸿.对旅游吸引物、旅游资源和旅游产品关系的思考［J］.桂林旅游高等专科学校学报，2007（1）：1-4.

⑥ 徐菊凤，任心慧.旅游资源与旅游吸引物：含义、关系及适用性分析［J］.旅游学刊，2014，29（7）：115-125.

⑦ 保继刚，楚义芳.旅游地理学［M］.北京：高等教育出版社，1993：52-53.

⑧ 厉新建，张辉，秦宇.旅游资源研究的深层思考［J］.桂林旅游高等专科学校学报，2003（3）：18-21.

旅游产品、旅游体验的概念进行了辨析[1]。

综合上述观点，大家大多认同旅游吸引物和旅游资源是相互联系并存在差异的两个概念，二者内涵上具有共性，且在国内学界、业界有混用之实[2]。本书发现"旅游资源"的提法多是从管理者、从业者的角度来对"能够吸引旅游者进行旅游活动的客观事物"的称谓，这一称谓多涉及旅游资源的开发利用、传承保护等实践活动，侧重强调这些客观事物的可利用性；"旅游吸引物"的提法多是从旅游者的角度对"能够吸引旅游者进行旅游活动的客观事物"的称谓，这一称谓多涉及旅游目的地的旅游市场营销、旅游形象宣传等活动，侧重强调其本身所具有的吸引性。

本书中采用《旅游资源分类、调查与评价（GB/T 18972—2017）》中提出的旅游资源定义，即自然界和人类社会凡能对旅游者产生吸引力，可以为旅游业开发利用，并可产生经济效益、社会效益和环境效益的各种事物和现象。此定义重点强调三个方面：（1）使用价值属性，不强调资源本身的自然属性和社会历史属性，强调旅游资源应具有的基本属性是对旅游者产生吸引力；（2）可利用性，既包括了现实技术条件和社会经济环境下的可被利用，也蕴含了未来技术条件和社会经济环境下的可利用性；（3）效益属性，即旅游资源的利用要给人类社会带来有益的经济效益、社会效益和环境效益。

4. 旅游资源分类

艾万钰（1987）从旅游地学的研究视角出发，将历史文献资料中提出的旅游资源分类方案总结为两种：一是按照单项条件分类；二是综合分类方案，并提出旅游资源分类应当突出旅游资源的综合性和应用性，遵循分类以各科学类型、属性、背景条件、功能差异为基础，突出"大众式"和"特殊式"的活动方式，同时分类还应层次分明简便、便于应用等原则[3]。郭康

① 吴晋峰.旅游吸引物、旅游资源、旅游产品和旅游体验概念辨析［J］.经济管理，2014，36（8）：126-136.
② 张进福.物之序：从"旅游资源"到"旅游吸引物"［J］.旅游学刊，2021，36（6）：45-59.
③ 艾万钰.论旅游资源分类及分级［J］.旅游学刊，1987（3）：44-48+19.

（1990）提出旅游资源动态分类系统，分为：稳定类旅游资源，包括崇山峻岭等大型地貌等长久稳定型旅游资源和动植物等相对稳定型旅游资源；可变类旅游资源，包括物候、气象等规律变化型和随机型[1]。

马进福（1995）认为民俗旅游资源具有民族性、时间性、社会性、区域性的特点，并按照民俗旅游资源性质分为物质生活方式，指有形可感的居住、服饰、饮食等文化传统；以及社会生活方式，指人与人、人与社会关系和意识形态类的民俗，如婚丧嫁娶等习俗和岁时风俗[2]。吴忠军（1998）根据民族文化在旅游活动中所处的地位和作用，以及民族文化的各种表现形态，将民族文化旅游资源分为节日文化、游艺文化、礼仪文化、生活文化、工艺文化、制度文化、信仰文化七大类[3]。

2003 年，国家旅游局规划发展与财务司和中国科学院地理科学与资源所联合研究并起草了《旅游资源分类、调查与评价（GB/T 18972—2003）》标准，后经修订为《旅游资源分类、调查与评价（GB/T 18972—2017）》（以下简称《分类标准》）。《分类标准》将旅游资源分为地文景观、水域景观、生物景观、天象与气候景观、建筑与设施、历史遗迹、旅游购物及人文活动 8 个类型、23 个亚类、110 个基本类型（详见附录）。

从《分类标准》和前述自然资源、文化资源、科技资源的分类对比来看，旅游资源的分类既延续了旅游资源的定义的特点：强调凡是能够对旅游者产生吸引力的事物和现象都是旅游资源，极大地拓展了旅游资源的外延，使旅游资源在类型划分上与自然资源、文化资源、科技资源等存在广泛的交叉和重叠，如：黄山、泰山等名山，在旅游资源分类体系中属于地文景观（A）——自然景观综合体（AA）——山丘型景观（AAA）；在联合国环境规划署自然资源分类体系中属于非生物性自然资源——物质资源——土地

---

① 郭康.试论旅游资源的动态分类［J］.旅游学刊，1990（1）：51–53.

② 马进福.民俗旅游资源特征及分类研究［J］.陕西师范大学报（自然科学版），1995(S1)：161–164.

③ 吴忠军.南方民族文化旅游资源的分类及地理分区初探［J］.桂林旅游高等专科学校学报，1998（2）：51–55.

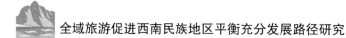
地貌——山脉；在中国资源科学百科全书的分类体系中则属于陆地自然资源系列——矿产资源——非金属矿资源；而长江、漓江在旅游资源分类体系中属于水域景观（B）——河系（BA）——游憩河段（BAA），在联合国环境规划署自然资源分类体系中属于非生物性自然资源——功能性资源——水资源——地表水；在中国资源科学百科全书的分类体系中则属于陆地自然资源系列——水资源——地表水资源。

从旅游资源的定义和旅游资源的分类可以看出，作为从使用导向出发来进行定义的旅游资源，各种资源凭借其所具有的物质特征所具有的"旅游吸引力、旅游业开发利用"而成为旅游资源；旅游资源的范畴必然会随着旅游需求和旅游活动的不断演化而发生变化，从名山大川、历史古迹、民俗文化等典型的以满足视觉动机、文化动机需求的旅游资源向更广阔的范畴拓展。

6.2.2 旅游产业的综合性推动全域旅游产业链的不断拓展

1.产业链

2020年，习近平总书记在深圳经济特区建立40周年庆祝大会上指出，要围绕产业链部署创新链、围绕创新链布局产业链[①]。

产业链描述的是厂商内部和厂商之间为生产最终交易的产品或服务所经历的增加价值的活动过程，它涵盖了商品或服务在创造过程中所经历的从原材料到最终消费品的所有阶段[②]。国内关于产业链的研究始于20世纪90年代，早期研究多为实证研究，多聚焦在工农业初级产品的生产方面。研究者们逐步认识到要通过延长产业链、变自然优势为经济优势，产业链合作是推进区域产业合作、提高系统效益的有效方式。[③④]陈博（1999）提出支柱产业只有形成有效产业链才能推动区域经济的发展，同时才能实现其自身的发展，

---

① 习近平.在深圳经济特区建立40周年庆祝大会上的讲话.2020–10–14.［EB/OL］https://www.gov.cn/xinwen/2020–10/14/content_5551299.html.

② 芮明杰，刘明宇.产业链整合理论述评［J］.产业经济研究，2006（3）：60–66.

③ 任海深.抓好产业链 推进产业化——烟台市农业产业化发展的思考［J］.中国农村经济，1995（10）：32–34.

④ 傅国华.运转农产品产业链 提高农业系统效益［J］.中国农垦经济，1996（11）：24–25.

并指出产业链还具有超区域性的特点①。刘贵富（2006）认为产业链的形成受国际产业链的布局策略、国家产业结构规划、产业政策等诸多因素的影响②。产业链上不同组织之间依靠利益分配机制、风险共担机制、竞争谈判机制、信任契约机制、沟通协调机制和监督激励机制等机制实现协作运行③。刘婧玥（2022）以深圳市战略性新兴产业为例分析了地方政府创新链、产业链融合发展的路径和机制，总结出了创新链向产业链端延伸、产业链端向创新链端延伸、搭建两链融合"桥梁"3 种路径以及创新资源分配机制、创新项目管理机制、产学研合作机制和创新资源共享机制 4 种融合机制④。芮明杰（2006）认为产业组织理论、交易费用理论、企业能力理论关于产业链整合的研究存在缺陷，在新的经济条件下，需要新的产业链整合理论，演化视角、知识基础观和顾客价值导向将是新理论的基本逻辑起点。

2. 旅游产业链

关于旅游产业链的研究随着中国旅游产业由事业接待向经济产业的转化，成为国民经济的重要支柱而引起学者们的重视⑤。

李万立（2005）指出 21 世纪中国旅游业进入转型发展时期，旅游需求和供给在总体平衡的态势下蕴含着结构性不均衡的矛盾，并从产业链的监控和预测、板块旅游、民航改革、旅游企业集团的角度对旅游产业链建设进行了讨论⑥。王起静（2005）运用系统方法把旅游产业链划分为中介模式和无中介模式，认为随着信息技术和网络技术的发展，两种旅游产业链模式将会不断融合，从而形成虚拟一体化与知识联盟的模式⑦。张晓明（2008）指出我国中部地区存在旅游产业价值链协同竞争不够、产业链利益分配和协调机制尚未

① 陈博.产业链与区域经济的发展［J］.工业技术经济，1999（5）：44-58.
② 刘贵富.产业链形成过程研究［J］.社会科学战线，2011（7）：240-242.
③ 刘贵富.产业链运行机制模型研究［J］.财经问题研究，2007（8）：38-42.
④ 刘婧玥，吴维旭.产业政策视角下创新链产业链融合发展路径和机制研究：以深圳市为例［J］.科技管理研究，2022，42（15）：106-114.
⑤ 佚名.中国旅游产业链正在成长为庞大产业系统［J］.领导决策信息，2002（34）：12.
⑥ 李万立.转型时期中国旅游产业链建设浅析［J］.社会科学家，2005（1）：139-140+149.
⑦ 王起静.旅游产业链的两种模式及未来趋势［J］.经济管理，2005（22）：75-80.

建立、产业链瓶颈环节和薄弱环节较多等问题，需要通过转化政府的引导作用、优化企业的协作行为、强化中介组织的协调功能、整合优化旅游产业链等措施提升产业整体竞争优势[①]。覃峭（2009）以品牌延伸理论为基础指出共享品牌利益战略能够促进旅游企业间的产业由横向联系转变成为旅游企业联盟内部的产业纵向联系，是推动旅游产业链紧密联系的企业联盟方式[②]。吉根宝（2010）从围绕旅游体验的创造、生产、销售的知识分工协作的角度着手，按其所创造价值的差异进行旅游产业链的界定与分析，将旅游产业链划分为旅游体验产品策划设计、旅游体验产品硬件建设、旅游体验产品信息传递与中介服务、旅游体验产品生产、旅游体验产品物质消费服务、旅游体验产业链整合服务等环节[③]。赵小芸（2010）指出旅游产业具有资源依赖性、生产部门之间的并列合作关系、关联性产业部门数量众多、区域差异化发展导向、产品营销必须由政府主导等特殊性，并基于这些特殊性将旅游产业链划分为旅游核心产业链和旅游相关产业链，其中核心产业链由资源规划开发、旅游产品生产、旅游产品销售和旅游产品消费四个环节构成[④]。赵磊（2011）认为旅游产业链延伸主要通过对县域旅游地旅游产业结构的优化配置以及县域旅游系统开发的整体协调两方面影响县域旅游地的演化发展，二者之间存在相互耦合的内在关系[⑤]。黄常锋（2011）以2007年全国135个部门投入产出表为基础，使用投入产出方法中的直接消耗系数和列昂惕夫（Leontief）逆阵、产品分配系数和戈什（Ghosh）逆阵分别识别了我国旅游业的"后向关联"和"前向关联"产业，发现中国旅游产业链并非呈"链状"结构，而是表现出

① 张晓明，李松志.中部地区旅游产业链优化路径研究［J］.城市发展研究，2008（3）：92–95..

② 覃峭，张林，李丹枫.利用品牌延伸整合旅游产业链的模式研究［J］.人文地理，2009，24（1）：98–101.

③ 吉根宝，乔晓静.基于旅游体验视角的旅游产业链分析［J］.中国商贸，2010（23）：162–163.

④ 赵小芸.旅游产业的特殊性与旅游产业链的基本形态研究［J］.上海经济研究，2010（6）：42–47.

⑤ 赵磊，夏鑫，全华.基于旅游产业链延伸视角的县域旅游地演化研究［J］.经济地理，2011，31（5）：874–880.

"网状"结构[①]。

从前述研究可以看出，旅游产业是一种以旅游者的异地性的观光、休闲、度假、研学等活动为主的产业，涉及景区、度假区、主题公园、酒店、旅行社等旅游活动特有的企业；还包含着与目的地居民日常生活以及商贸等其他异地性活动互通互融的产业，如餐饮、交通。因此，相较其他产业，旅游产业的产业链更加复杂。

3. 全域旅游下的旅游产业链

赵承华（2007）认为我国乡村旅游产业普遍存在着产业链过短过窄、区域旅游内的横向交流合作不够，以及产业链中核心企业作用不足等问题，通过延伸和拓展乡村旅游产业链、加强区域内的交流与协作、建立核心企业可实现对我国乡村旅游产业链的整合[②]。

马勇（2011）从全产业链的视角出发研究了我国文化和旅游融合发展模式，指出当下各地兴建的文化旅游项目的发展模式依旧停留在传统的基础层面，提出了文化旅游产业链双核驱动发展模式、文化旅游产业链横向拓展发展模式、文化旅游产业链纵向延伸发展模式[③]。

宁坚（2012）认为高铁的运行使沿线城市间的旅游业产生产业联动、产品互补、市场拓展、散客化等效应，沿线城市应根据这些效应构建跨城市联动的长中短旅游线路，并建立与之相适应的合作机制，推动产业链沿高铁延伸拓展[④]。

姜春燕（2017）发现全产业链模式使乡村旅游产业得到融合发展，产业链得以进一步延长，带动了区域经济持续增长；使产业链上各个环节的范围不断扩大形成规模，实现全区域协调共同发展，推进该地区旅游资源整合；

---

① 黄常锋，孙慧，何伦志.中国旅游产业链的识别研究［J］.旅游学刊，2011，26（1）：18–24.

② 赵承华.我国乡村旅游产业链整合研究［J］.农业经济，2007（5）：18–19.

③ 马勇，王宏坤.基于全产业链的我国文化旅游发展模式研究［J］.世界地理研究，2011，20（4）：143–148.

④ 宁坚.高铁沿线城市旅游产业链共建研究——以成绵乐高铁沿线城市为例［J］.经济体制改革，2012（2）：177–180.

使农村的产业结构得到了调整和升级、推动了全民参与旅游业[①]。

魏玲丽（2015）提出加强生态农业与农业生态旅游产业链建设是在生态农业资源承载力的约束下提高农业资源的综合利用率的重要方式。二者的融合受到农业的生态化、特色化、规模化、产业文化及旅游"六要素"等因素的影响，应从农业生态旅游产品开发、农业生态旅游项目开发、农业生态旅游营销模式开发等方面进行"农业 + 旅游"的产业链建设，关键是要进一步加强新型经营体系建设，构建产业链战略联盟[②]。

董皓（2013）采用随机生灭理论和有向图理论，建立了马尔科夫状态转移过程动态随机统计模型并结合产业经济漏损，分析了西安临潼区旅游产业链的动态演化过程，发现都市边缘区旅游产业链的动态延伸将成为区域经济发展、改善城市社会形态的重要增长点，旅游产业链也在动态演化中逐步得到完善[③]。

周格粉（2013）通过分析乡村旅游全产业链的内涵以及机理，提出乡村旅游全产业链模式是现阶段我国区域乡村旅游产业发展滞后背景下的一种重要选择；在社会分工专业化的趋势下，乡村旅游产业发展最终需要在专业分工基础上实现多专业协作的全产业链模式[④]。

陈绪敖（2014）从旅游产业链整合的视角指出构建旅游资源非优区旅游产业链整合系统，维护旅游产业链合作竞争关系，推进产业链优化与延伸，提升旅游资源非优区旅游产业竞争力，可打破传统观光旅游产品单一性弊端，实现区域旅游资源的合理配置和优化，推动旅游产业转型升级[⑤]。

---

① 姜春燕，刘在森，孙敏.全产业链模式推动我国乡村全域旅游发展研究［J］.中国农业资源与区划，2017，38（8）：193-197.

② 魏玲丽.生态农业与农业生态旅游产业链建设研究［J］.农村经济，2015（10）：84-88.

③ 董皓.大都市边缘区旅游产业链动态演化研究——以西安临潼区为例［J］.经济地理，2013，33（9）：188-192.

④ 周格粉，肖晓.全产业链模式：我国区域乡村旅游发展的重要选择［J］.广东农业科学，2013，40（3）：234-236.

⑤ 陈绪敖.基于旅游产业链整合视角的旅游资源非优区开发研究［J］.广西社会科学，2014（3）：75-78.

郭舒（2018）指出农户进入旅游产业链面临的种种障碍已成为阻碍旅游扶贫的重要因素，农户与旅游企业在农产品供求上的不一致（进入困难）、进入旅游产业链的农户收入过低（退出压力）是限制农户进入旅游产业链的两个根本因素，前者导致旅游企业只能将与农户的合作维持在用于营销策略的程度，后者导致农户不得不退出旅游产业链，这些因素给中间商进入旅游产业链提供了有利条件，也保留了农户进入旅游产业链的可能性[①]。

邹芳芳（2019）结合森林旅游发展现状，提出"林业－旅游"生态产业链的理念和理想模型，提出建立政策保障体系、经济保障体系、服务保障体系和信息保障体系，以便产业链能够发挥增加就业机会、保持社会稳定，合理优化资源配置、实现资源价值最大化，提高农产品附加值、促进农户收益增加，鼓励农户亲环境行为、促进生态宜居的价值[②]。

谢成立（2019）认为民族传统体育文化是旅游产业发展的"活的资源"，由于定位不清等原因，我国民族传统体育文化融入民族旅游、文化旅游的进程步履维艰，建议加强对民族传统体育资源的价值、商业化的可能性、与旅游产业的耦合性的分析，精确筛选出耦合各层次旅游消费需求的民族传统体育项目，提升深度游、体验游等民族传统体育文化相关的旅游产品的开发质量[③]。

粟琳婷（2021）认为"互联网＋"使乡村旅游产业链呈现高度融合、全域配置、全民参与的跨界特征，表现出全产业链发展、个性化定制化供给以及融资渠道多维化的发展方向，乡村旅游产业链的优化升级要以"互联网＋"为支撑，从产业基础、产品开发、市场营销、特色服务等方面进行推动。

2018年，国家统计局印发《国家旅游及相关产业统计分类（2018）》（详

---

① 郭舒.旅游产业链进入障碍及其破解——焦作市北部山区农户访谈启示［J］.社会科学家，2018（12）：81-87.

② 邹芳芳，陈秋华."林业－旅游"生态产业链构建研究［J］.林业经济问题，2019，39（6）：590-598.

③ 谢成立，孙亮亮.旅游产业链发展中的民族传统体育文化定位及发展研究［J］.贵州民族研究，2019，40（5）：177-180.

见附录 1，简称《统计分类》），将我国旅游及相关产业统计分类分为旅游业和旅游相关产业两大部分，其中旅游业是指直接为游客提供出行、住宿、餐饮、游览、购物、娱乐等服务活动的集合；旅游相关产业是指为游客出行提供旅游辅助服务和政府旅游管理服务等活动的集合[1]。《统计分类》共包括9个大类、27个中类和65个小类，其中旅游业包括旅游出行、旅游住宿等7个大类、21个中类、46个小类，旅游相关产业包括旅游辅助服务、政府旅游管理服务等2个大类、6个中类、19个小类。《统计分类》共涉及《国民经济行业分类（GB/T 4754—2017）》中的110个行业，其中只有20个行业的全部内容属于旅游及相关产业，其余90个行业仅有部分内容属于旅游及相关产业。从《统计分类》可以看出，旅游产业与其他相关产业之间的关系十分密切，旅游产业链也伴随着旅游者的旅游活动开展所带来的物资、资金、信息、技术、人口等要素的流动下不断外延，与整个社会的生产生活融合成为一个整体。

旅游业进入全域旅游阶段，旅游产业不再仅仅是"六要素"所构成的产业，旅游产业对旅游目的地社会经济发展的影响也不仅仅局限于"食、住、行、游、娱、购"等传统旅游行业，而是凭借更大规模的旅游要素流动，建立起更宽泛、更深邃的产业链[2]，与各行各业产生密切的联系，从而影响到旅游目的地的方方面面，成为促进旅游目的地社会经济全面发展的重要力量[3]。

4. 不同旅游发展阶段的产业链的拓展

《统计分类》围绕游客的活动分为旅游业和旅游相关产业两大部分。其中旅游业是指直接为游客提供出行、住宿、餐饮、游览、购物、娱乐等服务活动的集合；旅游相关产业是指为游客出行提供旅游辅助服务和政府旅游管理服务等活动的集合。

———————————

① 国家旅游及相关产业统计分类（2018）.［EB/OL］.https://www.stats.gov.cn/tjsj/tjbz/201805/t20180529_1601005.html.

② 刘娟娟.扶贫背景下我国农村旅游产业链问题和优化［J］.农业经济，2019（5）：33–34.

③ 张辉，岳燕祥.全域旅游的理性思考［J］.旅游学刊，2016，31（9）：15–17.

　　这种分类方式仅仅拓展了面向游客服务的运营、管理和服务的产业链，而忽视了旅游规划、开发和建设阶段的相关产业以及旅游企业在面向提供游客服务过程中运营、管理和服务为旅游企业提供生产服务的相关产业。本书尝试从上述两个方面对不同旅游发展阶段的旅游产业链进行补充，详见表 6-3。

表 6-3　旅游产业链构成

代码			名称	说明	备注
大类	中类	小类			
			旅游业	本领域包括 11~17 大类	旅游规划
74			专业技术服务业		
		7485	规划设计管理		
	111				
		1111	铁路旅客运输		531
		1112	客运火车站		5331
	112		旅游道路运输		
		1122	公路旅客运输		542
	113		旅游水上运输		
		1131	水上旅客运输		551
		1132	客运港口		5531
	114		旅游空中运输		
		1141	航空旅客运输		5611
		1142	观光游览航空服务	仅包括公共航空运输以外的空中旅游观光、游览飞行等航空服务	5622
		1143	机场		5631

续表

代码			名称	说明	备注
大类	中类	小类			
		1144	空中交通管理		5632
	115		其他旅游出行服务		
		1151	旅客票务代理		5822
		1152	旅游交通设备租赁	仅包括各类轿车、旅游客车、旅行车、活动房车等旅游用车的租赁，以及旅游船舶、飞行器的租赁	7111* 7115* 7119*

6.2.3 旅游业的空间复合性推动全域旅游与相关产业的空间重构

1. 旅游活动的空间属性

空间是物体存在、运动的场所，也是旅游活动的基本属性之一。李天元在《旅游学概论》（第七版）中，将旅游活动定义为：旅游活动是人们出于移民和就业之外的目的，暂时离开自己生活的惯常环境，前往他乡开展的旅行和逗留访问活动[①]。

从上述定义可以看出旅游是旅游者离开自己日常生活的"惯常环境"而前往"他乡"的活动，即旅游活动具有异地性的特征。而对于旅游者来说的"他乡"对于旅游目的地的人们来说则是"惯常环境"。同一个客体空间，因使用主体的不同、使用目的的不同，表现出不同的空间属性。

旅游活动注重对"他乡"的"差异性"的追求。这种"他乡"的"差异性"不仅局限于以绝对的高品质的旅游吸引物为依托，任何与旅游者日常生活的"惯常环境"所不同的环境存在的差异性均成为吸引旅游者产生旅游动机、进行旅游活动的诱因。对旅游目的地居民来说的"常态"，可能就是对旅游者产生巨大旅游吸引力的"差异性"。如农村生活空间的代表——黄山市皖南古村落——西递宏村（国家 5A 级旅游景区）、苏州市周庄古镇（国家

---

① 李天元. 旅游学概论（第七版）［M］. 天津：南开大学出版社，2014.

5A 级旅游景区）[①]；城市生活空间的代表——桂林两江四湖·象山景区（国家 5A 级旅游景区）、福州三坊七巷景区（国家 5A 级旅游景区）[②]；生产空间的代表——秦山核电站（第一批全国工业旅游示范点）、青岛啤酒（第一批全国工业旅游示范点）[③] 等。

进入全域旅游发展阶段，旅游者在旅游目的地的空间活动不再仅仅局限于传统的"旅游景区"，而是"走街串巷"进入当地居民的生产生活空间。作为当地居民的生产生活空间，原本只具有单一的服务当地居民生产生活的功能，但随着全域旅游的发展，这些空间也逐步开始具有旅游的功能，成为旅游产业的生产空间。

2. 三生空间

"差异性"与"常态"的共存导致旅游活动和本地生产生活活动在同一个空间相互交融、互相影响，促进了旅游产业空间与"三生空间"的叠加，推动了旅游目的地的空间重构[④]。

2019 年，中共中央、国务院发布《关于建立国土空间规划体系并监督实施的若干意见》，将科学布局生产空间、生活空间、生态空间作为加快形成绿色生产生活方式、推进生态文明建设、建设美丽中国的关键举措，突出了"三生"空间划定在国土空间规划中的重要地位[⑤]。"三生空间"即生产空间、生活空间、生态空间，是维系人类生存、生活、发展的基本空间单位，是综合体现人地关系的概念。其中，生产空间为主要用于生产经营活动的场所，生活空间是人们居住、消费、休闲娱乐等日常生活活动所需的空间，生态空

---

① 郭文，王丽，黄震方. 旅游空间生产及社区居民体验研究——江南水乡周庄古镇案例 [J]. 旅游学刊，2012，27（4）：28-38.

② 雷赛金. 推动三坊七巷与文化旅游深度融合的思考 [J]. 福州党校学报，2013（3）：77-80.

③ 张广海，刘佳. 青岛国际啤酒节与旅游产业发展的关联互动研究 [J]. 改革与战略，2008（7）：121-124.

④ 郑诗琳，朱竑，唐雪琼. 旅游商业化背景下家的空间重构——以西双版纳傣族园傣家乐为例 [J]. 热带地理，2016，36（2）：225-236.

⑤ ［EB/OL］中共中央 国务院关于建立国土空间规划体系并监督实施的若干意见. https://www.gov.cn/xinwen/2019-05/23/content_5394187.html.

间则是具备生态防护功能，能够提供生态产品和生态服务的空间[1][2]；江曼琪（2020）认为"三生"空间具有显著的空间尺度特征，不同空间尺度下"三生"空间的内涵、空间范围以及"三生"空间优化的意义存在差异，"三生"空间由用地功能界定，某些类型用地具有复合功能[3]。刘继来分析了土地利用功能与土地利用类型的辩证关系，依据土地利用现状分类国家标准，建立了三生空间分类与评价体系，并考虑到土地的多功能性，提出了半生产用地和弱生产用地的概念[4]。王山林（2022）认为随着人类活动空间范畴的不断扩展，当前已较少有绝对的相互隔绝的空间形态，即生产空间与生态空间、生产空间与生活空间、生活空间与生态空间均存在着或多或少的"交叉"，三类空间的融合形态也不在少数，在不同地域范畴、同一地域的不同阶段中三类空间的融合程度亦有所不同，对三类空间的划分界定，应以特定地域用地类型和空间主导功能为依据[5]（见图6-4）。

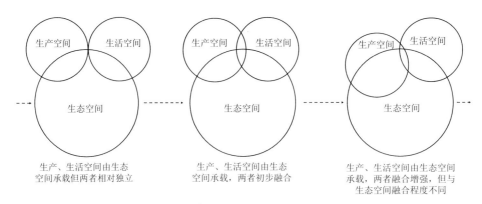

图6-4 基于土地利用复合功能的三生空间阶段关系示意图（王山林，2022年）

① 武占云."三生"空间优化及京津冀生态环境保护［J］.城市，2014（12）：26-29.

② 扈万泰，王力国，舒沐晖.城乡规划编制中的"三生空间"划定思考［J］.城市规划，2016，40（5）：21-26.

③ 江曼琦，刘勇."三生"空间内涵与空间范围的辨析［J］.城市发展研究，2020，27（4）：43-48.

④ 刘继来，刘彦随，李裕瑞.中国"三生空间"分类评价与时空格局分析［J］.地理学报，2017，72（7）：1290-1304.

⑤ 王山林.三生空间视域下广西程阳八寨旅游产业发展研究［D］.中南民族大学，2022.

3. 旅游产业空间与三生空间

空间是旅游活动和旅游产业发展的基本载体，旅游活动和旅游产业的发展推动着旅游目的地国土空间功能的多样化，而这种国土空间功能的多样化加速着"三生空间"的演变与重构。[①]

一方面，旅游目的地"三生空间"规划影响着旅游产业的发展。旅游产业发展所依托的旅游基础服务设施（如旅游公厕、停车场、游客服务中心等）以及旅游餐饮、旅游购物、旅游娱乐、旅游住宿等各类形态的旅游项目用地的建设均会占据生产用地空间，部分类型的旅游吸引物的建设也会占据生产空间，如迪士尼等各种主题公园的建设，在生产空间总量保持不变的情况下，旅游产业发展所需的生产空间可能会得不到满足，或者会造成其他产业生产空间的减少。

另一方面，旅游产业的发展会导致旅游目的地"三生空间"的复杂化和复合化，会推动生产空间与生活空间、生态空间的重叠与融合。如在乡村旅游发展中，农业生产用地在种植农作物的同时，也孕育了美丽的农作物的季相景观，可以吸引众多的旅游者进行乡村旅游活动，农业生产用地也就变成了旅游生产用地；农户的住宅被开发成具有乡村文化特色的民宿，生活空间也就变成了旅游生产用地。而用于旅游产业发展的各种湿地公园，则实现了生态空间和生产空间的叠加，驱动着旅游地"三生空间"的演变。

与此同时，旅游产业发展也推动着旅游目的地"三生空间"的质量的提升，并拓展了"三生空间"的承载力。旅游产业作为服务型产业，在旅游生产过程中，对提供旅游生产所需的物质载体的消耗极少，几乎不影响国土空间原有的对其他生产、生活、生态活动的承载力，反而会拓展原有国土空间的利用范畴，将物质生产功能所附加的旅游功能充分发挥出来，提高了原有国土空间的适应性和承载力。窦银娣（2022）以湖南省岳阳县张谷英村为研究对象，测算了其旅游适应性水平，发现生态空间、生活空间、生产空间的

---

① 蒋尚坤.湘湖旅游度假区"三生"空间演变与驱动机制研究［D］.杭州师范大学，2019.

旅游适应性水平存在一定差异，除生产空间为一般适应，其余均为比较适应，但差异很小。空间功能层面，生态空间的景观功能发挥不足，生产空间旅游经济结构单一；在空间营建层面上，生活空间住宅建设无序、公共空间不足，生产空间耕地利用率低；空间属性层面总体适应良好，但生产空间在景点开发、环境承载方面具有较大的提升空间[①]。就某一特定区域而言，旅游产业发展愈成熟，旅游生产空间通常会愈加扩大，并会对其他类型空间产生作用。传统乡村多以农业产业、林业产业或传统手工业为主体构成其产业结构的大框架。旅游产业发展会在一定程度上改变其原有产业结构，甚至成为主导产业，形成以旅游产业为主，农业产业及其他产业为辅的产业结构形态。农业、林业、传统手工业或者是得到共同增长促进，或者是受到抑制压缩，抑或是两种形态共存。得到增长促进的产业，其规模一般会得到扩展繁荣，反之则产生衰落，导致产业发展水平受到影响。

另外，旅游产业与相关产业的易融合性势必需要开发和利用生活空间或生态空间的资源、设施、组织氛围等，进而对旅游地生态空间和生活空间带来扩大或者挤压式的改变，如引起土地利用的集约化、生活环境的更加宜居、环境卫生状况的改善、生态环境质量的提高等，抑或引起土地利用的碎片化，侵占生态、其他生产空间及生活空间，导致生活空间宜居性降低，环境卫生状况恶化，森林植被和水体、空气、土壤污染等，"三生空间"利用合理性降低，空间质量下降。第三，旅游产业发展过程中，政策导向、政策规范等实施不当，旅游投资主体的实力不足、价值格局的狭隘，旅游经营管理模式不科学，旅游收入分配机制失衡，旅游项目开发方式、策略欠佳以及旅游产业定位不准等，均会对旅游地产业结构带来失衡风险，引起区域经济社会发展不均衡，带来旅游资源闲置浪费甚至毁灭的后果。从长远来说，极易造成重视经济收益而忽视居民社区综合发展，忽视卫生、交通、医疗、教育等公共服务设施体系建设，重视旅游核心区开发建设而忽视边缘区功能的完善，助

---

① 窦银娣、叶玮怡、李伯华、刘沛林.基于"三生"空间的传统村落旅游适应性研究——以张谷英村为例［J］.经济地理，2022，42（7）：215-224.

长投机、寻租行为，"靠山吃山"而缺少对生态的补偿，核心区蓬勃发展而边缘区消沉落寞等，这些因素均会对"三生空间"质量带来综合损害。

6.2.4 旅游产业政策推动全域旅游产业带动作用的发挥

政策是产业发展推进剂。产业政策为旅游产业发展指明了方向，旅游产业地位的改变，促使旅游制度环境变迁，要求制度必须与产业发展相适应。改革开放之初，旅游行政管理部门和研究者就认识到旅游业发展对区域社会经济发展的促进作用。中国旅行游览事业管理总局第一任局长卢绪章（1980）指出，旅游事业具有投资少、收效快、利润大、换汇率高的特点，发展旅游事业是增加外汇收入的一个重要来源[①]。

中华人民共和国成立以来，中国旅游政策与旅游产业发展呈现出相互促进、共同演进的关系，中央政府及相关部门发布的旅游发展政策文件表明对外开放和经济体制改革是我国旅游业发展的根本动力[②]。曾博伟总结改革开放40年中国旅游业发展的经验，结合中国旅游行业特性和国家总体经济变革趋势，指出"政府推动下市场优先发展模式"合理平衡了政府与市场的关系，是中国旅游业能在短短几十年间实现适度超前发展的重要原因[③]。

就政策有效性而言，政策力度是扩大文化旅游业规模的主要因素。从长远来看，投资水平与建设水平之间的关系平衡，政策力度明显，短期内会增强对文化旅游业扩张的影响，但从长远来看，增强的影响会逐渐减弱。政策力度对产业收益的增长具有促进作用，但在后期较不稳定[④]。旅游类上市公司的业绩也表明国家旅游综合改革政策对试点地区以及邻近试点地区上市的旅游公司产生显著为正的影响，对远离试点地区的上市旅游公司没什么大的

---

① 卢绪章.关于我国旅游事业的情况与设想［J］.财贸经济丛刊，1980（1）：36–41.
② 胡北明，黄俊.中国旅游发展70年的政策演进与展望——基于1949–2018年政策文本的量化分析［J］.四川师范大学学报（社会科学版），2019，46（6）：63–72.
③ 曾博伟，吕宁，吴新芳.改革开放40年中国政府推动旅游市场优先发展模式研究［J］.旅游学刊，2020，35（8）：18–32.
④ 黄锐，谢朝武，李勇泉.中国文化旅游产业政策演进及有效性分析——基于2009—2018年政策样本的实证研究［J］.旅游学刊，2021，36（1）：27–40.

影响①。

通过对不同类型的旅游政策对地区经济发展的影响进行研究后发现：旅游制度性政策、旅游措施性政策与旅游经济收入呈正相关性，这两种政策相辅相成，推动了国民经济的发展，但旅游制度性政策和旅游措施性政策在地区间存在较大经济效应差异，这两种旅游政策在我国空间地区范围内总体呈现两极分化，在东部地区旅游政策对地区经济发展的促进作用极为显著，在中部地区其促进作用最不显著②。政策扶持推动下的旅游业在促进城乡居民收入增长方面存在明显的阶段性，最先分配偏重于城镇居民，其后逐渐向农村居民偏重③。而在经济发展水平相对较低、社会文化差异相对较大的少数民族地区，由于旅游产业人才的匮乏和旅游产业经营管理能力的缺失，导致旅游产业发展面临着生态环境保护、民族文化传承和创新等方面的挑战，民族地区旅游业的发展必须依靠居民的广泛参与，同时当地也需要建立科学高效的制度框架，进一步加强政策体系建设、政策环境建设和政策扶持力度④。

在乡村旅游政策方面，乡村旅游政策数量的快速增长与国家重大战略以及经济社会发展"五年规划"的出台密切相关；早期乡村旅游政策的主要类型为环境型和供给型。随着国家全面脱贫和乡村振兴战略的实施，乡村旅游政策热点也出现相应变化：乡村旅游的产业角色从局部发展提升到战略统筹层面，乡村旅游产品的开发从资源导向型转向市场导向型，设施建设从基础设施转向服务设施，要素配置从行政主导转向社会支撑，产业组织从个体扶持转向多元培育⑤。税收优惠政策对乡村旅游也有着重要的促进作用，主要表

① 张英，邱文君，熊焰.国家旅游综合改革政策对旅游产业影响的实证［J］.统计与决策，2014（19）：110–112.

② 齐天锋.基于旅游政策经济效应评估模型的空间分异研究［J］.社会科学家，2020（12）：38–42.

③ 刘运良.政策视角下的旅游业发展与城乡居民收入分配关系研究［J］.武汉商学院学报，2022，36（4）：38–44.

④ 王保存.少数民族地区旅游相关政策的问题及政策保障研究［J］.改革与战略，2015，31（10）：121–123.

⑤ 姚旻，赵爱梅，宁志中.中国乡村旅游政策：基本特征、热点演变与"十四五"展望［J］.中国农村经济，2021（5）：2–17.

现为：一是推动旅游产业结构的合理优化；二是推动旅游市场经济总量的供需平衡；三是能够调节乡村旅游收入分配。

王立纲（1980）认为旅游事业具有很强的关联性，旅游事业的发展必将推动与旅游事业有关的国民经济各部门的发展[①]。刘世杰（1983）则是第一位关注旅游发展和区域协调发展关系的学者，他指出旅游热线与冷线差距的大小，是一个国家旅游业发展水平高低的一种表现。缩小或消除热线与冷线的差距是旅游业向高水平发展的一个标志[②]。借助知名旅游目的地的资源优势和品牌优势，通过产业链的整合，带动周边区域的协调发展，成为国内旅游资源质量不高、区位条件不佳、市场不发达的旅游目的地发展旅游业所采取的主要方式[③][④]。如桂林[⑤]、黄山[⑥]等地区采取调整行政区划的方式，推动了旅游业充分发挥对地区社会经济的促进作用。

旅游业促进区域间的平衡发展需要政府组织协调。完全市场竞争机制作用下的利益分配机制难以实现区域旅游产业的健康、持续发展，政府要充分发挥管理职能，在服务型政府的行政模式下，保障市场主导型的区域旅游产业持续健康发展[⑦]。

6.2.5 旅游产业的全面参与促进全域旅游发展成果的共享

全域旅游发展成果共享，既包括不同区域之间共享全域旅游发展的成果，也包括同一个区域内不同群体之间的共享。

作为一个涉及面广的经济产业，旅游产业的发展能有效促进区域经济增

---

① 王立纲.论旅游事业在发展国民经济中的重要作用［J］.吉林财贸学院学报，1980（1）：55-59.

② 刘世杰.积极发展区域旅游［J］.财贸经济，1983（4）：37-38+28.

③ 许春晓.旅游资源非优区"依附式开发"论［J］.旅游学刊，2005（1）：76-79.

④ 陈绪敖.基于旅游产业链整合视角的旅游资源非优区开发研究［J］.广西社会科学，2014（3）：75-78.

⑤ 黄永清，谢迪辉，周茂权.发挥旅游资源优势 促进区域经济发展——大桂林旅游区开发初探［J］.旅游学刊，1992（5）：14-16+57.

⑥ 丁娟，焦华富，李俊峰.产业演进对旅游城市空间形态演变的作用机理——以黄山市为例［J］.地理研究，2014，33（10）：1966-1976.

⑦ 陆远权，马良.区域旅游产业均衡发展博弈分析及政府治理角色定位［J］.安徽农业科学，2010，38（30）：17339-17342.

长，但旅游产业发展在促进区域经济协调发展过程中也存在收敛机制，即旅游发展能够有效促进区域经济的协调发展，并加快区域经济差异缩小的速度[①]。这种收敛作用一方面体现在旅游对城乡收入差距的影响存在地域分异，沿海区域表现为缩减作用，内陆区域表现为扩大作用[②]。

1.全域旅游发展区域间的成果共享

中国中西部的许多落后地区已将旅游业列为战略支柱，新兴产业由政府专注于发展。当地希望能够凭借旅游资源的禀赋优势、来共享发达地区旅游经济发展的成果。

通过旅游产业的发展可以吸引旅游者、扩大知名度、促进区域之间的沟通交流、塑造良好的营商环境进而带动其他相关产业的发展，尤其是一些"老少边山穷"（革命老区、少数民族地区、山区、边境地区和贫困地区）地区[③]。主要原因包括以下几方面。

第一，发达地区经过长期的工业化的生产活动，对自然旅游资源和社会文化的影响相对较大、缺少相对古朴的民俗文化和对自然资源的保护，而落后地区受工业化影响较小，拥有自然环境和独特的自然资源，这构成了资源优势和旅游业的发展。基于放松身心等动机，游客可能更偏向于赴欠发达地区开展旅游活动，除了被当地舒适宜人的自然环境所吸引，也是为了体验丰富多样的当地文化。因此，旅游业得到了发展，在一定程度上也减少了区域经济潜在的不平衡。

第二，对于大多数欠发达地区来说，由于受区位条件、交通条件等社会地理条件和自然资源、水文、地形地貌等自然地理条件的限制，一方面难以通过传统的步步为营的工业化和城镇化发展方式实现区域的快速跨越式发展，

① 骆泽顺，林璧属.旅游发展促进区域经济协调发展的收敛机制研究［J］.经济问题探索，2015（8）：148-153.

② 张琦，曹蔚宁，延书宁.旅游发展对城乡收入差距影响的空间异质性——基于多尺度地理加权回归模型（MGWR）［J］.中国地质大学学报（社会科学版），2022，22（5）：112-123.

③ 夏赞才，龚艳青，罗文斌.中国旅游经济增长与城乡收入差距的变异关系［J］.资源科学，2016，38（4）：599-608.

另一方面资源型产业也容易导致资源枯竭并带来生态环境危机。因此，旅游产业常常被视为促进欠发达地区繁荣和发展的重要方式，并将其视为战略支柱产业和重要增长极[①]。而且，比较贫困的开道地区具有资源和环境优势，旅游业可能会比较适合更多旅游行业的发展，通过旅游业减轻贫困等政策措施，可以有效缓解地区发展中的不平衡，因此，在发展的框架下，通过发展旅游业，可以缓解地区经济不平衡，在促进地区均衡发展方面发挥积极作用。

第三，基于旅游资源丰富等自身优势，欠发达地区往往会制定比较优惠的旅游投资政策来吸引区域外的旅游投资，加之旅游投入回报率相对较高，欠发达地区往往可以吸引到更多的旅游投资和物资资本投入，并通过旅游产业集聚而形成旅游规模经济，从而有效发挥旅游经济效应[②]。在旅游活动和旅游管理服务过程中，通过当地居民与旅游者的信息沟通和文化交流，可以提升居民的认知能力和包容性，还有助于改善落后文化习俗和提高综合素质，并提高欠发达地区的人力资本水平[③]。与此同时，随着欠发达地区旅游产业的不断发展，产品策划理念、开发管理模式、技术应用水平等会得到不断的提升和改进，进一步缓解区域经济不平衡现象、推动区域经济的平衡发展。

第四，作为多方位、多层次和多维度的综合性产业，旅游业具有产业关联性强和乘数效应大的特点，与交通、商贸、租赁、文体传媒、娱乐等诸多行业关联紧密，具有显著外部效应特征和溢出性[④]。与产业结构相对成熟的发达地区相比，旅游业可以促进欠发达地区产业结构的调整和改善，并通过多种因素促进该地区的整体发展。外部经济和乘数效应可促进区域经济协调发展。因此，相较于经济发达地区，旅游业更能促进经济欠发达地区的整体发

---

① 赵磊，方成，毛聪玲.旅游业与贫困减缓——来自中国的经验证据［J］.旅游学刊，2018，33（5）：13-25.

② 王松茂，何昭丽，郭英之，郭安禧.旅游减贫具有空间溢出效应吗?［J］.经济管理，2020，42（5）：103-119.

③ 王坤，黄震方，余凤龙，曹芳东.中国城镇化对旅游经济影响的空间效应——基于空间面板计量模型的研究［J］.旅游学刊，2016，31（5）：15-25.

④ 刘晓欣，胡晓，周弘.中国旅游产业关联度测算及宏观经济效应分析——基于2002年与2007年投入产出表视角［J］.旅游学刊，2011，26（3）：31-37.

展，通过发展旅游业可以缓解地区经济失衡。

2. 全域旅游发展不同群体间的成果共享

不同的社会群体在参与旅游业中也共享了全域旅游发展的成果，其中共享全域旅游发展的成果比较突出的是乡村旅游的参与群体和参与全域旅游的贫困人口群体。

在乡村旅游的参与群体共享全域旅游发展的成果方面，乡村旅游作为一种新型旅游方式，突破了传统的旅游发展观念，有效地促进了农业与旅游业的交叉渗透，具有改变我国农村传统生产模式，提高农业经济效益，增加农民收入等作用。一方面，发展乡村旅游使农民能够在本乡本土充分利用农闲时间兼职从事旅游接待和服务活动，也能够让农民在旅游产业发展的间歇兼顾农业生产活动，既能够创造就业机会，安置农村剩余劳动力，增加农民收入，又能够减少人口流动给社会带来的压力[1]。另一方面，发展乡村旅游，拓展了农业生产资源和生活资源的附加价值。如农业生产所创造的景观价值，是农民在农业市场过程中为追求农产品本身的价值所附带产生的，本身不具备农产品的价值；但在全域旅游发展中，旅游者被农业生产景观所吸引而到农村进行旅游活动，如云南元阳梯田、罗平油菜花海、贵定"金海雪山"等[2]，无论是当地乡村旅游经营者、企业还是外来旅游投资者都能够从农民创造的农业景观获取收益。但如果农业生产景观被无偿消费，既是对农民权益的无视，也埋下了矛盾的隐患，不利于景观的可持续利用和共同富裕目标的实现[3]。只有通过构建乡村旅游的利益分享机制，通过政府介入提供公共服务、对旅游市场实施行业管理、向当地社区提供财政支持和转移支付等措施，才能达到通过发展旅游业来促进农村人口和其他弱势群体的权利的目标，并以此实现区域旅游业的协调发展。

① 高元衡.阳朔乡村旅游发展中各方利益分配问题研究［J］.桂林旅游高等专科学校学报，2004（6）：58–62.

② 邢启顺.从"金海雪山"品牌价值收获看"农、旅、文"深度融合发展［J］.贵州师范学院学报，2016，32（8）：40–44.

③ 张灿强，林煜.农业景观价值及其旅游开发的农户利益关切［J］.中国农业大学学报（社会科学版），2022，39（3）：131–140.

在贫困人口群体共享全域旅游发展的成果方面，旅游在消除贫困的实践中具有不可忽视的作用，贫困人口如何在旅游发展中获益和增加发展机会，是贫困人口共享全域旅游发展的核心问题①。政府在展示世界旅游业发展成果方面发挥着重要作用，他们是旅游政策的规划者、旅游营销人员、旅游公司的投资和市场监督机构，在某些特定的阶段，尤其是旅游发展初期，政府还是旅游项目的建设者和旅游企业的经营者。尤其是在贫困人口群体共享全域旅游发展成果的过程中，政府还承担着对贫困人口从事旅游产业的管理和服务能力的培训、投资旅游产业所需资金的担保和扶持等精准帮扶工作。除了从事旅游业的贫困人口能够直接共享全域旅游发展的成果，也带动了与旅游活动有关的其他消费活动，使从事其他活动的贫困人口从中获益，如农副产品和农特产品的生产者②。

6.3 小结

本章从旅游产业的发展演化历程出发，主要做了以下几点研究工作。（1）系统分析了旅游者的旅游动机和旅游活动的演化历程，阐明了旅游是人们在满足基本生活需求之后的精神需求，旅游需求强烈，旅游动机就会呈现多源性的特点，旅游活动也会不断地多样化。（2）系统分析了旅游吸引物范畴的变化，指出旅游吸引物从具象的自然景观、山川古迹拓展到相对抽象的自然环境、人文环境的变化规律。（3）系统分析了住宿业的发展演化，指出住宿业在互联网和标准化的双重推动下，呈现出两极分化的态势，高端住宿业越来越重视功能的综合性和复合性，而中低端的住宿业更加重视住宿的基本需求，即休息和睡眠。（4）系统分析了旅行社行业的发展演化，指出"互联网＋"快速推动了旅行社的业务预订方式的变化，使导游、旅行社和游客

---

① Goodwin H. Pro-Poor：Tourism Opportunities for Sustainable Local Development［J］. Development and Cooperation 2000（5）：12–14.

② 全世文，黄波，于法稳.旅游消费扶贫的价值评估及新阶段的接续转型［J］.农村经济，2022（7）：37–44.

三方之间的关系迎来变革机遇期。

在回顾历史的基础上，总结出全域旅游促进地区平衡充分发展的机理：（1）从旅游动机和旅游活动的演化历程来看，全域旅游理念促进了旅游资源的范畴演化和地区旅游资源的整合；（2）从旅游产业链的角度来看，全域旅游推进了旅游产业与相关产业的融合发展；（3）从产业布局的角度看，全域旅游推动着旅游业空间上的与相关产业空间上的重叠共存；（4）从利益分配的角度看，全域旅游发展成果通过产业链的延伸惠及全体社会成员。

第7章
全域旅游促进民族地区平衡充分发展路径

7.1 理论基础

7.1.1 共生理论

"共生"（Symbiosis）一词来源于希腊语，是生物学和生态学领域的专业术语，最早由德国真菌学家德贝里（Anton de Bary）在 1879 年提出，其本意是指"不同种属的生物按某种物质联系共同生活"。现代生态学把整个地球看成一个大的生态系统——生物圈，在这个生物圈内，各类生物之间，以及生物与外界环境之间通过能量转换和物质循环密切联系起来，形成共生系统。广义的共生，指自然界就是一个共生体，其中的动物、植物、人类之间需要相互和谐，才能共生共荣。狭义的共生是指生物之间的组合状况和利害程度的关系，指由于生存的需要，两种或多种生物之间必然按照某种模式互相依存地生活在一起，形成共同生存、协同进化的共生关系[①]。

共生理论认为共生是指各共生单元在一定的共生环境中按某种共生模式形成的关系，共生单元、共生关系和共生环境这三个要素构成了共生体。其中：共生单元是指形成共生关系的基本能量生产和物质交换单位，是形成共

---

① 洪黎民 . 共生概念发展的历史、现状及展望［J］. 中国微生态学杂志，1996（4）：50–54.

生关系的基本物质条件；共生关系是指共生单元相互作用的方式或相互结合的形式，包括寄生、偏利共生、非对称互惠共生、对称互惠共生四种共生行为模式和点共生、间歇共生、连续共生、一体化共生四种共生组织模式；共生环境是指共生关系存在发展的外生条件，共生单元和共生环境之间通过物质、信息和能量的交流进行相互作用。

共生关系不仅仅存在于自然界，同样存在于社会科学领域。20 世纪 50 年代以后，共生理论开始受到社会科学的相关领域的重视，并加以研究和拓展应用。日本哲学家花崎皋平（1993）在《主体性与共生的哲学》一书中论述了生态学中的共生思想与社会科学中的共生思想的区别，探索了在社会生活的场景中实现共生，进而构建"共生道德"和"共生哲学"的可能性[①]。

袁纯清（1998）将共生理论引入经济领域和金融领域的研究，用共生三要素（共生单元、共生模式和共生环境）来解释共生的本质，以共生密度、共生界面、共生组织模式、共生行为模式等概念来分析共生关系状态，创立了以共存和双赢为核心的共生理论的基本逻辑框架[②③]。袁纯清认为共生具有自组织过程的一般特征又具有共生过程的独特个性：共生单元在相互作用中共同合作进化，这种合作进化有可能产生新的共生单元形态，并且会产生新的物质结构，其表现为共生单元或共生体的生存能力和增殖能力的提高，体现了共生关系的协同作用和创新活力[④]。吴飞驰（2002）认为从共生理论的角度来分析社会经济的发展，认为经济交换的本质就是共生，分工与合作是经济单元共生的基础，各共生单元在互惠互利的合作中得到优化、进化和发展，提出可以借助于共生理论来审视中国社会经济发展中的区域发展的不平衡问题以及贫富失衡的问题[⑤]。

在旅游研究方面，吴泓和顾朝林（2004）率先提出了共生理论在旅游研

① 杨玲丽.共生理论在社会科学领域的应用［J］.社会科学论坛，2010，220（16）：149-157.

② 袁纯清.共生理论及其对小型经济的应用研究（上）［J］.改革，1998（2）：100-104.

③ 袁纯清.共生理论及其对小型经济的应用研究（下）［J］.改革，1998（3）：75-85.

④ 袁纯清.共生理论——兼论小型经济［M］.北京：经济科学出版社，1998.

⑤ 吴飞驰.关于共生理念的思考［J］.哲学动态，2000（6）：21-24.

究中的应用。他们从共生的概念和内涵入手，研究了淮海经济区内各区域之间的旅游发展的竞争与合作关系，构建了淮海经济区区域旅游竞争与合作模式和机制，指出区域旅游的竞争与合作应在充分兼顾各方利益的基础上，以市场机制调节为主导，通过区域旅游要素流动实现互补，遵循比较利益原则，通过经济分工和协同进行合作，推动开放竞争与创新，实现区域整体的共同发展繁荣[①]。徐虹（2008）、白凯（2010）、黄细嘉（2010）、唐仲霞（2018）、王超（2022）等学者分别应用共生理论对体育与旅游的利益协调机制[②]、旅游景区形象共生互动关系[③]、城乡互动型红色旅游区的理想共生模式[④]、民族旅游社区多元主体共生关系[⑤]、旅游村寨脱贫攻坚共生发展策略[⑥]进行了深入研究，进一步丰富和完善了共生理论。

7.1.2 路径依赖理论

路径依赖是指组织一旦选择了某个体制或机制，由于规模经济（Economies of scale）、学习效应（Learning Effect）、协调效应（Coordination Effect）、适应性预期（Adaptive Effect）以及既得利益约束等因素的存在，会导致该组织在惯性的驱使下沿着既定的方向（体制或机制）不断自我强化。

道格拉斯·诺斯用"路径依赖理论"阐释了经济制度的演进，并于1993年获得诺贝尔经济学奖。诺斯在《制度、制度变迁与经济绩效》中指出技术变迁机制同样适用于制度变迁。制度变迁主要是受四种形式的报酬递增制约：

---

① 吴泓，顾朝林.基于共生理论的区域旅游竞合研究——以淮海经济区为例［J］.经济地理，2004（1）：104-109.

② 徐虹，李筱东，吴珊珊.基于共生理论的体育旅游开发及其利益协调机制研究［J］.旅游论坛，2008，2（5）：207-212.

③ 白凯，孙天宇.旅游景区形象共生互动关系研究——以西安曲江唐文化旅游区为例［J］.经济地理，2010，30（1）：162-166+176.

④ 黄细嘉，邹晓瑛.基于共生理论的城乡互动型红色旅游区的构建——以江西南昌地区为例［J］.江西社会科学，2010，279（2）：213-218.

⑤ 唐仲霞，马耀峰，刘梦琳等.基于政府共信的民族旅游社区多元主体共生研究［J］.地域研究与开发，2018，37（1）：114-119.

⑥ 王超，杨敏，郭娜.旅游村寨巩固拓展脱贫攻坚成果的共生系统研究——基于贵州省天龙屯堡的经验数据［J］.农村经济，2022，472（2）：17-24.

（1）制度重新建立时的建设成本；（2）与现存的制度框架和网络外部性以及制度矩阵有关的学习效应；（3）通过合约与其他组织和政治团体在互补活动中的协调效应；（4）以制度为基础增加的签约由于持久而减少了不确定性的适应性预期①。

路径依赖理论在多个研究领域得到了应用。在社会学研究领域，从认知和结构等微观层次方面对路径依赖的研究表明路径依赖不仅是技术的相互依赖，也是一个社会认知现象，路径依赖是围绕特定制度建立起来的行为惯例、社会联系及认知结构②③。在区域经济研究中，研究表明区域产业认同能够影响区域集群资源分配的流向④，区域产业集群成长过程中的"选择性注意"是导致区域陷入路径依赖和经济停滞的一个重要原因⑤。

在旅游发展的研究中，徐红罡（2005）认为文化遗产旅游发展受到了一系列的正反馈结构的控制，导致不可避免地会陷入商业化的路径，提出了文化遗产旅游商业化路径依赖的假说，建立遗产地旅游商业化发展的路径依赖模型（见图7-1）⑥，并对世界遗产地西递、宏村进行了实证分析，研究了古村落旅游地高度集中的旅游线路的演化过程，指出旅游线路的固化实质是一种路径依赖的结果⑦。

① 傅沂.路径依赖经济学分析框架的演变——从新制度经济学到演化经济学［J］.江苏社会科学，2008，238（3）：63–70.

② Page，Scott E. Path Dependence［J］. Quarterly Journal of Political Science. 2006，1（1）：87–115.

③ Raghu Garud，Michael A. Rappa，A Socio–Cognitive Model of Technology Evolution：The Case of Cochlear Implants［J］. Organization Science，1994，5（3）：344–362.

④ Romanelli E.，Khessina M. O. Regional Industrial Identity：Cluster Configurations and Economic Development［J］. Organization Science，2005，16（4）：344–358.

⑤ 贺灿飞.区域产业发展演化：路径依赖还是路径创造？［J］.地理研究，2018，37（7）：1253–1267.

⑥ 徐红罡.文化遗产旅游商业化的路径依赖理论模型［J］.旅游科学，2005（3）：74–78.

⑦ 徐红罡，吴悦芳，彭丽娟.古村落旅游地游线固化的路径依赖——世界遗产地西递、宏村实证分析［J］.地理研究，2010，29（7）：1324–1334.

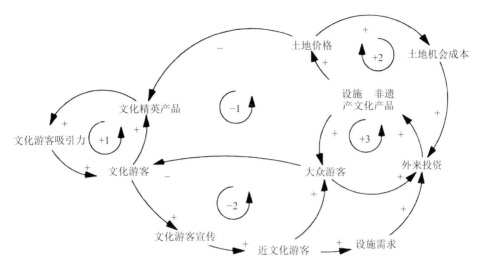

图 7-1 文化遗产地商业化的路径依赖结构（徐红罡，2005）

　　张骁鸣（2009）在参考了旅游地生命周期假说和路径依赖理论的基础上，提出"起点—动力"假说来解释一个特定的乡村为何会选择旅游发展道路，为何会长期延续旅游发展道路，并最终实现旅游主导的乡村变迁的现象，其中"起点"是由历史赋予和偶然事件所组成的发展初始状态；"动力"指自然环境、社会、经济、文化、政治等发展要素之间的复杂关联和相互作用[①]。

7.2 传统旅游目的地的发展路径

7.2.1 传统旅游目的地的发展路径

1. 传统旅游目的地的界定

"传统"是相对"现代""新兴"而言，传统旅游目的地一般指具有高品质的旅游资源、较长的旅游发展历史、较高的旅游知名度和较完善的旅游接待服务设施的旅游目的地。崔凤军（2002）认为 20 世纪 80 年代是中国传统旅游目的地与新兴旅游目的地的时间分界线，从这个时间起中国进入现代旅

---

　　① 张骁鸣，保继刚.旅游发展与乡村变迁："起点—动力"假说［J］.旅游学刊，2009，24（6）：19-24.

游业发展阶段，在此之后兴起的旅游目的地为新兴旅游目的地[①]。从中国旅游业的发展历史看北京、上海、广州、苏州、杭州、西安、桂林、昆明等城市是相对比较典型的传统旅游目的地，而三亚、张家界、丽江等旅游城市虽然旅游业也已经比较发达、旅游业对社会经济的带动作用也非常明显，但因发展历史相对较短，可被称为新兴旅游目的地的后起之秀。

2.传统旅游目的地的特点

（1）具有高品质的旅游资源。传统旅游目的地的发展多是旅游资源导向型的，高品质的旅游资源是传统旅游目的地发展的基石。如北京和西安的历史文化旅游资源、桂林的喀斯特地貌旅游资源、苏州的古典园林文化旅游资源等。

（2）具有较高的旅游知名度。在现代旅游业兴起之前，传统旅游目的地就凭借高品质的旅游资源吸引着文人墨客、达官贵人、士人商贾纷纷前来进行旅游活动，同时留下一些脍炙人口的文学作品、名人逸事和历史典故，丰富了旅游目的地的文化内涵，并通过口口相传总结成了传统旅游目的地的旅游形象，如"桂林山水甲天下""上有天堂，下有苏杭"等。

（3）具有较完整的旅游产业链。在长时间的旅游发展中，为满足旅游者的各种旅游需求，传统旅游目的地会建立起较完整的产业链，以满足旅游者在"吃、住、行、游、购、娱"等方面的基本需求，但也存在着业态传统、创新不足的问题[②③]。

（4）具有较强的旅游带动作用。旅游业具有较大的乘数效应，传统旅游目的地通过旅游产业链延伸，促进旅游产业与工业、农业等一、二产业的融

---

① 崔凤军.中国传统旅游目的地创新与发展［M］.北京：中国旅游出版社，2002.

② 颜邦英，李志刚.名家谈桂林旅游业发展——颜邦英先生访谈录［J］.中共桂林市委党校学报，2020，20（1）：26-30.

③ 唐飞鸿.转型升级是桂林旅游产业跨越发展的根本出路［C］//桂林市旅游局，桂林旅游学会.桂林旅游发展研究文集（2000—2010年）.北京大学出版社，2011：5.

合发展，发挥出强大的带动作用，成为旅游目的地的支柱产业[①]或主导产业[②]。

3. 传统旅游目的地的资源导向型发展路径

凭借高品质的旅游资源，传统旅游目的地在发展过程中一般选择资源导向的发展路径（见图 7-2）。

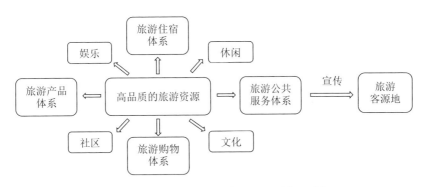

图 7-2 传统旅游目的地资源导向型发展路径

在这种发展路径中，旅游目的地首先通过开发高品质的旅游资源形成高等级的核心旅游景区，进而围绕高品质旅游资源、主要旅游交通线布局以及旅游目的地依托城市开发能够支撑发挥核心旅游景区的旅游吸引力、与核心旅游景区相互呼应、相互补充的旅游景区体系、旅游住宿体系、旅游购物体系等旅游产品体系和旅游服务体系，形成完整的旅游目的地接待体系。

在这种发展路径下，旅游目的地主要考虑的是"所（拥）有"，尽力依托"所（拥）有"开发成为各种类型的旅游产品，将旅游产品面向市场进行宣传，吸引游客。

如桂林作为传统旅游目的地，漓江是其核心的旅游资源，多年来围绕漓江，桂林市开发出众多的旅游景区，将桂林从单一的自然景观型的旅游目的地发展成以自然景观为主，历史文化和民族文化相互辉映，以观光、休闲度

---

① 谢洪忠，骆华松，黄楚兴等．云南旅游支柱产业软环境现状及建设［J］．经济问题探索，2002（2）：109-112.

② 秦立公．旅游成为桂林主导产业的战略思考与战术研究［J］．桂林旅游高等专科学校学报，2000（2）：34-36.

假为主的综合型旅游目的地（见表 7-1）。

表 7-1　桂林市漓江流域主要旅游景区

序号	名称	等级	评定时间（年）	类型
1	七星景区	4A	2001	自然景观
2	芦笛景区	4A	2001	自然景观
3	世外桃源旅游区	4A	2001	民族文化
4	冠岩景区	4A	2002	自然景观
5	愚自乐园艺术园	4A	2003	现代文化
6	两江四湖.象山景区	5A	2005	自然景观
7	古东瀑布景区	4A	2006	自然景观
8	漓江景区	5A	2007	自然景观
9	穿山景区	4A	2008	自然景观
10	图腾古道—聚龙潭景区	4A	2009	民族文化
11	尧山景区	4A	2009	自然景观
12	南溪山景区	4A	2010	自然景观
13	独秀峰—王城景区	5A	2012	历史文化
14	经典刘三姐大观园景区	4A	2012	地方文化
15	神龙水世界景区	3A	2012	自然景观
16	多耶古寨—蛇王李景区	3A	2012	自然景观
17	西山景区	4A	2013	自然景观
18	蝴蝶泉旅游景区	4A	2013	自然景观
19	旅苑景区	4A	2014	科技教育
20	阳朔西街景区	4A	2014	休闲街区
21	逍遥湖景区	4A	2014	自然景观
22	芦笛岩鸡血玉文化艺术中心景区	3A	2014	现代文化
23	崇华中医街	3A	2016	休闲康养
24	万福广场·休闲旅游城	3A	2017	休闲街区
25	在水一汸景区	4A	2018	自然景观

续表

序号	名称	等级	评定时间（年）	类型
26	侗情水庄景区	3A	2018	现代文化
27	红军长征湘江战役纪念园	4A	2019	红色文化
28	美国飞虎队遗址公园	3A	2019	历史文化
29	李宗仁故居	3A	2019	历史文化
30	瓦窑小镇景区	3A	2019	休闲街区
31	会仙喀斯特国家湿地公园景区	3A	2019	自然景观
32	漓水人家景区	4A	2020	地方文化
33	大圩古镇景区	4A	2020	历史文化
34	三千漓中国山水人文度假区	4A	2021	现代文化
35	诗画遇龙景区	4A	2021	自然景观
36	佑子湾景区	3A	2021	人文景观
37	桂林之花景区	3A	2021	人文景观
38	海之鑫洞藏酒文化馆	3A	2021	休闲文化
39	桂花公社景区	4A	2022	地方文化

4. 传统旅游目的地对周边地区的全域旅游发展的辐射作用

传统旅游目的地对周边地区全域旅游的发展辐射带动作用主要通过以下路径发挥。

一是旅游产品体系互补路径。受人文因素和自然因素的影响，传统旅游目的地一般仅拥有某一种或少数几种高品质的旅游资源，难以开发出能够满足游客多种旅游需求的旅游产品，旅游目的地周边地区可以凭借旅游资源的差异性，针对性地开发互补性的旅游产品，促进旅游目的地产品体系的完善。如桂林作为传统旅游目的地，依托喀斯特地貌旅游资源，开发出"三山两洞一条江"等喀斯特观光旅游产品。但其下辖的龙胜各族自治县则以多民族文化为基础，针对性地开发出以龙脊梯田为代表的民族文化旅游产品，形成与喀斯特观光旅游产品的互补，塑造出"百节之县"文化旅游品牌[①]。

---

① 龙胜充分挖掘民族文化打造"百节之县"文化旅游品牌［P］.桂林日报，2021-11-15（6）.

二是旅游生产要素协同路径。受自然资源和社会资源分布不均衡的影响，旅游目的地一般不具备旅游业发展所需的全部旅游生产要素，难以建立起完整的全产业链，在旅游目的地的发展过程中必须借助、引进其他地区的生产要素，才能建立起较完整的旅游产业链体系，从而服务旅游目的地的发展。如广西作为旅游资源大省，但旅游教育资源分布不均衡，主要集中在桂林，在广西建设旅游强省的过程中，北海、南宁等旅游目的地的建设则需要桂林旅游学院等桂林旅游教育单位所培养的高素质旅游人才的大力支持[①]。

7.2.2 旅游阴影区的突破路径

1. 旅游阴影区的界定

传统旅游目的地在辐射带动周边地区旅游发展的同时，也会带来"灯下黑"效应：某些地区虽然具有较高品质、特色鲜明的旅游资源，但难以突破传统旅游目的地的遮蔽、无法形成独立的旅游目的地，只能成为其"附庸"，形成"旅游阴影区"[②]。

旅游阴影区是旅游目的地之间的竞争关系在空间上的体现，在我国旅游目的地发展中长期存在。如：阳朔处在桂林的旅游阴影区，湖南的杨家界处在张家界的旅游阴影区，安徽的齐云山、九华山、天柱山都处在黄山的旅游阴影区内等。

王衍用（1993）对山东邹城（孟子故里）的旅游发展进行研究时首次在国内提出"旅游阴影区"的概念，指出邹城位于曲阜（孔子故里）这个热点旅游目的地的旅游阴影区之内，二者旅游资源类型相同、旅游产品和游览方式相近，而孟子作为"亚圣"，与"至圣先师"孔子相比较，大多数旅游者在游览了曲阜后往往不会再来邹城，邹城旅游的发展应另辟蹊径[③]。

---

① 单妮娜.旅游管理专业学生就业新思路——以桂林旅游学院为例［J］.四川省干部函授学院学报，2016，69（3）：84-87.

② 杨振之.旅游资源开发与规划［M］.成都：四川大学出版社，2002.

③ 王衍用.孟子故里旅游开发研究［J］.地理学与国土研究，1993（2）：50-52.

2.旅游阴影区的特点

（1）在旅游资源方面，旅游阴影区的旅游资源与热点旅游目的地的旅游资源在类型上相同或相近，但资源价值或品质上还存在一定差距。

（2）在开发历史方面，旅游阴影区的开发历史相较于热点旅游目的地而言要较短一些，在开发过程中所形成的旅游知名度和美誉度也相对逊色一些。

（3）在区位方面，与热点旅游目的地相比，旅游阴影区一般远离发达地区、区域中心城市或交通枢纽城市，并且缺乏与上述地区之间快捷的交通连接。

（4）在产业规模方面，虽然目的地政府也致力于发展旅游产业、并出台相关支持政策，但与热点旅游目的地相比，无论是生产要素、产业集群还是旅游经济效益都会相对落后一些。

3.旅游阴影区差异化发展路径

（1）旅游产品开发的差异化。旅游阴影区要与热点旅游的旅游产品形成差异，即使拥有相同类型的旅游资源，也要去开发差异化的旅游产品。如桂林和阳朔，同为喀斯特自然景观。在桂林传统旅游目的地的发展中，漓江作为桂林传统旅游目的地的核心旅游产品，以观光旅游为主，漓江上的游船则以载客量大的机械动力游船为主（见图7-3）。阳朔处在漓江的下游，是游客乘船游览漓江的登陆地，也是以喀斯特自然景观为主的旅游目的地，游客在乘船游览完漓江后很少再进行重复的观光旅游活动。为能够更好地吸引游客，阳朔充分发挥自身优势，利用喀斯特自然景观与农业生产场景、农村生活景观相结合的特点，在遇龙河上开发了竹筏旅游活动（见图7-4）[1]，并引导遇龙河沿线农户进行农家旅馆、民宿的开发[2]，形成了休闲度假系列旅游产品，成功地实现了与桂林观光旅游产品的差异化发展。

---

① 桂慧樵.竹筏混战遇龙河［N］.中国水运报，2004–12–13（T00）.

② 周有桂.游山水风光、赏田园美景、住农家旅馆、玩乡村雅趣、探溶洞奇观——阳朔县民居旅游发展情况的调查［J］.计划与市场探索，2002（2）：13–14.

图7-3　漓江游船

图7-4　遇龙河旅游竹筏

（2）旅游市场开发的差异化。旅游市场是旅游目的地发展首要争取的对象，在市场开发过程中，热点旅游目的地和旅游阴影区因各自使命不同，在旅游市场开发中所采取的策略也存在差异。热点旅游目的地在旅游市场开发中往往采取主动定位市场、主动开发市场的主导型策略，并为旅游市场的开发投入大量的人力、财力、物力等资源[①]。而旅游阴影区在旅游市场开发中则往往会采取跟随型的旅游市场开发策略[②]，并且在一定程度上存在"寄生"现象[③]，即旅游阴影区通过在热点旅游目的地进行促销的方式来分流其客源市场。

7.2.3 新兴旅游目的地的成长路径

1. 新兴旅游目的地的界定

"新兴"相对"传统"而言，新兴旅游目的地与传统旅游目的地相对应，一般指旅游发展历史较短（改革开放后），但发展劲头十足、特色鲜明、市场认可度高的地区，如三亚、张家界、丽江等城市。

三亚，中国最南部的热带滨海旅游城市，在中华人民共和国成立之初只是一个乡镇级的行政区。1984 年，设立三亚市（县级）；1987 年，升格为地级市；1992 年，设立三亚亚龙湾国家级旅游度假区，正式拉开了三亚市旅游

---

① 王力峰.桂林国际客源市场时空演替规律研究［J］.经济地理，2004（5）：688–691.

② 王光辉，柯涌晖，任婵娟.基于阴影区理论的泰宁旅游营销研究［J］.福建省社会主义学院学报，2012，92（5）：76–79.

③ 郭二艳.区域旅游中"寄生—共赢—多赢"模式研究［D］.山东大学，2007.

业发展的序幕，随着海南国际旅游岛的建设，三亚逐渐成长为中国旅游业的海洋旅游目的地的代表[①]。

张家界位于湖南西北部，是湖南省辖的地级市。中华人民共和国成立时，大庸县隶属于永顺专区管辖，后归湘西土家族苗族自治州管辖。1982 年 9 月，张家界国家森林公园成为中国第一个国家森林公园。1988 年，因旅游建市成立地级大庸市，并于 1994 年更名为张家界市[②]。

丽江位于云南省西北部，1949 年，设立丽江人民行政专员公署；1980 年，设立丽江地区行政公署；2002 年，撤地设市。1997 年，丽江古城被联合国教科文组织列入《世界遗产名录》，成为我国首个入选世界文化遗产的城区，促进了丽江旅游的发展。

2. 新兴旅游目的地的特点

（1）在旅游资源和旅游环境方面，新兴旅游目的地一般具有高体验价值的旅游环境和旅游资源，但这些旅游环境的旅游价值比传统的观光型旅游资源能够带来的旅游体验更丰富，不仅能够满足"眼睛"的视觉审美需要，更能够满足游客"发呆""修身养性"等复杂的身心体验需要。

（2）在开发历史方面，新兴旅游目的地的开发历史相对较短一些，但在国家政策的支持下和旅游目的地政府的主导下，新兴旅游目的地的成长速度很快，游客接待量、旅游效益等指标表现强劲。

（3）在区位方面，新兴旅游目的地在开发之初的区位条件一般比较偏僻，但随着旅游产业发展和当地社会经济的发展、高等级的交通基础设施的建设会极大改善新兴旅游目的地的区位条件，使新兴旅游目的地与客源市场之间建立起便捷的交通联系。

（4）在产业规模方面，在旅游目的地政府、当地企业和外来投资者的共同努力下，无论是生产要素、产业集群，还是旅游经济效益都在旅游目的地的社会经济中占有重要的一席之地，或成为"支柱产业"或成为"战略产业"。

---

① 三亚概览［EB/OL］. https://www.sanya.gov.cn//sanyasite/sygl/ttcontent.shtml.
② 张家界概况［EB/OL］. https://www.zjj.gov.cn/c5/20160420/i6011.html.

3. 新兴旅游目的地的成长路径

（1）创造良好的产业发展环境。为充分发挥旅游业的乘数效应，新兴旅游目的地往往采用政府主导型发展模式，政府通过编制产业发展规划，制定旅游产业发展政策，成立旅游产业发展平台公司整合优势旅游资源，加强旅游基础设施建设奠定旅游产业发展基础，大力进行旅游宣传促销，创造旅游发展良好环境，以此推动旅游产业的大力发展[1]。如地处湘西的张家界，距离长沙、武汉、重庆等周边主要省会城市的距离均在 300 公里以上，交通十分不便。1994 年，张家界荷花国际机场通航，2019 年，高铁站建成，极大地改善了张家界的区位条件[2]。

（2）开发高品质的旅游产品。新兴旅游目的地的发展既有资源导向型，也有市场导向型。高品质的、新颖的旅游产品是吸引旅游者、抢占传统旅游目的地旅游市场的基础。如三亚凭借高品质"3S"资源和得天独厚的热带气候环境，开发出亚龙湾、三亚湾、海棠湾等高品质的滨海度假旅游区，引入众多知名度假酒店品牌，成为国内度假旅游的首选旅游目的地[3]。

（3）打造独特的市场吸引力。与传统旅游目的地所形成的具有悠久历史的旅游形象相比，新兴旅游目的地只能通过投入大量资金、利用互联网、自媒体等营销渠道，通过大型事件、节庆会展、特殊产业等旅游发展方式提高市场知名度和吸引力。如张家界为充分展示石英砂岩地貌峰柱景观的雄伟和奇特，连续多年举办多种空中运动的比赛和展演，包括俄罗斯空军特技飞行表演[4]、全国跳伞锦标赛[5]等具有广泛影响力的比赛，更是成为翼装飞行世界锦标赛的固定举办地[6]。

---

① 邓琳琳. 新兴旅游目的地战略管理［D］. 电子科技大学，2011.

② 何颖怡. 张家界旅游产业生成空间时空格局演化与机制研究［D］. 吉首大学，2015.

③ 陈钢华，保继刚. 旅游度假区开发模式变迁的路径依赖及其生成机制——三亚亚龙湾案例［J］. 旅游学刊，2013，28（8）：58–68.

④ "俄罗斯勇士"特技飞行表演战机在湖南张家界试飞成功［EB/OL］. https://www.gov.cn/govweb/jrzg/2006–03/16/content_229047.html.

⑤ ［十一黄金周］三名女跳伞高手黄龙洞上演空中芭蕾［EB/OL］. https://www.zjj.gov.cn/c33/20181002/i423332.html.

⑥ 2019 天门山翼装飞行世锦赛收官［EB/OL］. https://www.zjj.gov.cn/c32/20190909/i503165.html.

（4）创新旅游业态。新兴旅游目的地在旅游业态创新上引领着旅游产业的发展[①]。如浙江省湖州市德清县，虽然辖区内的莫干山风景名胜区在1994年就被批准为国家级风景名胜区，并面向长三角广大的周边客源市场，但在杭州、黄山、太湖等周边传统旅游目的地的影响挤压下，德清旅游一直难有作为。2010年前后，以莫干山裸心谷为代表的山间民宿逐步形成规模并受到旅游市场的欢迎，开创了德清旅游发展的新阶段[②]。

7.3 旅游产业融合共建路径

旅游产业是开放型的产业，其发展需要各行各业的相互支持，其根源在于三个方面：第一，旅游资源与其他资源具有高度的重合性。如森林资源，能够作为林业资源发挥用材、生态环保等作用的同时，也能够作为旅游资源供人们开展游憩活动；第二，旅游产业发展过程中，一般不会造成旅游资源实体的损耗，如森林旅游并不会导致林木的砍伐；第三，服务旅游者的旅游设施同样可以服务其他消费活动，如宾馆、交通运输、餐馆等。

7.3.1 旅游资源拓展

旅游资源是旅游产业与其他产业融合共建的必要物质媒介。融合共建最初只是一个地区的某种自然资源、文化资源在旅游者自发的旅游需求下表现出旅游资源的特质，进而赋予这种资源旅游资源的属性。如龙胜龙脊大寨村民所言："村子在龙脊梯田的半山腰上，我们村的梯田是龙脊梯田景区中规模最大、面积最多、保护最好的，村子的位置又是观赏梯田最好的地方，自然就吸引了大量的游客来到我们村子进行旅游"；龙脊平安村的村民说："梯田是我们世代相传的耕种方式，游客喜欢看，又不影响我们种田，还能让我们增加收入"。

---

① 颜邦英，李志刚.名家谈桂林旅游业发展——颜邦英先生访谈录［J］.中共桂林市委党校学报，2020，20（1）：26-30.

② 周均亮，严力蛟.休闲旅游背景下德清县民宿发展策略研究［J］.浙江农业科学，2021，62（7）：1455-1460.

7.3.2 需求推动创新

当某一资源表现出旅游资源的特质，对旅游者产生吸引力后，在旅游需求的推动下，旅游供给者就会通过创新产业融合环境、打破产业边界，引导这一资源用于旅游产业发展，进而推动相关要素的流动性，打破产业融合边界，释放出旅游与相关产业融合的内生动力。如龙脊黄洛瑶寨的村民说："随着游客的增多，我们改变了以农业为主的生活习惯，借助我们当地的长发习俗、红衣服饰习俗开发了一台演出，吸引游客，让游客能够在我们村停留更久一些。"

7.3.3 产业要素整合

在旅游资源的融合之外，旅游产业的融合共建还需要多种要素的共同支撑，主要包括人、财、物、技术等产业要素。在人力资源方面，需要培养能够在旅游及相关产业具有复合型能力的旅游从业人员，如阳朔《印象·刘三姐》实景演出中的群众演员，大部分是由阳朔本地的渔民、农民利用农闲时间来承担的[①]。在资金方面，通过调动整合各种资金共同支持旅游产业发展，既包括各种政府直接投入的专项资金、财政资金[②]，也包括通过制定产业发展政策所激发的各种社会资金[③]。在物的方面，各种基础设施和公共服务设施建设应在使用中充分考虑服务旅游业、服务旅游者的多用途属性，如利用各种大型公共服务设施、公共交通枢纽建设旅游集散中心[④]，各种商业设施公共厕所面向旅游者免费开放[⑤]等。在技术方面，尤其是信息技术革命的不断发展，应加强5G、移动互联网、AR、VR、MR、元宇宙等技术在旅游行业中的集成应用，促进旅游业态的创新发展、提升旅游业的经济效益[⑥]。

① 冼奕.田家河村在《印象·刘三姐》中的文化转型［D］.中南民族大学，2009.

② 王云倩.红原县财政支持文化旅游产业的案例研究［D］.电子科技大学，2022.

③ 陈永华.金融支持全域旅游发展的模式探索与启示：基于南京江宁的融资实践［J］.开发性金融研究，2022，43（3）：61-69.

④ 伍海琳，彭蝶飞.城市旅游集散中心构建与布局研究——以长沙为例［J］.经济地理，2011，31（7）：1219-1225.

⑤ 申军波，石培华."厕所革命"的中国治理：成效、经验与反思［J］.领导科学，2021，787（2）：41-43.

⑥ 于婷婷，左冰.信息化对旅游经济效率的影响及其作用机制研究［J］.地理科学，2022，42（10）：1717-1726.

7.4 旅游成果共享路径

各种利益主体的协同共建，促进了全域旅游的发展。而旅游发展成果通过多种分配方式实现全体参与者和相关者之间的共享则是实现全域旅游可持续发展的基础。

7.4.1 初次分配

初次分配是直接与生产要素相联系的分配，即在生产单位内部根据生产活动所需要的劳动力、资本、土地和技术等生产要素，将企业生产收入在各要素提供者之间进行的分配。初次分配以注重效率为目标，注重多劳多得、多投入多得。

全域旅游的发展在全社会的共同参与下形成了多种利益相关者共同参与的初次分配格局（见图 7-5）。

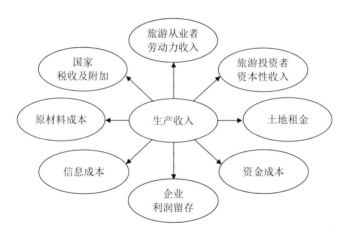

图 7-5　全域旅游发展初次分配图

对旅游从业者而言，在初次分配中会获得劳动力报酬，包括按时计酬或者按件计酬的工资性收入、超额完成既定工作任务后的奖励性收入等；对其他生产要素投入者而言，在初次分配中会获得其提供生产要素的报酬，如原材料的提供者获得原材料的报酬（包含原材料成本及其利润）、资金的借贷者

149

获得利息、土地使用权的提供者获得土地租金等；对投资者而言，在初次分配中会获得因不同的投资方式获得的资本性收入；对企业而言，在初次分配中会获得利润并留存用于企业的再生产。

如 2021 年，龙胜黄洛瑶寨总收入为 40.4631 万元，并向旅游生产过程中各种活动的参与者、各种生产资料的提供者进行了初次分配。

龙脊梯田景区在发展过程中，深入推进全域旅游，探索出了"多元投入、农旅融合、政企融合"的特色发展路径，既促进了旅游产业的发展，又拓宽了农民的收入来源。2022 年年初，龙脊梯田景区给村民分红 746.8 万元，景区内的 1000 多户农民通过保护梯田景观、以梯田景观投入旅游发展的方式获得了回报，其中大寨村分红达 430 多万元，潘应芳一家分红 3.2 万元，为全村最高的农户[①]。

7.4.2 再次分配

再次分配一般指财政分配，即国家为实现其社会经济发展目标，按照兼顾公平和效率的原则，同时侧重公平的原则，通过减免税收、奖励、补贴等转移支付措施以及社会保障支出等收支方式所进行的再分配。

如在税收方面，《广西壮族自治区人民政府办公厅关于支持崇左市建设国际边关风情旅游目的地的意见》（桂政办发〔2022〕82 号）提出"依法落实针对文化和旅游企业的税收优惠政策，对在崇左市投资文化和旅游项目的中小微企业及个体工商户给予补贴支持"[②]。《中共贵州省委 贵州省人民政府关于推动旅游业高质量发展加快旅游产业化 建设多彩贵州旅游强省的意见》提出"对符合条件的文旅企业，落实好游览、交通、餐饮、住宿、购物、文娱等环节增值税、所得税等优惠政策"[③]。云南省税务部门精准落实税收优惠政策，推

---

① 龙胜："一田生五金"助力乡村振兴［EB/OL］. http://www.glls.gov.cn/zwgk/gdzdgk/zdly/shgysy/tpgj/fpcx/202212/t20221209_2418989.html.

② 广西壮族自治区人民政府办公厅关于支持崇左市建设国际边关风情旅游目的地的意见［EB/OL］. https://www.gxzf.gov.cn/html/zfwj/zxwj/t14174363.html.

③ 中共贵州省委 贵州省人民政府关于推动旅游业高质量发展加快旅游产业化 建设多彩贵州旅游强省的意见［EB/OL］. https://www.gxzf.gov.cn/html/zfwj/zxwj/t14174363.html.

动云南全域旅游业高质量发展，将住宿和餐饮业，文化、体育和娱乐业等与旅游行业纳入增值税留抵退税新政范围[①]。四川省2023年大力推动新冠疫情乙类乙管后的旅游业恢复，针对性地制定了旅游业等相关行业纳税人免征2023年上半年房产税和城镇土地使用税的政策[②]。

7.5 小结

本章从共生理论和路径依赖理论出发探讨了全域旅游促进民族地区平衡充分发展路径。分别对传统旅游目的地资源导向型发展路径、旅游阴影区差异化发展路径和新兴旅游目的地新业态路径进行了剖析。通过分析旅游资源的内涵和外延的拓展、旅游需求的变化以及旅游产业要素的整合构建了融合共建路径。最后，按照国民经济分配的规律厘清了利益相关者关系和成果共享路径。

---

① 国家税务总局云南省税务局进一步加大政策落实和税务服务力度全力支持云南经济社会发展的若干措施［EB/OL］. https://yunnan.chinatax.gov.cn/art/2022/4/1/art_7757_7803.html.

② 关于《国家税务总局四川省税务局四川省财政厅关于落实交通运输等五个行业纳税人免征2023 年上半年房产税城镇土地使用税的公告》的解读［EB/OL］. https://sichuan.chinatax.gov.cn/art/2023/4/24/art_6525_888418.html.

第8章
全域旅游促进西南民族地区平衡充分发展机制

8.1 基本概念与相关理论

8.1.1 基本概念

1. 机制

机制，原指机器的构造和动作原理，后被其他学科广泛借鉴，引申指事物或组织本身及各组成部分的结构、功能和它内在的活动方式，包括事物各有关组成部分之间的相互联系和制约关系[①]。事物各个部分的存在是机制存在的前提和基础，机制是把事物的各个部分相互组织起来，使其能够发挥作用并使各部分之间相互协调，保障整体功能有效实现的作用方式。在社会经济领域中，任何组织，只要其结构稳定，使命、职责明确，必然需要产生与这个组织的运作相适应的机制。

在社会经济发展中，机制一词包括的内容极为广泛，它囊括了社会经济

---

① 效民.什么是"机制""经济机制"和"价格机制"[J].价格理论与实践, 1986（5）：43.

发展的各个方面。从宏观层面看，其包括了生产、流通、消费的内在结构和相互联系、相互制约的关系，如所有制中的公有制和私有制之间的关系，包括调控社会经济发展的活动的各种手段和杠杆，如计划、市场、价格、税收、金融等；从微观方面来说，它包括了企业生产经营活动中涉及的人、财、物的责、权、利划分等，以及利润分配、激励机制等方面的联系和制约；在经济管理体制方面，机制还包括了中央和地方、各地方之间的经济关系和经济协调的方式。上述种种方面形成了整个社会经济发展的机制。

2. 利益相关者

弗里曼（Freeman）的经典著作《战略管理：利益相关者方法》（1984）奠定了利益相关者管理理论的基石。弗里曼认为，利益相关者是指"能够影响一个组织目标的实现，或者受到一个组织实现其目标过程影响的所有个体和群体"。

米切尔（Mitchell）从合法性、权力性和迫切性三个衡量角度出发，将利益相关者划分为 3 个层面、7 种类型。其中，第一个层面是合法性，是指某一群体是否在道义、法律或其他特定的层面被赋予了对企业的索取权；第二个层面是权力性，是指某一群体是否拥有影响企业决策的能力和地位，以及必要时采取有效的措施；第三个层面是迫切性，是指企业高层是否能第一时间关注到某一特定群体的要求。若这三大属性均拥有则是确定型利益相关者，若只拥有两项则是关键、从属和危险利益相关者，若只拥有一种则是蛰伏、或有和要求利益相关者（见图 8-1）。

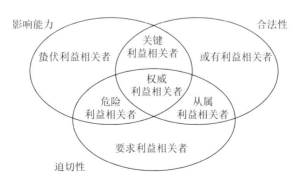

图 8-1　利益相关者分类（Mitchell，1997）

早期关于利益相关者的研究重点关注企业角度，主要包括企业的社会责任[1]，投资者权益[2]等，随着理论研究的不断深入，研究者逐步将利益相关者理论应用在社会管理[3][4]、社区治理[5]、旅游发展[6]等研究领域。

8.1.2 相关理论

1. 机制理论

经济学家和管理学家一直十分重视机制问题，美国明尼苏达大学，新泽西普林斯顿高等研究院和芝加哥大学众多教授在该领域成就卓著，2007年，来自美国的著名经济学家利奥·赫尔维茨（Leonid Hurwicz）教授、埃瑞克·马斯金（Eric S. Maskin）教授和罗格·迈尔森（Roger B. Myerson）教授因其在"机制设计理论（Mechanism Design Theory）领域奠定的基础"[7]，被授予诺贝尔经济学奖。

20世纪20~30年代，在西方经济学知名学者间爆发了一场举世闻名的大论战，随着论战的不断深化，学者们开始思考什么样的机制才是好的社会经济运行机制？当一个国家或地区在发展经济的过程中，如何在多种经济制度中选择适合自己国情的制度，选择的依据和判断的标准分别是什么？

市场机制的经典论述认为，在理想状况下，市场作为看不见的手，在资源配置中起关键性作用。但现实经济运行环境错综复杂，信息不对称，竞争不充分，贸易壁垒等都会导致市场的失灵，市场机制难以自动实现资源的高效配置。既然市场机制并不是完美无瑕的，那么是否存在其他机制能够保证既定社会目标的达成？经济学家们进行了无穷的探索，试图找到更低成本达

---

① 刘俊海.公司的社会责任［M］.北京：法律出版社，1999.

② Mitchell A，Wood D. Toward a theory of stakeholder identification and salience：Defining the principle of whom and what really counts.Academy of management Review［J］.1997，22（4）：853–886.

③ 蔡小慎，牟春雪.基于利益相关者理论的地方政府行政审批制度改革路径分析［J］.经济体制改革，2015（4）：5–12.

④ 谭术魁，涂姗.征地冲突中利益相关者的博弈分析——以地方政府与失地农民为例［J］.中国土地科学，2009，23（11）：27–31+37.

⑤ 陈伟东，李雪萍.社区治理主体：利益相关者［J］.当代世界与社会主义，2004（2）：71–73.

⑥ 宋瑞.我国生态旅游利益相关者分析［J］.中国人口·资源与环境，2005（1）：39–44.

⑦ 陈安，武艳南.浅议管理机制设计理论：目标与构成［J］.科技促进发展，2011（7）：64–67.

到既定目标的经济运行机制，通过学界的不懈努力，基本形成了评价经济运行机制好坏的标准，主要有三个：一是资源的有效配置，依托帕累托最优标准；二是有效利用信息，要求机制运行中信息成本尽可能最低；三是激励相容，要求集体和个人理性保持高度一致。

机制设计理论通过机制的合理优化提高了资源配置的效益，该理论能帮助大家判断市场运行是否良性，进一步帮助经济学家判断交易机制是否有效，管制方案是否合理，投票过程是否有效。

2. 协同理论

协同理论是 20 世纪 70 年代后由德国斯图加特大学教授创立的。协同理论作为系统科学的重要分支，借助多学科研究基础，逐步发展起来成为一门新兴学科。协同理论以系统论、信息论、控制论等现代管理科学的最新成果为基础，吸收了结构耗散理论的知识，重点关注与远离平衡态相关的开放系统，该理论主要研究物质、信息和能量在与外界充分交换前提下，内部如何相互协同，以确保在功能、空间和时间上形成有序的结构。

随着社会的发展，社会事务越来越纷繁复杂，政府在社会治理中的行动成本在逐步增加，同时，治理的效能不升反降，且难以调动公民个人和企业等经济组织的积极性，难以有效激发他们的创新热情。社会改革创新的需求不断增加，协同理论在此背景下产生。协同理论出现以来，就被作为工具用来进行企业管理和社会治理，其能够提升综合治理能力的关键在于侧重于提高利益相关者相互协同能力，理顺政府管理部门，企事业单位以及个人等相关者的关系，使之各司其职，各尽其能。

协同理论的主要内容可以概括为三个方面。

第一个方面为伺服原理，用来描述系统的自组织过程，系统内部通常会出现稳定因素和不稳定因素的相互作用，作用的过程中系统快变量往往会服从慢变量。

序参量是指几个集体变量，是在接近不稳定点的时候决定系统动力学及其凸显结构的关键变量，序参量支配或规定了系统其他变量的行为。系统处于临界点的时候，缓慢增长的组态会带着快速衰减的组态。被誉为协同学鼻祖的哈肯指出，系统演化的整个过程由参变量主宰，整个系统或全局以"雪崩"之势被参变量席卷。

第二个方面是协同效应。协同效应指子系统之间相互作用后显现出的整体效应，此处的子系统通常是指多个系统组成的复杂系统，协同效应也被认为是协同作用后呈现的结果。协同作用的产生有可能是复杂系统物质的聚集态达到某种临界值，也有可能是由于受到了外来信息或能量作用。协同效应是由系统在临界点时在协同作用下发生质变而产生的效应，协同效应能产生某种稳定结构，能使系统从无序调整到有序状态。系统自组织现象可以通过协同效用来解释，协同作用在千差万别的社会系统或自然系统都普遍存在着。

第三个方面是自组织原理。自组织是指内部子系统之间的自我组织形式，通常没有外来指令的影响，具有自生性和内在性的特点，会按照设定好的规则自动产生稳定的功能或结构。自组织原理通常用于解释子系统之间的协同作用，以及协同作用后形成新的功能、时间或空间的有序结构。

3. 利益相关者理论

发展全域旅游意味着以旅游业为特色优势产业带动区域各个行业的发展，实现将旅游产业发展与区域内社会经济的各项事业统筹协调发展，其中涉及的区域内外的利益相关者众多。如何推动全域旅游从发展理念转化为生产实践，必然需要处理好利益相关者之间纷繁复杂、多种多样的利益关系，引导、推动各个利益相关者积极投入全域旅游发展中并能够通力合作。但受区域内自然资源、社会资源以及经济资源的有限性的制约以及各利益相关者内在的"个体利益最大化"的驱动，不同的利益相关者的出发点不同、立场不同、目标不同，在全域旅游发展中容易引发利益相关者之间的矛盾，甚至有可能产生冲突性的利益诉求，进而导致利益相关者以忽视甚至牺牲其他利益相关者或区域社会经济发展的整体利益来实现个体的目标，从而影响全域旅游的发展。

全域旅游发展中的利益相关者包括所有能够对全域旅游发展产生影响，

以及受全域旅游发展影响的任何组织或个人。旅游业所具有的综合性和复合性在全域旅游发展中得到进一步的提升，因而推动全域旅游的发展需要更进一步地整合区域内自然、经济、社会等各项资源，通过旅游产业作为先导产业、主导产业而推动或带动其他相关产业的协调发展。为进一步厘清全域旅游发展中各种利益相关者之间的关系，探讨全域旅游发展中各利益相关工作之间的关系，本章在前期研究的基础上[①]，重点对旅游目的地的全域旅游利益相关者进行分析，构建起以旅游企业为纽带，由政府、旅游相关企业、旅游从业者、社区居民共同组成的利益相关者关系网络。

在全域旅游的发展中，各方在其中扮演着不同的角色，其中，旅游目的地政府是全域旅游发展的决策者和引导者，负责明确旅游目的地旅游产业发展理念、编制全域旅游发展的规划和蓝图，构建清晰的全域旅游发展思路，明确全域旅游发展的生产实践活动的路径、产业发展政策和保障体系，调动全员参与全域旅游产业的积极性。旅游企业则是全域旅游发展的实践者，负责提供丰富多彩的旅游产品，实现数量充足、种类多样的旅游供给，使不同旅游人群的个性化的旅游需求都能被满足。旅游企业从业人员是为游客提供旅游面对面服务的第一责任人，直接影响着旅游者的全域旅游体验，是影响全域旅游满意度的首要因素。非旅游企业则通过上下游产业链，提供完善的产业保障，服务旅游企业的生产活动。旅游目的地的社区居民作为旅游活动中最广大的人口存在，其特色鲜明的社区文化和社区环境、良好的社会文化素质、热情好客的精神既是吸引游客前来旅游的重要资源，也是全域旅游发展与其他产业发展、与人民群众的生活发展能够共生的重要支撑要素。

在上述各方面的共同影响下，通过旅游目的地的旅游宣传促销，旅游目的地的全域旅游发展能够对旅游者、旅游投资者和旅游经营者产生巨大的吸引力，通过旅游者流动、旅游资金流动、旅游产业要素流动，将旅游目的地与客源地等外部区域联通起来，在吸引游客前来旅游的同时，旅游投资也源

---

① 高元衡.阳朔乡村旅游发展中各方利益分配问题研究［J］.桂林旅游高等专科学校学报，2004（6）：58-62.

源不断被引进，实现共建旅游目的地旅游产业，并通过旅游级相关产业链带动其他区域和其他产业的进一步发展，最终实现全域旅游发展利益的最大化。

作为一种政府主导型的产业[1][2]，为促进旅游目的地全域旅游的发展，旅游目的地政府应通过构建有利于全域旅游共建、共生、共享的机制，推动旅游产业成为旅游目的地主导产业、支柱产业，推动旅游目的地社会经济的全面发展。

8.2 全域旅游促进地区平衡充分发展的政策机制

政策也是一种社会生产力[3]，无论是物质生产力的发展，还是精神生产力的发展，都离不开社会政策、经济政策等各种宏观政策和微观政策的调整和规范。各种政策相互协调、相互补充，形成有机的政策体系，共同调整和规范社会政治、经济和文化等各领域的内在关系，更好地促进社会的全面发展。全域旅游的发展同样需要各种政策的相互支持。

政府是推动旅游目的地全域旅游发展的首要责任人。各级政府根据旅游目的地的具体情况和实际需要，为全域旅游的发展提供政策支持和机制保障，通过制定方针、政策从宏观上把握旅游业发展的方向。各级政府需制定旅游目的地全域旅游发展规划，明晰全域旅游发展思路，确保与区域经济和社会发展的总体方向、目标相一致。各级政府还需在市场机制失灵的情况下，做好市场的必要补充，对公共产品、基础设施、公共服务体系、公益性旅游服务进行直接投资建设。此外，各级政府还需监督各地全域旅游发展规划的执行情况，协调各利益相关者之间的关系，维护旅游发展秩序，引导全域旅游可持续发展。在不同的层面上，政策的侧重点不同，国家层面更重视机制和法律法规的建设，省市层面更重视上述机制和法律法规的有效落地以及具体

---

① 王炳武.政府主导 重点带动 加快发展——山西旅游业发展面临的主要问题与对策 [J].旅游学刊，1998（6）：18–20+58.

② 阚如良，詹丽，梅雪.论政府主导与旅游公共服务 [J].管理世界，2012（4）：171–172.

③ 江明生.政策：一种社会生产力 [J].生产力研究，2009（3）：63–65+189.

的措施和项目的设计和建设。

8.2.1 国家层面的政策

2018 年，国务院办公厅印发的《关于促进全域旅游发展的指导意见》（以下简称《意见》）[①] 指出，旅游是发展经济、增加就业和满足人民日益增长的美好生活需要的有效手段，旅游业是提高人民生活水平的重要产业。发展全域旅游，将一定区域作为完整旅游目的地，以旅游业为优势产业，统一规划布局、优化公共服务、推进产业融合、加强综合管理、实施系统营销，有利于不断提升旅游业现代化、集约化、品质化、国际化水平，可以更好满足旅游消费需求。《意见》根据全国各地全域旅游发展的状况，提出了加快旅游供给侧结构性改革，着力推动旅游业从门票经济向产业经济转变，从封闭的旅游自循环向开放的"旅游+"转变，从企业单打独享向社会共建共享转变，从景区内部管理向全面依法治理转变，从部门行为向政府统筹推进转变，从单一景点景区建设向综合目的地服务转变。

《意见》提出要创新体制机制，完善治理体系。主要包括：（1）推进旅游管理体制改革：加强旅游业发展统筹协调和部门联动、发挥旅游行业协会自律作用、完善旅游监管服务平台、健全旅游诚信体系；（2）加强旅游综合执法：建立健全旅游部门与相关部门联合执法机制，加强旅游执法领域行政执法与刑事执法衔接，促进旅游部门与有关监管部门协调配合，形成工作合力；（3）创新旅游协调参与机制：建立健全旅游联席会议、旅游投融资、旅游标准化建设和考核激励等工作机制；（4）加强旅游投诉举报处理：建立统一受理旅游投诉举报机制，积极运用多种手段，形成线上线下联动、高效便捷畅通的旅游投诉举报受理、处理、反馈机制；（5）推进文明旅游：加强文明旅游宣传引导，全面推行文明旅游公约，建立旅游不文明行为记录制度和部门间信息通报机制。

---

① 国务院办公厅关于促进全域旅游发展的指导意见［EB/OL］. https://www.gov.cn/zhengce/content/2018–03/22/content_5276447.html.

8.2.2 各地方的政策

在国务院出台《意见》后，各省市纷纷出台了各自的相关政策和措施落实《意见》。形成了国家进行顶层设计、省级进行统筹规划、市县合力落实、各部门配合、各界参与的一体化工作机制。同时，各省市在工作机制、投融资体系、用地政策、人才培训、监督考核等方面制定了一系列政策措施，全力推进全域旅游工作[①②]。主要内容包括以下几方面。

1. 构建全域旅游组织体系

各省市提出要全面形成政府主导、部门配合、群众参与的工作机制，将推进全域旅游发展作为重要战略工程，将创建工作纳入考核体系，明确责任分工，协同推进。各级旅游部门要切实加强对创建工作的统筹协调和督促指导，负责开展全域旅游的调查研究、分类指导和评估考核工作，及时地了解并发现创建过程中的重大问题，督促检查规划和有关政策的实施，主动联合相关部门务实推进创建工作。

2. 完善全域旅游投融资体系

推动成立全域旅游发展基金，鼓励国有企业、知名民营旅游企业及个体工商业者等多种经济主体参与旅游地建设，促进投资多元化，扩大旅游产业发展投融资渠道，引导更多社会资本投资全域旅游建设。同时，鼓励运用政府和社会资本合作（PPP）模式投资、建设、运营旅游项目，改善旅游公共服务供给。建立目录引导、项目公示、资金共享机制，统筹整合财政资金，推动发改、建设、林业、水利、农业等部门对重点项目予以扶持。支持旅游企业或项目业主单位积极申请中央财政旅游发展等专项资金。

3. 做好用地保障

将旅游发展所需用地纳入土地利用总体规划、城乡规划统筹安排，年度

---

① 广东省人民政府办公厅关于印发广东省促进全域旅游发展实施方案的通知［EB/OL］. https://www.gd.gov.cn/zwgk/gongbao/2018/22/content_post_3365994.html?jump=false.

② 云南省人民政府办公厅关于促进全域旅游发展的实施意见［EB/OL］. https://www.yn.gov.cn/zwgk/zcwj/yzfb/201911/t20191101_184068.html.

土地利用计划适当向旅游领域倾斜，适度扩大旅游产业用地供给，优先保障旅游重点项目和乡村旅游扶贫项目用地。鼓励通过开展城乡建设用地增减挂钩和工矿废弃地复垦利用试点的方式建设旅游项目。农村集体经济组织可依法使用建设用地自办或以土地使用权入股、联营等方式开办旅游企业。在不改变用地主体、规划条件的前提下，允许市场主体利用旧厂房、仓库提供符合全域旅游发展需要的旅游休闲服务。

4. 加强人才培训

完善旅游、会展、酒店、服务、互联网等专项人才培养政策，精准引进高层次人才，落实高端人才奖励政策。加强旅游相关从业者培训，重点培训具有国际化视野，掌握先进技术，具备管理能力的复合型旅游人才。鼓励涉旅企业加大引进具有国际化经验，与国际接轨的核心人才或管理团队，加大导游群体权益保障力度，提升整体从业人员能力素质水准。

5. 强化监督考核

创新旅游数据征集、分析体系。探索建立适应全域旅游特点的旅游服务质量评价体系、产业发展评价体系、综合效益评价体系，充分利用大数据，与旅游电商企业合作，建立现代旅游的科学评价机制，引进第三方评估。充分发挥媒体的监督作用，通过对游客满意度调查、居民满意度调查等方式，增强社会监督。建立全域旅游发展的目标责任制，将全域旅游示范区创建工作纳入市区各部门效能目标考核体系和下一级政府的考核体系。

8.3 全域旅游促进地区平衡充分发展的投资机制

旅游业是市场程度较高的消费型产业[1][2]，旅游产业的发展主要依靠投资的驱动，且对其依赖程度日益增加。同时，旅游业存在着投资主体类型多、建设内容复杂多样、投资涉及面广，部分投资量大、投资回收期长等特点。在国内外相关研究中，受旅游产业发展的历史阶段和特点的差异的影响，国外

---

① 郝索. 论我国旅游产业的市场化发展与政府行为［J］. 旅游学刊，2001（2）：19-22.
② 颜邦英. 国内旅游市场化［J］. 旅游学刊，1993（5）：18-20.

研究侧重于对投资及旅游投资作用分析；国内多侧重于研究旅游投资的机制构建、主体差异、环境约束和对策建议。学者会从旅游基础设施和公共服务设施建设、旅游资源开发以及旅游项目建设等不同的角度进行分析。

8.3.1 在旅游基础设施和旅游公共服务设施建设方面

机场[①]、景区专线道路[②]、游客集散中心[③]等这些大型旅游基础设施项目的投资量大、投资回收期长，而且存在明显的外部性[④]。然而，这些设施的建设不仅仅能够促进全域旅游的发展，还能够为旅游目的地相关行业和相关产业，以及居民生产生活创造高效便捷舒适的环境。于是便诞生了多元化的，以国有投资平台和国有企业为主的，以旅游资源、旅游基础设施的使用权或经营权为投资条件的旅游投资机制。各地纷纷成立国有旅游投融资平台或国有旅游企业，并将地方代表性旅游资源的经营权无偿划拨至这些国有企业，由这些国有企业代表政府行使出资人的权力，如广西旅游发展集团。

8.3.2 在旅游资源投资的产权机制方面

在我国，旅游资源归国家所有，旅游目的地在进行旅游资源开发的招商引资时，多数会将高品质、高等级、具有较高旅游吸引力和市场开发前景的旅游资源的经营权进行转让。但受国家相关法律法规的约束，如《风景名胜区条例》第三十七条规定"进入风景名胜区的门票，由风景名胜区管理机构负责出售。门票价格依照有关价格的法律法规的规定执行。风景名胜区内的交通、服务等项目，应当由风景名胜区管理机构依照有关法律法规和风景名胜区规划，采用招标等公平竞争的方式确定经营者[⑤]。"这导致旅游目的地政府无法将这些高品质的旅游资源的经营权进行出让，只能将风景名胜区内的交通、服务等项目的经营权进行出让，如索道、游船等项目，但《国家级风

---

① 刘超逸.BH 通用航空旅游公司战略管理研究［D］.大连理工大学，2021.

② 刘焱.用心铺就民族和谐幸福路——广西交通投资集团百色高速公路运营有限公司倾力打造"致富路""旅游路""贴心路"纪实［J］.西部交通科技，2014（10）：18–20.

③ 王健.黄山游客集散中心：政府支持最关键［J］.商用汽车新闻，2010（27）：5.

④ 时淑会.国内旅游专线公路的外部性分析［J］.中国市场，2011（41）：113–114.

⑤ 《风景名胜区条例》［EB/OL］.https://www.mnr.gov.cn/zt/zh/gtkjgh/zcfg/flxzfg/202201t20220110_2717100.html.

景名胜区规划编制审批办法》第十三条又规定："编制国家级风景名胜区规划，不得在核心景区内安排下列项目、设施或者建筑物：如索道、缆车、铁路、水库、高等级公路等重大建设工程项目。"①而核心区作为风景名胜区价值最高的区域，对旅游者具有最大的吸引力，最能够满足旅游者的旅游需求，而相关法律法规和文件的规定则从保护的角度出发，更注重风景名胜区的可持续利用。在当前和长远之间，投资者更关注当下的经济利益，如何满足旅游者的旅游需求、协调投资者追求经济利益的本能与法律法规之间的关系，成为旅游目的地政府面对的难题。

旅游投资机制还涉及旅游资源的价值评估机制。当前我国正在逐步建立土地资源②、林业资源③、水资源④和矿产资源⑤的价值评估机制，资源价值评估的结果将成为企业融资的前提和基础。一种资源若能够被用于旅游开发，满足旅游者的旅游需求，说明这种资源作为旅游资源是具有使用价值的，但受旅游资源多样性的影响，一直没有建立起能够广泛适用的旅游资源价值评估机制，给旅游企业的融资带来一定的困难，导致旅游企业融资只能依靠土地等资产和旅游收益权评估的结果进行信贷融资⑥。但在旅游投资中，土地等资产可用于信贷融资的总量规模较小，而目前我国已出台的一些法律法规没有对将旅游收益权用于信贷融资做出明确准许规定，但亦没有禁止性规定，这实际上为旅游收益权信贷融资提供了探索和创新的空间，在现有法律制度下，制定相关的管理办法的评价体系，将旅游收益权的价值评估进行规范，可从机制上保证旅游收益权健康发展。

———————

① 《国家级风景名胜区规划编制审批办法》[EB/OL]. https://www.gov.cn/gongbao/content/2015/content_2978261.html.

② 王文. 土地开发程度设定及评估方法应用研究 [J]. 中国土地科学，2012，26（12）：81-84.

③ 张湘宜，王丹. 林业资源价值评估方法分析及应用 [J]. 江西农业，2018（18）：98.

④ 蒋凡，田治威，冯昌信."水银行"交易模式下的水资源交易价值评估 [J]. 人民黄河，2022，44（8）：81-86.

⑤ 叶昊臻，郑慧娟. 中外矿产资源评估准则比较及启示 [J]. 中国资产评估，2022（4）：68-72.

⑥ 中国人民银行井冈山市支行课题组，张盛鸽，李湘坚，谢建功，阮芳光. 井冈山旅游门票收益权质押贷款的有益尝试 [J]. 武汉金融，2008（7）：43-44+54.2.

在旅游投资方面，特许经营模式成为采用市场化方式，进行旅游供给侧改革，提高旅游产品供给水平，建立更有效的旅游投资机制的重要方式①。特许经营指的是通过设置激励机制来降低监督成本，推动企业实现商业效率提升并预防受许人的道德风险。在当前中国全域旅游发展中，实行特许经营模式需要各方共同进行改革创新。一是鼓励创新，引导特许经营旅游企业发展。通过制定税收优惠、补贴奖励以及特许经营权使用费减免等激励政策，为特许经营企业创造优良的发展环境；尤其是对承担旅游公共服务职能、外部性突出的特许经营旅游业态应给予必要的大力支持和优先权。二是完善立法体系，打破特许经营的体制障碍。应加快推进《风景名胜区条例》等相关法规的修订和创新工作，充分重视各种资源作为旅游资源使用的特点，并将资源作为旅游资源使用与作为其他资源使用区别开来。同时，应明确不同类型的旅游资源的主管部门在行使全民所有的旅游资源资产所有者职责的过程，积极推进旅游资源特许经营机制的顶层设计并对相关的法律法规进行完善。

8.3.3 在审批机制方面

审批机制是市场经济和计划经济发展中均存在的十分重要的机制。针对我国长期以来政府对微观经济运行干预过多、重审批、轻监管等问题，2015 年 5 月 12 日，国务院召开全国推进简政放权放管结合职能转变工作电视电话会议，首次提出了"放管服"改革的概念②。2021 年，国家发展和改革委员会颁布《关于进一步推进投资项目审批制度改革的若干意见》，指出当前还存在一些政策界限不够清晰，有关制度机制还不够完善，相关改革的协同性有待增强，投资审批"一网通办"还需持续深化等问题，并在明确和简化投资审核管理、创新和优化投资审批程序、规范和严格投资审批活动和加强和改进投资监督管理等四个方面提出了十二条意见，有力地推动了投资项目审批制度改革进展。

---

① 张海霞，黄梦蝶.特许经营：一种生态旅游高质量发展的商业模式［J］.旅游学刊，2021，36（9）：8-10.

② 简政放权 放管结合 优化服务 深化行政体制改革 切实转变政府职能——在全国推进简政放权放管结合职能转变工作电视电话会议上的讲话［EB/OL］. https://www.gov.cn/guowuyuan/2015-05/15/content_2862198.html.

在旅游投资的审批方面：一方面，旅游投资审批与其他项目投资审批一样会涉及发改委、国土、环保、工商等职能部门，要经过项目立项、选址、环评、工商登记等各种审批环节；另一方面，受旅游资源多样性和旅游需求综合性的影响，旅游投资审批又会涉及多个业务主管部门，如在地质公园的投资审批会涉及自然资源主管部门、在风景名胜区的投资审批会涉及住建主管部门，在森林公园的投资审批会涉及林业主管部门，修建旅游交通设施的投资审批会涉及交通主管部门等。而现有的投资审批机制涉及的部门多、环节多、审批手续复杂、时间较长且投资额度较大的项目的审批权限多数集中在国家和省级有关部门，市县行政主管部门的审批权限相对较少。因此，对于旅游投资来说，为能够更好地促进全域旅游发展，深化"放管服"改革，推行一站式的投资审批服务，将"串联"式的投资审批程序调整为"并联"式的投资审批程序，能够有效节约旅游投资审批的时间，提高旅游投资审批效率。

8.4 全域旅游促进地区平衡充分发展的共建机制

除旅游企业的直接投资外，全域旅游的发展离不开社会各界各行各业的大力支持和参与。旅游目的地发展应调动社会各界的力量，使大家都能够参与到全域旅游的建设中。

8.4.1 树立全域旅游思维，共同推进支持全域旅游发展

作为政府主导型的产业，旅游业涉及各行各业，也同样涉及不同的政府职能部门。在政府的统一协调下，各政府部门需要树立全域旅游思维，注重本部门本职工作与全域旅游工作的有效衔接，共同推动全域旅游的发展。如各政府职能部门也应注重本职工作与全域旅游的共建，如交通部门在修建道路时，可将旅游道路标识系统一并规划建设[①]；农业部门在推进农田建设时，可统筹规划农业生产功能和农业景观功能，实现二者的共建[②]；建设部门在推进老旧小区

---

① 昌吉公路管理局增设省道旅游标志工程施工招标公告［EB/OL］. https://www.cj.gov.cn/zgxx/qdbgg/jt/884253.html.

② 汤河口镇景观农田顺利通过验收［EB/OL］. https://www.bjhr.gov.cn/ywdt/zxdt/201912/t20191210_1017942.html.

改造、新农村建设和村镇建设过程中，可通过建设具有地方特色的社区风貌，将社区公共服务设施与旅游公共服务设施共同建设，推进社区旅游的发展^①。

8.4.2 统筹设立旅游发展基金（资金）

统筹旅游目的地资金，设立旅游发展基金（资金）是旅游目的地政府在全域旅游发展中，撬动社会资金广泛地参与全域旅游建设的有效手段。

旅游发展基金（资金）类型多样，既有政府利用财政资金设立的、以奖励和补贴为主要形式、以激发全社会参与全域旅游建设的积极性为主要功能的政府公益性资金，如内蒙古自治区旅游发展专项资金^②、广西旅游发展专项资金^③等；也有以大型旅游企业和金融公司出资为主、以市场化方式募集运作，委托基金管理公司进行运行的市场性基金，如西安旅游发展基金^④、山东省旅游发展引导基金^⑤等。

旅游发展资金主要用于旅游公共设施建设、旅游公共服务质量提升、旅游公共活动等外部性较强的旅游公共事务的支出以及乡村旅游等旅游薄弱环节，其性质为财政资金，一般以奖励和补贴形式进行发放，不考核资金的投资回报率。如内蒙古自治区在 2023 年统筹安排 2 亿元的旅游发展资金，对创建国家 5A 级旅游景区、国家级旅游度假区、国家级滑雪旅游度假地、国家级旅游休闲街区、国家级工业旅游示范基地、国家红色旅游融合发展试点及国家 5C、4C 级自驾车旅居车营地等项目给予奖励，并对自治区重点旅游项目和打造具有国际国内影响力的重点文旅品牌活动予以支持；同时，安排 4000万元文旅商品传承创新专项资金，支持"内蒙古礼物"文化旅游商品实体店、

---

① 统筹兼顾 建设新型生态旅游村——广西壮族自治区桂林市鲁家村［EB/OL］. https://www.ndrc. gov.cn/xwdt/gdzt/qgxcly/202011/t20201125_1301905.html.

② 内蒙古自治区旅游发展专项资金管理办法［EB/OL］. https://czt.nmg.gov.cn/zwgk/zfxxgk/fdzdgknr/ zcfb/202206/t20220606_2066934.html.

③ 广西壮族自治区人民政府办公厅关于调整自治区旅游发展专项资金以奖代补政策的通知［EB/ OL］. https://www.gxzf.gov.cn/zfwj/zzqrmzfbgtwj_34828/2020ngzbwj_34844/t7255392.shtml.

④ 西安设立40亿元旅游发展基金助旅游业发展［EB/OL］. https://www.gov.cn/xinwen/2018–01/23/ content_5259781.html.

⑤ 林滨. 山东省旅游发展基金运营研究［D］. 山东财经大学，2018.

文化旅游商品开发、沉浸式演艺等项目，推动文化旅游商品传承创新①。

旅游发展基金一般由大型旅游企业和金融公司出资设立，按照《基金公司管理办法》的规定由基金管理公司作为基金管理人进行管理，进行企业化运作，要考核基金的投资回报等经济效果。如西安旅游发展基金由西投控股、陕六建、陕旅集团及下属公司鑫旅资产等公司出资 40 亿元设立，并与国开行陕西省分行、建设银行陕西省分行、陕国投、光大银行西安分行、浦发银行西安分行和兴业银行西安分行 6 家金融机构合作，合作资金规模达 130 亿元，主要投资旅游基础设施建设、特色旅游小镇、旅游景区开发、智慧旅游建设、旅游实景演艺以及其他旅游产业融合发展领域项目②。山东省旅游发展引导基金由港中旅投资（上海）有限公司、山东龙岗旅游管理有限公司、山东泰山文化艺术品交易所股份有限公司和管理团队（通过 SPV 持股）共同设立（见图 8-2），主要投资山东境内具备发展潜力的旅游企业（项目），其投资山东省内产业额度高于基金总额的 80%，投资山东省内旅游行业额度高于基金总额的 70%。

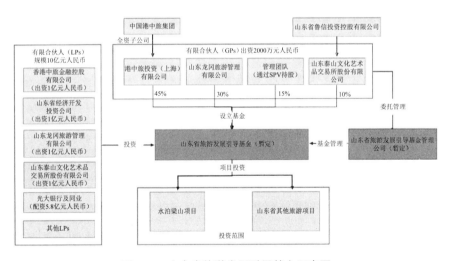

图 8-2　山东省旅游发展引导基金示意图

①　内蒙古支持旅游产业提质增效［EB/OL］. https://www.mct.gov.cn/preview/whzx/qgwhxxlb/nmg/202301/t20230131_938844.html.

②　40 亿！西安旅游发展基金盛装亮相！旅游产业大发展要来啦［EB/OL］. https://m.gmw.cn/baijia/2018-01/24/120380174.html#verision=b92173f0.

8.4.3 推动旅游产业与相关产业融合发展

全域旅游作为新的旅游发展模式，其本意并非求全，而是更重视获取广泛的社会参与，走出景点旅游老模式，开拓更加广阔的发展空间，推动更为深入的产业融合，从而最大限度地发挥旅游业的关联带动作用。在政府引导下的全域旅游的发展，需要社会各行各业更广泛地参与。

全域旅游要与其他产业行业的生产空间进行融合。如2002年启动的农业旅游示范点和工业示范点建设评定工作，将旅游产业与农业和工业融合到一起。农业、工业的生产流程、生产设施设备、生产成果与旅游产业的生产成为旅游的对象，旅游生产消费空间与农业生产空间、工业生产空间在同一个空间中并存，旅游业的介入在不妨碍农业生产和工业生产的同时，拓展了农业生产和工业生产的附加值，提高了农业生产空间和工业生产空间的效率和效益。

全域旅游也要与社区居民的生活活动和生活空间相融合。社区承载了旅游目的地居民的日常生活，也传承了旅游目的地居民的文化特质和风俗。与旅游景区等专门为旅游业而建设的各种空间、项目和舞台化的活动[①]相比，通过民宿[②]、私人博物馆[③]、研学[④]等方式，可以使社区能够更真实地展演旅游目的地居民的文化和生活[⑤]。

8.5 全域旅游促进地区平衡充分发展的共享机制

全域旅游的发展成果要在旅游目的地系统内外由全社会共享，成果共享的参与对象既包括旅游目的地旅游产业发展的直接参与者，也包括非旅游目

---

① 秦北涛.民族文化舞台化传承的真实性和有效性思考——以云南民族地区旅游开发中的音乐表演为例［J］.贵州民族研究，2017，38（5）：89–92.

② 杨明月，许建英.民宿促进民族地区交往交流交融的价值与路径［J］.旅游学刊，2022，37（12）：10–12.

③ 罗星星.私人博物馆现状与发展探析——以乐山战时故宫为例［J］.文化创新比较研究，2019，3（32）：176–179.

④ 王森.目的地居民对研学旅游吸引力影响研究——以三亚市为例［J］.中国民族博览，2022（18）：84–87.

⑤ 薛熙明.真实性的营造：一个异地安置羌族社区的旅游空间构建［J］.湖北民族学院学报（哲学社会科学版），2018，36（2）：89–93+140.

的地地区和非直接从事旅游业的行业、企业和劳动者（见图 8-3）。

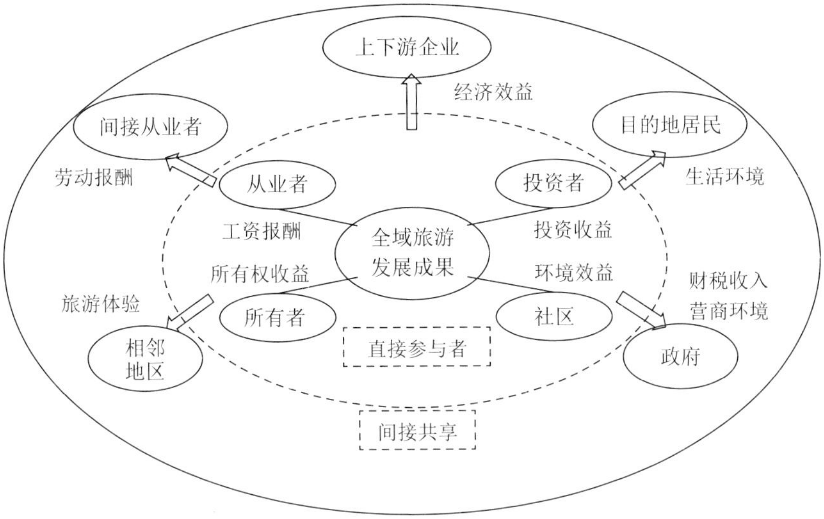

图 8-3　全域旅游利益共享体系

8.5.1 全域旅游的直接参与者的利益共享

1. 旅游从业者

旅游从业者是全域旅游成果的首要获利者，不同类型的旅游从业者在共享全域旅游发展成果的机制存在一定的差异。基层工作岗位工作人员以工资劳动报酬为主，并依法享受基本养老保险、基本医疗保险、失业保险、工伤保险和生育保险，以及五险一金社会保障。从事管理岗位的工作人员在获得工资劳动报酬和五险一金等社会保障之外，还会获得业绩考核的绩效奖金以及一定额度的管理者股份分红[①]。

2. 旅游投资者

旅游投资者在全域旅游发展中的获益主要来自投资回报。但受建设类旅游项目建设投入大、投资回收周期长等特点，旅游投资者在投资过程中往往

---

　① 文彤，曾韵熹，陈松.效率与公平：高管-员工薪酬差距与旅游企业劳动生产率［J］.旅游学刊，2020，35（10）：70-82.

会与旅游资源所有者、旅游目的地政府就投资效益等问题进行沟通谈判,通过其他方式来获得理想的回报。主要方式包括:(1)政府财政或国有投融资担保公司进行担保,包括在建设期内的补贴以及项目收益达不到预期收益的政府财政会进行补贴[①];(2)用房地产项目作为配套项目,利用房地产项目投资周期短、资金回收快的特点,使旅游投资者能够在短期内回收资金[②];(3)用相关景区门票收益或特许经营项目收费权 ABS 进行担保或将旅游项目的收益权置换,保障旅游投资者的基本收益。

3. 社区

社区旅游是全域旅游发展的重要方式,社区旅游的发展将旅游目的地居民的生活空间转变成为旅游业的生产空间。社区共享全域旅游发展的成果的主要方式包括:(1)全域旅游发展赋予了社区生产功能,社区生活成为旅游生产的一部分,社区从生活空间向生活空间与生产空间的融合、转变,提高了社区的生产效率;(2)全域旅游发展促进了社区公共设施和基础设施的建设,使社区环境得到改善,包括生活环境和生产环境;(3)全域旅游发展促进了社区文化的传承和创新,并使生活文化成为旅游吸引物,使之转变成为生产文化,进一步创造了价值。

4. 所有者

所有者共享全域旅游发展的成果的主要方式是依托所有者权益,将所有或部分所有者权益转让从而获得收益,其中主要获益者是旅游资源的所有者,按转让的方式不同,旅游资源权益转让的内容可分为一次性转让、阶段性转让、出租、股份合作、特许经营等方式。所有者权益是个复杂的权益体系,在旅游资源的所有者权益方面,受旅游资源多样性的影响,中国现行的法律法规对旅游资源的所有者权益并没有明确的规定。我国在《关于统筹推进自

---

① 湖南省文化和旅游厅 湖南省财政厅 湖南省地方金融监督管理局关于印发《湖南省旅游企业融资担保风险代偿补偿实施办法》的通知[EB/OL]. https://whhlyt.hunan.gov.cn/xxgk2019/xxgkml/zcwj/zcfg_115485/202209/t20220923_29014879.html.

② 戴学锋. 旅游业低回报高投资之谜探析[J]. 财贸经济,2013,383(10):127-136.

然资源资产产权制度改革的指导意见》中明确提出"推动自然资源资产所有权与使用权分离，加快构建分类科学的自然资源资产产权体系，着力解决权力交叉、缺位等问题。处理好自然资源资产所有权与使用权的关系，创新自然资源资产全民所有权和集体所有权的实现形式"，为自然旅游资源的产权体系改革创新开辟了契机，但人文旅游资源的所有者权益改革和创新仍然任重道远。

8.5.2 全域旅游的间接参与者的利益共享

非旅游目的地地区和非直接从事旅游业的行业、企业和劳动者可通过产业链、旅游流、资金流等社会经济系统的各种联系共享全域旅游发展的成果。

旅游资源非优区、阴影区可以通过旅游线路组合、差异化策略，与知名旅游目的地形成优势互补，将旅游流从旅游目的地延伸到旅游资源非优区，进而促进旅游资源非优区的发展。

非旅游行业可通过给旅游企业、旅游产业提供上下游产业链服务共享全域旅游发展的成果，进而将全域旅游发展的利益分享至旅游目的地其他行业的从业人员。

8.6 小结

本章从政策、投资、共建和共享四个层面分析了全域旅游促进西南民族地区平衡充分发展的机制。

政策机制主要包括构建全域旅游组织体系、完善全域旅游投融资体系、做好用地保障、加强人才培训以及强化监督考核；投资机制包括多元化的、以国有投资平台和国有企业为主的，以旅游资源、旅游基础设施的使用权或经营权为投资条件的旅游投资机制和审批机制；共建机制方面，本章提出要树立全域旅游思维、统筹设立旅游发展基金（资金）以推动旅游产业与相关产业融合发展；共享机制方面，可通过直接参与者和间接参与者之间相互联动构建起利益共享机制。

第 9 章
全域旅游促进西南民族地区平衡充分发展保障措施

全域旅游发展的直接目的是促进旅游目的地地区社会经济的全面发展。与其他事业和产业发展类似，发挥全域旅游的作用，促进西南民族地区平衡充分发展需要政府、企业和社会各界的共同努力，也需要一个相对漫长的过程。本书在前期研究基础上提出了一些促进全域旅游发展的保障措施，以供相关部门参考。

9.1 加大财政政策力度

通过制定有力的政策措施，鼓励和引导企业进行旅游经济投资，推动全域旅游产业的发展，促进西南民族地区旅游产业平衡充分发展的政策保障可以聚焦以下几个方面。同时，加大对西南民族地区旅游产业的财政支持应多方面入手，要鼓励社会资本增加对西南民族地区旅游产业的投资，在资金、技术、管理等方面对当地旅游产业进行全方位的支持。

（1）加大西南民族地区旅游基础设施建设补助：加大对西南民族地区旅游基础设施建设中的道路、通信网络、电力、水利、卫生等领域的建设资金补贴力度，完善当地旅游设施和配套设施。

（2）加大西南民族地区旅游产品研发资助：支持西南民族地区旅游企业开发新的旅游产品和服务，鼓励采用新技术和新材料，提高旅游产品的质量和创新，提高当地旅游的市场竞争力。

（3）加大西南民族地区旅游营销补贴：加大对西南民族地区旅游宣传的资金支持，推动西南民族地区旅游品牌的宣传和推广，引导旅游企业在各网络平台和旅游交易展会上积极宣传，扩大旅游的市场占有率。

（4）加大西南民族地区旅游人才培训补助：支持西南民族地区旅游专业人才培训，提高当地旅游从业人员的素质，鼓励培养旅游领域相关的本土人才，加强当地旅游从业人员的专业技能培训和管理培训。

（5）设立西南民族地区旅游投资引导基金：吸引鼓励大型慈善机构和社会资本增加对当地旅游产业的投资参与，支持西南民族地区旅游产业快速发展。

9.2 加强旅游市场推广

协同相关部门推进西南民族地区旅游市场推广工作，需要从多个方面入手，建立全方位的商品宣传机制和营销渠道，加大对市场宣推的力度，加强旅游品牌形象建设，提高旅游企业市场竞争力，扩展旅游产品销售面，加强市场推广和旅游宣传工作，以吸引更多的游客前往民族地区旅游。

（1）加大旅游资源整合力度：西南民族地区旅游资源众多，应加强旅游资源的整合和开发，提高旅游资源利用率，提升西南民族地区旅游产品的档次和品牌形象。

（2）加强品牌宣传塑造：加强对西南民族地区旅游品牌的宣传，提升西南民族地区旅游品牌美誉度和知名度，强化品牌形象塑造。打造个性鲜明、特色突出的西南民族地区旅游品牌。

（3）多样化旅游线路推广：针对不同的旅游目的和消费层次，创新研发旅游线路，增加旅游特色，提高消费者的满意度，扩大旅游消费市场。

（4）丰富旅游营销手段：除了推广传统的宣传手段如报纸、广播、电视等，还应该利用新兴的数字化和智慧旅游、多样化的旅游产品供应、协同旅游平台等手段，提高旅游产业的市场化程度。

（5）加强地方特色推广：着力宣传西南民族地区丰富多彩的历史、文化、民俗、饮食等特色文化元素，从而吸引游客，扩大旅游消费群体。

（6）加强活动策划推广：定期推出各种旅游相关的活动，如民族文化节、特色美食节等，吸引更多游客前往，增加旅游产业的知名度与美誉度。

9.3 优化旅游体验环境

加强对西南民族地区旅游资源的开发、保护和合理利用，进一步优化旅游环境，提升全域旅游服务质量和游客满意度。

（1）完善区域旅游规划：在旅游目的地政府的领导下，广泛听取目的地专家、居民和游客意见，制定完善的西南民族地区旅游发展规划，明确西南民族地区旅游的发展方向和发展重点，保证西南民族地区旅游资源的可持续发展。

（2）加强旅游资源保护：保护西南民族地区旅游资源的生态环境和文化遗产，对文化与自然资源进行分类管理，明确资源开发和保护的底线，避免过度开发和滥用旅游资源。

（3）提高旅游设施与服务水平：加强对西南民族地区旅游设施的建设和服务的提升，建立完备的旅游服务体系，提高服务质量和游客满意度，吸引更多游客前往游览。

（4）加强旅游行业监管：加大对西南民族地区旅游市场的监管和执法力度，对不符合旅游市场规范的行为进行严肃查处，维护旅游市场秩序和规范。

（5）大力推广生态旅游：加强对西南民族地区生态旅游的推广，发展生态旅游线路和产品，增强游客环保意识，保护当地生态环境和生态资源，在开发的同时，实现西南民族地区旅游产业的可持续发展。

（6）积极推广民族文化旅游：充分发挥西南民族地区的文化特色，开展丰富多彩的文化旅游活动，推广西南民族地区的文化和传统手工艺，提高旅游产品特色化和文化含量，吸引更多游客游览。

（7）加强旅游国际交流：推广西南民族地区旅游，积极参与旅游国际交流，吸引更多外来游客前来参观，提升民族地区旅游的国际影响力。

9.4 完善基础设施建设

进一步完善西南民族地区区域交通、通信、能源等基础设施，为全域旅游发展奠定良好的硬件基础。

（1）大力推进交通基础设施建设：对西南民族地区的道路、桥梁、隧道、机场等公共交通设施进行建设，以缓解交通拥堵，提高全域旅游的可进入性。

（2）加强通信基础设施建设：引进最新的通信技术和设施，建设广为覆盖的 5G 基站，提高西南民族地区旅游区域的通信速度和覆盖范围，方便旅游者在线预订、付款、自媒体发布等操作。

（3）加强能源基础设施建设：加强西南民族地区旅游区域的能源供应，投入资金建设符合绿色发展的理念的电力、水利、天然气等能源基础设施，确保当地旅游产业正常的能源供应和使用。

（4）重视应急救援设施建设：加强西南民族地区旅游区域的安全救助机制，完善旅游安全保障设施、配备医疗队伍，方便游客在旅程中发生突发状况或紧急情况时及时获得人员救援服务。

（5）强化旅游环境卫生管理：增加旅游设施的环保功能，包括采用节能环保设备、垃圾分类处理、特别是对生活污水的处理，推进旅游区域的环境检测、监测、卫生整治等。

（6）重视旅游服务设施建设：建设重视全域旅游发展公共服务设施建设，结合公共服务设施建设能够提供便捷共享服务的旅游购物中心、旅游信息中心、服务区、游客休息区、旅游接待处、停车场等旅游服务设施，更好地为游客提供必要的服务。

9.5 强化旅游品牌建设

全域旅游品牌建设能够有效提升全域旅游的知名度和美誉度，吸引更多游客来到该地区旅游。可以从以下方面采取保障措施，进一步加强西南民族地区旅游产业品牌建设，提升旅游质量和游客满意度。

（1）凸显旅游品牌特色：根据当地民族文化的特点，打造具有地方特色的民族地区旅游品牌，让游客在游览中感受到更加丰富独特的文化魅力。

（2）提高旅游标准：建立旅游行业标准化的评审和认证机制，加强对旅游企业的规范化管理，提高服务质量和游客满意度。

（3）创新旅游产品：发挥西南民族地区旅游资源独特优势，创新旅游产品，满足不同游客的需求，吸引更多游客前来旅游。

（4）完善旅游产业链：促进西南民族地区旅游产业与周边产业的融合，建立完整的旅游产业链，提升西南民族地区旅游产业的附加值和比重。

（5）依托在线平台推广：利用互联网平台，加大推广力度，增加西南民族地区旅游的曝光率，推广地方特色旅游品牌，提高其知名度和美誉度。

（6）引进资本支持：政府应注重引进外部资本支持，吸引有实力且有经验的旅游企业，加大对西南民族地区旅游产业的投资，提供必要产业配套和资金支持。

9.6 注重旅游人才培养

人才是促进全域旅游持续发展的核心，加强对旅游人才的培训和引进，提高从业人员素质，为旅游业的发展提供有力的人才保障。

（1）建立人才培养机制：完善旅游人才培养制度，建设人才培养基地，对旅游从业人员进行分类培训，提高从业人员的素质和专业能力。

（2）加强师资队伍建设：吸引有经验、有实力的旅游行业专家和专业人士从事旅游教育和培训工作，为业内人员提供实用性的职业培训和指导。

（3）引进高层次人才：引进更多优秀的旅游人才，提高西南民族地区旅游人才的层次，为产业提供更具竞争力的人才支撑，推动旅游业的发展。

（4）加强对外合作：加强与海外知名高校的合作，引进国际旅游专家，分享最新旅游业发展趋势和技术，推动西南民族地区旅游业与国际接轨。

（5）提高待遇和福利：加大企业对旅游行业人才的待遇和福利激励力度，提高员工幸福感和归属感，留住更多优秀的人才，增强企业的竞争力。

（6）推广职业认证：推广旅游行业的职业认证，采用统一考试方式，提高旅游从业人员的职业技能水平和从业准入门槛。

（7）建立人才信息库：建立旅游人才信息库，向旅游企业提供指定服务，为企业和从业人员之间的互动和联系提供更便捷的渠道。

9.7 注重旅游产品开发

丰富和创新旅游产品，满足不同类型游客的多元化需求。

（1）挖掘旅游资源：深入挖掘西南民族地区的文化、历史和人文资源，通过跨界整合、文化创意等方式，丰富旅游资源供给。

（2）创新旅游产品：在旅游资源开发的基础上，创新旅游产品，根据游客兴趣和需求，设计专门的旅游线路和主题，丰富旅游产品供应。

（3）加强旅游建设规划：按照当地人文历史文化特色，加强旅游建设规划，建立与旅游相适应的旅游设施和服务设备，打造旅游特色区域。

（4）加强文化历史遗产保护：强化民族文化历史遗产保护，清晰定义文物保护地区界线，建立文物保护机构，加强文物保护与旅游开发的整合。

（5）引入国际旅游风尚：引入国际旅游风尚，结合西南民族地区的文化和特色，融合当代旅游设计理念，推出方式新颖、内容丰富的创意性旅游线路及产品。

（6）加强旅游营销：通过网络和线下渠道等宣传营销，全面推介西南民族地区的旅游资源和旅游产品，创造良好的营销环境，吸引更多游客旅游。

（7）开展旅游交流活动：定期组织旅游交流活动，安排文化艺术表演、民族传统节日等活动，为游客提供更加丰富的旅游体验，增加游客回访和推荐。

9.8 强化安全保障体系

安全是全域旅游发展的底线和生命线，要加强旅游管理和安全保障，完善旅游法律法规，保障游客的安全和合法权益。

（1）建立完善的旅游监管机制：加强对旅游经营者、旅游从业人员和旅游活动的监管和服务，专门设立旅游管理部门，依据法律法规落实旅游管控工作的各项任务。

（2）制定旅游安全标准：建立旅游安全标准和体系，制定动态的应急预案，确保旅游活动过程中的安全和有序地进行。

（3）完善旅游投诉解决机制：完善旅游投诉平台，充分倾听游客的意见和建议，积极解决旅游纠纷，保障游客合法权益。

（4）加强旅游综合执法：配备足够的旅游执法人员，建立联合执法机制、加强旅游区域的治安巡逻和执法力度，保障游客人身安全和饮食安全。

（5）强化食品安全管理：开展旅游区域食品安全专项整治，增强食品供应商的食品安全意识，加强餐厅、酒店、小餐馆等食品经营者的食品安全监督，确保游客的食品安全。

（6）加强旅游信息公示：在旅游景区和旅游区域增加相关安全标识，设置安全提示和途中提示，增强游客的安全意识。

（7）加强旅游保险服务：加强对旅游保险的推广宣传，提醒游客购买保险，提供更为灵活的保障服务，有效保障游客的安全和健康。

9.9 小结

发挥全域旅游的作用，促进西南民族地区平衡充分发展需要政府、企业和社会各界的共同努力，也需要一个相对漫长的过程。这个共同努力需要在更加积极的财政政策、加强旅游市场推广、优化旅游体验环境、完善旅游基础设施、强化旅游品牌建设、加强人才培养、注重旅游产品开发和强化安全保障体系建设等多方面措施的共同保障下才能够实现。

第 10 章
广西全域旅游发展案例

10.1 广西全域旅游发展背景

广西壮族自治区地处西南边疆，与越南接壤。东临广东，西接云南，南靠北部湾、东南亚，是西南地区最便捷的出海通道，在中国与东南亚的经济交往中占有重要地位。广西壮族自治区下辖 14 个设区市，111 个县级行政单位，陆地区域总面积 23.76 万平方公里，人口 5500 多万人，是中国五个少数民族自治区之一，也是中国唯一沿海的少数民族自治区，海岸线长约 1500 公里。

10.1.1 广西社会经济发展的战略定位

广西壮族自治区背靠大西南，东连粤港澳大湾区，面向东南亚，是西部地区唯一的沿海沿边地区。独特的区位优势给广西带来了战略地位与高度，将极大促进全域旅游发展。总的来说，在五大国家战略背景下，广西全域旅游将直面国际旅游市场及资本市场考验，成为国家全域旅游先行示范窗口、惠民振乡、美好生活需要、经济转型升级的重要抓手。

（1）"一带一路"有机衔接重要门户：推进资本国际化及旅游特色化发展。广西合浦是最早的海上丝绸之路始发港，目前广西已成为中国大西南片区出海的主要通道。广西以"一廊两港"为抓手，推进了南宁—新加坡、南宁—兰州，粤港澳—广西—中南半岛的高速公路网和铁路网建设，构建了中国—东盟港口城市合作网络，形成了中国—东盟跨境电商平台等，这对促进广西与东盟、"一带一路"国家的文化交流、旅游投资融资、重大交通基础设施建设具有重要意义，对促进广西全域旅游特色化、示范性发展具有战略性意义。

（2）北部湾经济区战略：北部湾经济区战略定位是建设成为开放度高、辐射力强、经济繁荣、社会和谐、生态良好的重要国际区域经济合作区。立足北部湾经济区旅游资源优势，发挥北部湾连接多区域的重要通道、交流桥梁和合作平台作用，吸纳优质资本，将有望打造成为广西全域旅游发展重大平台，带动广西全域旅游加速发展。同时，旅游也将优化北部湾区域形象与环境，极大地拉动区域投资与消费。

（3）珠江—西江经济带战略：推动两广一体化发展，引领粤桂旅游合作。珠江—西江流域覆盖滇、黔、桂、粤、港、澳地区，是西南和华南互通的"黄金水道"。它连接着我国东南部发达地区与西部欠发达地区，是粤港澳大湾区转型发展的战略腹地，是面向东盟开放合作的前沿地带。珠江—西江经济带将逐步推进流域重大基础设施互通，优势的资源以及政策将吸纳粤港澳大湾区的优质资本以及富裕人群，将极大地提升珠江—西江流域的区域竞争力、促进旅游扶贫惠民以及乡村振兴发展等。

左右江革命老区振兴战略：创新体制机制，统筹区域旅游连片发展。左右江革命老区跨越滇、黔、桂三省区，既是革命老区，又是少数民族聚居区和边疆地区，是全国连片特困地区扶贫攻坚的主战场之一。左右江革命老区战略重点突出了体制机制创新，这是全域旅游发展的核心抓手之一，同时，左右江革命老区振兴也是广西全域旅游发展的重要价值所在。立足老区优势，以全域旅游为抓手，围绕红色文化，发挥绿色生态优势，以体制价值创新促进革命老区在交通、产业、生态、扶贫等领域的创新发展与合作，给革命老区带来发展新活力，连片地促进旅游扶贫致富、惠民振乡；此外，这也是一条"革命老区振兴"的可复制、可推广的发展模式。

桂林国际旅游胜地战略：构建全域旅游先行窗口与国际门户。桂林旅游是我国旅游业的缩影。桂林国际旅游胜地战略实施的目的在于为全国旅游经济发展方式转变和加快产业发展积累新经验、探索新做法。桂林旅游是广西全域旅游发展的"先行示范"，充分发挥桂林旅游创新发展的窗口作用，在财税、投融资、土地、生态与环境保护、基础设施等方面为广西全域旅游发展提供经验和借鉴，也成为广西全域旅游的国际门户和形象展示区。

10.1.2 广西全域旅游发展现状

近年来，在中央政府以及相关部门的政策指导下，广西将全域旅游作为重要发展方向，以"创特"为着力点，推动旅游全面可持续发展。促进了广西经济转型升级发展。2016 年，广西 GDP 约占全国的 2.5%，而旅游总收入、游客接待量占比高达 8.9%。显然，旅游业是社会经济发展相对滞后的广西社会经济发展的主要发动机。

1. 全域旅游发展拥有良好基础

2016 年，广西壮族自治区党委书记彭清华在《着力打造特色旅游名县推动全域旅游创新发展》署名文章中强调："把全域旅游作为加快发展旅游业的重要方向，以创建特色旅游名县作为切入点和着力点，大力推动广西旅游全面协调可持续发展。"同年 12 月 9 日，桂林召开全区旅游"双创"工作会议，进一步明确全域旅游地位，促进广西旅游业向"全域旅游"转型。正如彭清华所强调的：旅游业是最符合广西区情、最富有广西特色、最能充分利用广西资源、最能吸引人气财气、富民惠民的产业。同时，广西也具备发展全域旅游良好的基础。

广西具有将旅游作为优势产业发展的资源及区位条件。广西拥有着举世闻名的山水人文、世界著名的长寿养生、区域性国际滨海休闲、中国顶级的森林湿地、生态多元的民俗风情、多国秘境的边关风情、举足轻重的红色福地等七大类优势资源。同时，广西气候宜人，森林覆盖率达 62.28%，植被生态质量居全国第一，优越的资源以及气候条件适合发展旅游。此外，广西南部的合浦县，位于北部湾经济区的前沿地带，早在 2100 多年前，便开启了向西、南的海上丝绸之路篇章。优越的区位条件为广西带来巨大的竞争优势，为广西区域旅游竞争力提升提供了保障。

广西具有发展全域旅游的丰富经验。广西旅游业发展取得了显著的成效，积累了十分丰富的经验。桂林"两江四湖"景区建设，是探索全域旅游发展的最早形式。两江四湖是桂林市环城水系，景区建设是集城市基础设施、旅游设施、城市景观、环境改善等于一体的综合型工程，整合并系统开发的城市水域景观，在保障城市防洪防涝基础上，优化城市整体风貌，激发城市旅游活力，提升沿河两岸的土地商业价值，实现了城市基础建设与旅游发展的有机融合。桂林阳朔县是国内最热门的旅游目的地之一，于2019年获得国家全域旅游示范区。阳朔县综合利用各类旅游资源和社会、经济资源，使自身由"旅游中转站"转向"旅游目的地"，成为联合国世界旅游组织推荐的"休闲度假最佳旅游目的地"，实现了由"旅游"到"旅居"的全域旅游阳朔模式。

广西具有发展全域旅游的决心与民心。广西壮族自治区党委、政府高度重视旅游业的发展。同时，坚持创新顶层设计与制度实践，包括创建桂林国际旅游胜地、2014年成立广西壮族自治区旅游发展委员会、创建广西特色旅游名县以及相关配套奖励扶持政策等，这也是广西党政领导决心的体现。广西各地的老百姓对于发展旅游也充满着热情。他们热爱家乡的山水，他们坚信，发展旅游可以带来经济大发展，能为他们带来好日子。笔者在调研过程中发现了一些有意思的现象，在外地开矿山的老板回到家乡做农庄旅游，当地政府非常欢迎；还有一位深圳旅行社总经理，在下雨天自由行到了恭城，体会到了当地人民的淳朴与善良，让他感受到了宾至如归的感觉。所以回深圳后，他还说着下次要带团过去。这些致力发展旅游的党政领导以及热情、淳朴的广西百姓，为广西旅游业发展奠定坚实的基础，是广西发展全域旅游的福祉。

2. 全域旅游发展对推进广西社会经济发展的作用

旅游业是生态产业、民生产业、幸福产业，也是对经济社会发展具有拉动作用的牵引产业。联系广西的发展实际，全域旅游对于广西拥有着四个重要的贡献。

一是对扶贫脱贫的贡献。目前广西仍有 332 万贫困人口，是全国贫困程度最深、扶贫攻坚任务最艰巨的省区之一。但是，广西的贫困地区大都是风光秀丽、生态良好的旅游资源富集区。这些地区可以通过全域旅游发展，统筹清洁乡村、生态乡村、宜居乡村等建设成果，深度推进旅游扶贫建设，发展休闲农业与乡村旅游，着力推进人民就业创业，促进人民群众脱贫致富，建设人民群众幸福家园，满足人民群众的美好生活需要，这也是广西全域旅游的重要任务、是中国梦的重要内容，是旅游的根本价值所在。

二是对生态文明建设的贡献。旅游业被誉为绿色产业。全域旅游有助于提升当地居民的生态保护意识，守住"青山常在、清水长流、空气常新"的生态底线，引导战略性新兴产业、生态环保产业等绿色产业发展，促进生态与旅游、文化、产业等协调发展，形成良好的生态环境，从而提高人民生活质量，展现城市美丽形象，夯实"绿色转型、绿色崛起"的民意基础。

三是对民族团结的贡献。广西作为边疆民族地区，保持社会和谐稳定、民族团结和睦、边疆巩固安宁是头等大事。发展全域旅游，可以促进不同地区、民族、文化背景、宗教信仰、生活方式各异的人们之间友好交流，促进社会和谐稳定。通过发展民俗游、乡村游，还有助于深入挖掘和保护丰富多彩的少数民族传统文化，使其得到更好的传承和发展。

四是对构建现代化经济体系的贡献。旅游业具有"一业兴、百业旺"的特征。广西第三产业发展严重滞后，新的增长动力不足，经济下行压力持续加大。全域旅游是加快广西经济转型升级的重要手段，是构建现代化经济体系的重要环节。通过发展全域旅游，可以加快广西工业、农业、林业、水利等多产业转型升级，拉动投资，推动消费，为"稳增长、调结构"做出巨大贡献。

10.2 广西全域旅游发展路径探索

"一带一路"的建设更加凸显了广西在国家对外开放大格局中的地位，为广西带来了历史性的发展机遇。广西将发展旅游业作为推动经济转型升级的重大举措、构建现代化经济体系的重要环节，广西旅游升级版将写好新世纪海上丝绸之路新篇章。伴随全域旅游发展的迫切性，使广西面临着"全域旅游如何发展、发展之路如何走"的棘手问题，这是一个摆在广西党政领导面前的大课题，也是本项目关注的重点。

10.2.1 构建三大全新格局

习近平总书记指出："理念是行动的先导，发展理念是否对头，从根本上决定着发展成效乃至失败"。在满足人民日益增长的美好生活需要的前提下，广西牢固树立"创新、协调、绿色、开放、共享"发展理念，结合广西实际，逐步构建了空间、产业、文化三大全新格局，努力实现从景点旅游向全域旅游的转变，真正推进旅游强区建设，为广西实现"两个建成"奋斗目标做出应有的贡献。

1. 空间格局：资源整合，协调发展

在休闲度假旅游时代，广西已经逐步转变过度依赖于桂林山水的局面，当地整合了滨海旅游资源、长寿养生资源、边关文化资源等广西特色旅游资源，发挥广西临海、临边的区位优势，着力做好"点、线、面"结合的大文章，创新性构建了区域旅游增长极与县域旅游增长极共生共荣的全域旅游发展空间格局，示范带动建设更多的特色旅游乡镇、村寨，使广西旅游发展级级有重点、层层有抓手，协同发展，解决广西旅游发展不平衡、不协调的问题。

（1）完善发展布局，构建"1+3"的区域旅游增长极。立足自然资源禀赋及客源市场需求，全力构建桂林国际旅游胜地以及北部湾滨海国际旅游度假区、巴马长寿养生国际旅游区、边关风情旅游发展带的"1+3"区域旅游增长极，成为广西全域旅游的带动核心。

①桂林国际旅游胜地。桂林的资源禀赋以及产业结构，具有成为国际旅游目的地的优势。同时，《桂林国际旅游胜地建设发展规划纲要》明确提出要将桂林建设成为世界一流的山水观光休闲度假旅游目的地、全国生态文明建

设示范区、全国旅游创新发展先行区、区域性文化旅游中心城市和国际交流的重要平台。桂林必须进一步培育与发展，必须重新优化与提升，打造成为广西全域旅游的国际门户。

②北部湾滨海国际旅游度假区。北部湾经济区地处我国沿海西南端，由南宁、北海、钦州、防城港、玉林、崇左等区域组成，拥有"中国绿城"之称的首府南宁、"中国第一滩"美誉的北海银滩，还有钦州三娘湾、防城港江山半岛旅游度假区、京岛风景名胜区、上思十万大山国家森林公园等。同时，北部湾各市都将旅游业作为重点产业发展。充分依托北部湾经济区的连接多区域的通道优势以及相对较好的基础设施优势，将优势旅游资源转换为广西全域旅游的新动力，成为广西全域旅游发展的第二个增长极，满足度假市场需求。

③巴马长寿养生国际旅游区。巴马长寿养生国际旅游区地处广西西北部，涵盖河池市巴马、东兰、凤山、天峨、都安、大化6个县和百色市田阳、右江、乐业、凌云4个县区。其中，巴马是"世界长寿之乡·中国人瑞圣地"，东兰、凤山、天峨和田阳、右江、乐业、凌云等地的长寿文化资源也非常丰富。广西正以交通建设为突破口，加快旅游硬软件建设，加快主干道延伸到景区（点）公路连接线建设、河池机场和珠江水系红水河段航道建设，围绕重点旅游景区（点）构建方便快捷的航空、铁路、公路、水运等旅游立体大交通网络，以交通发展促进旅游发展，打造成为广西旅游第三个增长极。目前，广西已经形成了观光休闲、康体疗养、休闲度假三大旅游市场，由点及面地带动广西全域旅游发展。

④边关风情旅游发展带。边关风情旅游发展带位于广西南部，与越南海陆相连，是中国—东盟开放合作前沿地区，覆盖了广西边境防城港、百色、崇左3市14个县（市、区），其中有8个县（市、区）与越南接壤，拥有2个国家重点开发开放试验区，7个国家一类口岸和5个国家二类口岸，与越南经贸往来频繁，合作密切。旅游区内旅游资源丰富多彩，特色鲜明，拥有迷人的山水风光、良好的生态环境、神秘的边关风情、悠久的历史文化、浓郁

的少数民族风情，具有开展跨境旅游良好的软硬件基础条件，可培育发展成为广西全域旅游第四个增长极。

（2）彰显区域特色，创建一批以"双创县"为核心的县域旅游增长极。广西最好的旅游资源集中在县域，发展旅游愿望最迫切、潜力最大也是这些县域。全区有26个县被评为"中国长寿之乡"，占全国的1/3，其中巴马作为"世界长寿之乡"闻名于世；同时，全区111个县中近一半是贫困县，"一流资源、二流开发、三流服务"的现象普遍存在。老百姓通过发展旅游把绿水青山变成"金山银山"的愿望也十分迫切。

基础在县域，活力也在县域。在全域旅游理念的指引下，广西着力推进特色旅游名县创建的同时，推进"广西全域旅游示范区"创建，实行"双创双促"，推动县域旅游上规模、上档次，并以此为发展新引擎、培育县域旅游发展新动力，加快建设广西全域旅游。

①创建特色旅游名县，加强特色挖掘。特色是旅游业的制胜核心，也是全域旅游发展的亮点。广西充分借鉴创特成功经验，积极探索既符合中央要求又贴合广西实际、具有壮乡地域特色的县域旅游发展新路子，推进广西特色旅游名县创建工作。广西出台《加快广西旅游业发展的决定》《加快创建广西特色旅游名县的若干支持和激励政策》顶层设计，将广西特色旅游名县分三个层次，特色旅游名县、特色旅游名县创建县和特色旅游名县备选县，采取渐进式培育发展模式。并对达标单位每两年复核一次，有进有出，不搞终身制，促进各地之间的良性竞争。同时，指导特色旅游名县和各创建县因地制宜，按照"人无我有、人有我新、人新我奇"的要求，找准切入点，将渊博的文化底蕴、缤纷的民族风情与优美的自然风光有机融合，将县域自然景观、城市风貌、民族特色、历史印刻和文化基因完美结合、尽情展示，彰显个性特征，着力打造一批特色旅游精品，积极培育核心旅游吸引物，打造特色旅游景区，发展特色旅游住宿，培育壮乡特色餐饮，开发独具当地特色的旅游商品，进一步完善和建设旅游购物设施和休闲娱乐设施，培育特色旅游演艺品牌，推进特色旅游名镇名村建设，通过差异化发展，彰显区域特色。

目前，阳朔、兴安、东兴、龙胜、金秀、凭祥、上林、钦南、大新、容县、巴马、三江、宜州、桂平、昭平、荔浦、涠洲岛旅游区、靖西、融水、蒙山县、龙州、合浦、资源、雁山、北流、马山、乐业 27 个县（市、区）被评定为广西特色旅游名县。

②积极主动申报国家全域旅游示范区。全国第一批、第二批国家全域旅游示范区创建名单中，广西已有 3 市 16 个县（南宁市、北海市、贺州市、上林县、融水苗族自治县、兴安县、阳朔县、雁山区、恭城瑶族自治县、龙胜各族自治县、东兴市、钦南区、容县、靖西市、昭平县、金秀瑶族自治县、巴马瑶族自治县、宜州区、凭祥市）跻身其中。广西又向原国家旅游局推荐申报 12 家（防城港市、崇左市、桂林市秀峰区、灵川县、灌阳县、河池市南丹县、崇左市大新县、扶绥县、龙州县、贵港市桂平市、梧州市蒙山县、玉林市北流市）国家全域旅游示范区创建单位。

③建立全方位支持体系与奖励制度。对于成功创建国家全域旅游示范区或广西特色旅游名县，将一次性获得 1000 万元的自治区旅游发展专项资金奖励；成功创建自治区级全域旅游示范区，可一次性获得 500 万元的奖励。并从财政、金融、国土、规划、环保、项目建设、人才培训等方面予以全面支持。同时，新增全国（广西）旅游标准化示范县、国家四星级及以上旅游饭店、国家（自治区）级旅游度假区、国家（广西）级生态旅游示范区、四星五星汽车旅游营地、旅游型特色小镇 7 类品牌创建奖励，奖励资金 100 万~1000 万元。

④设立明确的发展目标，定位重点工作目标。广西在全域旅游发展中，以县域旅游经济、旅游品牌创建和旅游公共服务提升三个层次指标定位重点工作目标：一是到 2020 年，旅游总消费突破 100 亿元的县（市、区）超过 15 个，突破 50 亿元的县（市、区）超过 30 个；二是到 2020 年，创建 20 家国家全域旅游示范区；旅游景区品质升级，国家 5A 级旅游景区达到 10 家以上，创建国家级旅游度假区 2 家以上、国家生态旅游示范区 8 家以上；推进创建 30 个旅游型特色小镇，培育和打造 12 个旅游产业集聚区；三是到 2020 年，

全区各县（市、区）的四星级以上旅游饭店总数突破 100 家，旅行社总数超过 1000 家；建成 300 个以上旅游咨询服务中心和服务点，A 级旅游厕所数量超过 2000 座，星级汽车旅游营地达到 40 个。

2.产业格局：产业融合，转型升级

经济新常态下，全域旅游贯通消费与生产领域，是现代经济体系的重要环节，具有"稳增长、促改革、调结构"的重要功能。发挥"旅游＋"融合带动作用，全力推动旅游业与文化、体育、康养、互联网以及农林牧等养殖、种植产业深度融合，延伸旅游附加值，拉长产业链条，促进一、二、三产业融合发展，带动广西经济转型升级。

（1）大力推进旅游与互联网融合。以"智慧旅游城市、智慧旅游景区、智慧旅游企业、智慧旅游乡村"深化"互联网＋旅游"，构建以互联网技术为代表的数字旅游经济体系，完善互联网基础设施建设，加大机场、车站等旅游集散地以及景区、酒店等旅游目的地的网络覆盖面积；积极推广网络支付、线上预约购票等销售渠道；创新采用微博、微店、App 以及自媒体等营销方式，进而推动旅游业走向高质量发展阶段。开展"广西全域旅游直通车"网络建设，引导和扶持国内知名互联网企业及广西旅游发展集团等区内大型骨干企业参与有关项目建设，整合六大旅游要素"吃、住、行、游、购、娱"和多类电商平台，形成线上线下、全域直通的广西全域旅游直通车综合服务网络。

（2）大力推进农业与旅游融合。积极推进田园综合体、现代农业庄园、休闲农业与乡村旅游示范点、星级乡村旅游区和农家乐等休闲农业和乡村旅游品牌创建，打造一批休闲农业与乡村旅游集聚村、集聚区；鼓励发展创意农业，深入推进"一镇一特、一村一品"工程；开展八桂特色农产品推广工程，促进农特产品向乡村旅游商品转化。

（3）大力推进林业与旅游融合。完善广西各类自然保护区、森林公园基础设施建设，大力发展森林旅游。重点组织实施森林旅游"510"工程，即重点打造 10 个森林公园、10 个国家湿地公园、10 个自然保护区生态旅游区、

10 个森林养生基地以及 10 个花卉苗木观光基地。打造一批现代特色林业生态旅游（核心）示范区和一批森林生态旅游精品线路。

（4）大力推进商贸会展与旅游融合。通过中国—东盟博览会等开发合作平台，举办大型旅游商务会展活动，拓展入境商务旅游客源市场；大力推进边境贸易点的旅游功能设施升级，促进边境贸易点向边贸旅游基地转变，以商贸促进边境旅游和跨国旅游发展。

（5）大力推进文化与旅游融合。深入挖掘海上丝绸之路文化资源，发展海洋文化旅游；加大对历史文化遗迹的保护和利用，开发文化旅游综合体。提升南宁国际民歌艺术节、桂林国际山水文化旅游节、"壮族三月三"歌圩节等节会活动品质，发展以壮族、瑶族、苗族、侗族等民族为代表的民族文化节庆活动；培育和建设一批文化旅游基地和文化生态村；打造左江花山岩画文化景观世界文化遗产旅游景区。

（6）大力推进体育与旅游融合。做大做强体育运动赛事，延伸体育产业链条，包括体育器械及服装制造设计、商贸展销、体育培训等。加快推进国家体育产业基地、体育产业园和体育运动公园的旅游服务设施建设，并将其纳入县域旅游线路中；鼓励开发探险、攀岩、潜水、漂流、水上运动等户外体育运动旅游产品。

（7）推进海洋与旅游融合。立足泛北部湾以及粤港澳大湾区的区位优势，积极对接广东滨海旅游公路建设，挖掘广西特色海洋文化与地方文化，推进海滨度假区、渔村海岛、游艇基地等串点成链的发展；重点开发海洋休闲、海洋度假产品；延伸发展海洋康养产品，全方位利用海水、海盐、海泥、海藻等，积极整合医疗卫生资源，推进海洋康养中心建设；大力发展海洋旅游衍生产业，在保持消费产业的同时，拓展制造产业。例如开展旅游安全类产品设计生产、海洋旅游交通工具研发制造等，从而壮大"旅游＋海洋"产业规模。

（8）推进传统医药与旅游融合。广西特色旅游名县建设过程中要注重培育具有特色传统医药资源、长寿文化资源的县（市），打造中医药（民族医药）健康旅游品牌，创设具有中医药或者民族医药特色的旅游小镇、旅游度假区、文化街区、酒店等；积极举办和提升中国—东盟传统医药高峰论坛、中国（玉林）中医药博览会、巴马论坛—中国—东盟传统医药健康旅游国际论坛等会展活动，开发中医药会展节庆旅游产品；着力构建"治未病"的中医药健康产业平台，包括健康检测、健康养生、健康食品、疗养度假等。

3. 文化格局：文化自信，开放互促

习近平总书记说："文化兴国运兴，文化强民族强。"文化是旅游的灵魂，旅游是文化的载体。广西突出文化自信，以全域旅游为载体，以开放、包容的文化交流心态"走出去"；另外，"走出去"的过程又是广西寻找自信、积累自信的过程。用绚丽多彩的民族文化讲好"广西故事"，推进广西全域旅游发展，对接好"一带一路"建设。

（1）讲好"广西故事"，形成特色民族文化品牌。彰显广西壮族地区特色，深挖广西独特的山水、民族、边关、海洋、红色、长寿等文化资源，突出"广西特色、广西题材、广西品位"，讲好"广西故事"，形成"广西品牌"，不断形成全域旅游发展的聚合力。

①整合特色文化，重点打造"壮族三月三·八桂嘉年华"。进一步挖掘原生态民族文化底蕴，开发广西区域特色文化资源，提升区域文化特色价值，加强原生态民族文化与旅游的深度融合，打造广西制造金字招牌。重点打造"壮族三月三·八桂嘉年华"民族文化旅游品牌，利用八桂大地上充满民族风情的文化活动拉动区域经济发展，促进民族团结和文化交融，吸引全国乃至东盟国家民众。如崇左市打响"壮族三月三"文化丝路行品牌，利用民间组织将"三月三"活动推介到东盟国家，提高民族文化旅游品牌的国际知名度。

②挖掘文化宝库，打造红色旅游品牌建设。整合跨境红色旅游资源，打造红色旅游线路品牌。加快建设崇左市全国红色旅游国际合作创建区，积极申报靖西、东兴全国红色旅游国际合作创建区，设计开发"胡志明足迹"跨境旅游红色精品线路。

③深入强化文体交流，推进品牌共同建设。通过中国—东盟人文交流促

进区域旅游合作，与东盟、南亚等地区的国家联合培育具有民族特色的旅游文化品牌。办好中国—东盟博览会旅游展、第十一届联合国世界旅游组织 / 亚太旅游协会旅游趋势与展望国际论坛、中国—东盟传统医药健康旅游国际论坛（巴马论坛），拓宽展会参加者范围，强化缔造展会论坛品牌效应；注重旅游人才培养，打造人才培训品牌。借助中国—东盟旅游人才教育培训基地，为东盟、南亚国家输送合格的旅游人才；办好中国—东盟国际汽车拉力赛、国际龙舟邀请赛、环广西公路自行车世界巡回赛等重大地方特色体育赛事，创造体育赛事品牌效应。

（2）借助"沿海沿江沿边"优势，创设旅游开放发展新局面。进一步发挥独特区位优势，实施"三沿"发展战略，全力构建全方位开放发展新格局，加强对东盟及南亚国家旅游市场推广与合作。

①大力推进国际海上旅游开发。加强水路交通设施联通，将北部湾打造成为区域性国际航运中心；鼓励防城港等临海城市发展邮轮旅游，开通防城港到越南下龙湾、岘港等国际邮轮航线，开发游艇、邮轮等海上娱乐休闲旅游项目，改造建设邮轮停泊位和口岸大厅，完善海上旅游服务基础设施建设，推进完善海上丝绸之路旅游带建设。

②大力推进珠江—西江经济带建设。西江是年径流量仅次于长江的黄金水道，将广西与云南、贵州、湖南、广东、香港以及澳门紧紧联系在一起。通过发挥西江的纽带作用，加快沿江综合交通运输体系建设，吸纳粤港澳大湾区的优质资本、富裕人群，推进沿江旅游产业集聚发展。同时，随着珠江—西江经济带上升为国家战略，将为广西沿江地区发展带来新的机遇和强大动力。

③大力推进跨境旅游合作区与边境旅游试验区建设。在"一带一路"建设中，为推动广西国际旅游融合发展，中央提出"广西建设跨境旅游合作区"任务。广西百色、崇左、防城等 8 个城市与越南接壤，拥有 12 个边境口岸，现已建成中马钦州产业园和马中关丹产业园等覆盖东盟 8 个国家的国际合作园区，间接推进了产业—城市—旅游的融合发展。推进东兴—芒街、友谊

关—友谊、靖西—龙邦等跨境旅游合作区建设。利用防城港、百色、崇左的独特临边区位优势，开发旅游产业，打造国家边境旅游试验区。其中，防城港、百色将成为国家全域旅游示范区的"边境版"；崇左将建成全国首个国际旅游合作试验区。同时，积极培育边境自驾车旅游和跨境自驾车旅游。

10.2.2 紧握三个行动抓手

广西全域旅游发展在五大发展理念的指导下，应以具体的行动抓手来支撑广西全域旅游格局建设。

1. 抓体制机制，高位推进

（1）党政统筹，在旅游政策制定、政绩考核体系等方面实现突破。在旅游发展政策制定、政绩考核体系等方面有重大突破，出台《自治区党委自治区人民政府关于加快旅游业跨越发展的决定》《关于促进旅游与相关产业融合发展的意见》和《加快创建广西特色旅游名县若干支持和激励政策》。对重点旅游发展县不以 GDP 增速论英雄，而是侧重考核旅游发展指标。废除特色旅游名县、创建县和备选县资格终身制，每两年进行复审，实施缺额递补竞争，择优评定。

（2）推进 1+3+N 的综合管理体制机制改革，强化旅游服务质量。广西旅游发展委员会成立于 2014 年，随后设立了 14 个市级旅游发展委员会。16 家县级国家全域旅游示范区创建单位分别设立了旅游发展委（局）、工商旅游分局、旅游警察、巡回法庭等，形成了"旅游发展委员会＋治安（旅游警察）＋旅游巡回法庭＋旅游工商分局＋其他执法机构"（1+3+N）的旅游综合管理体制机制。阳朔、上林等县都设立了旅游警察，不但担任行政处罚、案件侦办等警察身份角色，而且为游客在当地旅游过程中提供咨询、旅游投诉、突发事件办理等服务，充当"亲民"的形象大使；阳朔、昭平、金秀、容县等多地设立了旅游巡回法庭，为旅游者和旅游企业双方利益提供司法保障，以"公平、高效、及时"为原则，解决旅游纠纷问题。除此之外，不少地方还打破常规，如阳朔骥马村抓共建共享运作的"党员综合服务中心"，通过乡村党政综合中心、旅游咨询，旅游调解等功能，使党的执政基础更为延展、深入基层，是全域旅游在体制机制上的重要探索和实践；上林县、昭平县任命旅游发展委员会主任为县政府党组成员，宜州区旅游发展委员会主任兼任区委、区政府办公室副主任等。

（3）建立"自治区领导联系推进重大旅游项目"工作机制。"一把手"主抓旅游重大项目和重大旅游公共基础服务设施建设，在制定政策在财政资金安排、用地指标保障、项目前期审批等方面给予重点支持，形成推动特色旅游发展和全域旅游发展的强大合力。各创建市、县（市、区）落实"一个项目，一个责任单位，一套班子，一个领导，一抓到底"的工作机制，强力推进重大旅游项目建设，带动旅游产品加快转型升级。据统计，2018 年上半年，共 6.8 亿元旅游发展专项资金投入 20 个广西特色旅游名县创建单位，旅游业社会总投资超过 200 亿元。

（4）建立自治区旅游工作厅际联席会议机制。整合 33 个相关部门资源，推进"旅游 +"协调发展，重点整合协调旅游项目土地使用、生态环境保护、口岸建设管理、智慧信息化建设、建设项目资金、科学技术创新、品牌建设等旅游发展重大问题和重大事项。如争取原国家旅游局、广东省和深圳市旅游局、广东省第二扶贫工作组支持，联合举办 2 期共 286 人次的乡村旅游与旅游扶贫专业培训班，为提高乡村旅游开发和经营水平、提升贫困人口创业就业素质和技能开展智力扶贫；如借助联席会议平台，与自治区农业、林业、水利、文化、体育、国资委 6 部门签订融合发展框架协议，分别制定《旅游与相关产业融合发展三年行动计划》，统筹水电设施、涉农、生态环境治理、科教文卫体等方面的扶持资金，共约 26.5 亿元；完善优化"旅游 +"产业融合发展系列配套机制。

2. 抓科学规划，多规合一

（1）顶层设计，统筹全域旅游部署。以旅游发展客观规律为基础，以"高水平、高品位、高发展"为理念，对旅游发展进行统筹规划。广西根据《国家旅游业发展"十三五"规划》和《广西旅游业发展"十三五"规划》统筹部署，结合原国家旅游局《全域旅游示范区创建工作导则》，起草编制了

《广西全域旅游发展规划纲要及三年行动计划》，制定了《广西创建国家全域旅游示范区实施细则》（含创建评定标准和评分细则），既能从顶层统筹设计安排又能充分衔接突出特色，以规划和方案制定推动广西全域旅游科学发展。同时，指导县（市、区）试行推进"多规合一"试点，科学指导特色旅游名县和国家全域旅游示范区创建工作。

（2）统筹城乡，打造"大景区"。广西在全域旅游规划中提出"大旅游"理念，将全广西作为一个"大景区"进行统筹规划建设，推动"多规合一"，协调主客体需求或利益。统筹城市规划、城市风貌控制规划、绿道规划、乡村规划、美丽乡村建设方案、旅游规划、文化产业规划等，优化城乡空间布局、提升城乡区域生态环境品质、加强历史文化名镇、传统村落和古树名木保护，挖掘城市及乡土特色，完善旅游厕所、停车场、游客咨询中心建设等，加强餐饮、旅游购物、旅游康养、旅游演艺等旅游产品供给，促进特色旅游名县、名镇名村创建，推进"生态旅游大公园"建设。

①巴马县。把规划作为前置门槛，整合资金6000多万元，完善城乡建设和旅游发展各类专项规划，形成了科学完整、布局合理、相互衔接的规划体系，尤其是今年邀请中国建筑设计研究院规划团队对巴马县开展旅游、交通、城乡、环保、国土等"多规合一"规划。

②昭平县。以旅游为先导产业推进"多规合一"，按照"三区两带"发展思路，对辖区内经济社会资源进行有机整合，在旅游发展中融入农林牧、文体、经济、城镇化等产业，发挥出旅游产业的引领和带动作用，初步形成"泛旅游"概念下的生态健康产业链。

③涠洲岛。按照"多规合一"要求开展对原有总规、控规等规划的修编，同期推进综合交通、市政工程、综合管线、环境卫生、海绵城市等专项规划编制，以及重点区域（南湾街、石螺口等）整治规划编制。启动旅游产品、湿地公园、村庄等规划的编制。

3.抓品牌创建，联建共享

（1）创设旅游特色品牌，打造绚丽广西。在"遍行天下，心仪广西"的旅游主题形象引领下，各创建单位依托特色、精心提炼、创新营销，形成了各具特色的旅游主题形象和风格迥异的旅游品牌。

①差异化发展，一县一特色。阳朔县主打"画里山水 栖居阳朔"；巴马瑶族自治县主打"世界寿乡，康养巴马"；金秀瑶族自治县以瑶族韵味——"圣堂仙境，生态瑶都"为主题；三江侗族自治县依托"千年侗寨，梦萦三江"，突出展现侗族风情；融水苗族自治县凭借自然风光，凸显"秀美融水，风情苗乡"；东兴的山、海带给人"上山下海又出国"的边关风光；宜州区的旅游亮点是"三姐故里，歌海宜州"；涠洲岛提出"美丽涠洲，度假天堂"的旅游理念；上林县力推"壮族老家，养生上林"的旅游诉求；桂平市打响"华南佛都，天国故里，天下奇城"的旅游品牌等。

②抓紧国家品牌创建工作。2015 年以来，广西申报创建 20 家国家 5A 级旅游景区，通过国家 5A 级旅游景区资源评价 6 家，成功创建国家 5A 级旅游景区 2 家；推荐创建国家级旅游度假区 6 家，新增国家生态旅游示范区 3 家，新增国家特色景观旅游名镇名村 11 个（累计 19 个），新增广西特色旅游名镇名村 28 个，新增五星级酒店 2 家。

（2）做好业态支撑，夯实品牌价值。围绕"吃、住、行、游、娱、购"，结合广西的自然风貌、民族特色、历史记忆和文化基因，加强特色挖掘，突出个性特点，着力打造一批特色旅游精品，做好业态支撑，夯实品牌价值。

①打造地方特色餐饮。在全区各县（市、区）城区建设美食街，打造地方特色餐饮集聚区；鼓励特色旅游小镇、旅游景区和乡村旅游区开发特色餐饮，推出绿色生态、药膳养生、民族特色等菜系，培育地方特色餐饮品牌；举办具有地方特色的美食旅游节庆，提高当地美食文化知名度。

②发展特色旅游住宿。促进全区各县（市、区）高品质旅游住宿设施改造升级，争取每个县（市、区）拥有一家四星级以上旅游饭店，鼓励建设五星级旅游饭店；积极发展类型多样的主题酒店和度假酒店；大力发展以古村落、庄园、民族村寨等为载体的特色民宿。

③发展特色旅游交通。加快高铁旅游廊道、旅游绿道、风景廊道建设；

促进自驾游发展；开发飞行体验、滨海区域等低空旅游项目。依托 21 世纪海上丝绸之路旅游航线开发，推进北部湾港按照港口规划建设邮轮码头和客运旅游码头，促进内河和湖区游艇旅游开发，推动游艇旅游产业发展。

④打造特色旅游景区。以国家 4A 级旅游景区创建为抓手，引导风景名胜区、森林公园、湿地公园、地质公园、水利风景区等其他景区完善旅游设施和提升旅游服务；鼓励创建国家 5A 级旅游景区。

⑤开发特色旅游商品。大力扶持特色旅游商品研发、生产和销售企业（机构）发展，开发特色鲜明、类型多样的旅游商品；依托城区建设特色旅游购物街区；利用大型商品超市、旗舰店、连锁店和电子商务平台，开拓"线下＋线上"多种特色旅游商品销售渠道；依托边境城市、港口城市、航空枢纽港等推动免税购物区建设。

⑥完善休闲娱乐设施。在全区各县（市、区）城区建设兼具休闲和旅游功能的博物馆、美术馆、文化中心等文化设施；结合城区、镇区的建设，打造特色休闲街区，完善休闲娱乐设施；加强旅游演艺品牌建设，推动文艺团体紧扣历史、民族等主题，编排特色演艺；完善各旅游景区景点娱乐设施，鼓励旅游景区推出具有本地特色的旅游演艺项目。

（3）紧抓旅游品牌宣传，提升市场影响力。出台奖励政策，不断加大对广西旅游宣传营销的支持力度。同时，各创建单位通过整合媒体宣传资源，利用电视、报纸、网络微博微信平台、广西 100 个民族节庆活动以及"走出去"与"请进来"相结合等多种渠道，全方位、立体式开展宣传营销，大力推介自身特色旅游产品，进一步扩大市场影响力。通过强力度的宣传和节庆活动的举办，广西特色旅游市场影响力大幅提高。

10.3 广西全域旅游发展与特色旅游名县建设

10.3.1 全域旅游与广西特色旅游名县

1. 广西特色旅游名县的背景

广西是全国唯一既邻海又邻边的少数民族自治区，拥有独特的山水资源和文化资源。广西的民族风情多姿多彩，旅游资源丰富，县域旅游发展潜力足。全区拥有 25 个"中国长寿之乡"，1 处世界文化遗产。长寿乡数量占全国总数的 1/3，其中巴马、乐业被誉为"世界长寿之乡"。虽然广西县域旅游资源质量高，但是从整体区域看，山区少数民族县域旅游发展滞后，致使广西整体旅游布局不完善、旅游发展不平衡、不协调，旅游发展存在着短板。广西 111 个县份中近一半是贫困县，老百姓综合素质不高，旅游开发服务意识低，"一流资源、二流开发、三流服务"的现象普遍存在。如何将绿水青山变成"金山银山"，这是亟须解决的问题。

特色是旅游业的核心，是全域旅游发展理念的根本要求。2013 年，广西启动特色旅游名县创建工作。通过采用非终身制动态管理、多部门合作形成合力、资金支持以大建设推动大发展等方式鼓励区内特色旅游名县的创建，政策的支持使得各创建县踊跃投入，掀起"创特"高潮。

2. 全域旅游与广西特色旅游名县创建的关系

全域旅游指引着广西特色旅游名县创建。广西特色旅游名县创建是全域旅游在广西的创新模式和典型实践。在原国家旅游局已经公布的两批"国家全域旅游示范区"创建名单中，广西有 19 家被列入国家首批全域旅游示范区创建单位（南宁市、靖西市、北海市、宜州区、贺州市、东兴市、上林县、容县、恭城瑶族自治县、雁山区、钦南区、兴安县、阳朔县、昭平县、融水苗族自治县、金秀瑶族自治县、龙胜各族自治县、凭祥市、巴马瑶族自治县），其中 16 个县级创建单位中有 15 个已经获得"广西特色旅游名县"称号的县（市）（恭城瑶族自治县也是"广西特色旅游名县"创建县）。创建广西特色旅游名县，是广西发展全域旅游的积极探索，是具有广西特色的全域旅游发展模式。

近年来，在创建特色旅游名县过程中，广西积累了诸多的经验，从而加深了对全域旅游的理解，为贯彻全域旅游理念提供了坚实的基础。广西必须全过程积极贯彻落实中央关于旅游业发展的重大决策部署，充分、主动地学习借鉴成功区域的先进经验，加快广西全域旅游建设步伐，合力塑造"遍行天下，心仪广西"的品牌形象，加快实现广西"两个建成"奋斗目标。

当全域旅游成为一种思维方式、一种实践的实验、一种探索时，不同地区给出的解读与摸索是不同的。通过本书的研究，广西全域旅游在学习其他地方成功的经验基础上，通过结合自身特定的资源环境和特定的内生动力，走出一条广西特色的全域旅游发展道路。

10.3.2 双创并举：全域旅游发展的广西模式

1. 党政统筹，分类考核

广西由于之前发展相对缓慢，这也在一定程度上保护了旅游资源，没有引发大面积被破坏，生态环境良好，具有可以发展成为金山银山的基础。资源多样性，是发展旅游的先决条件，优越的地理位置更是旅游发展的外部环境。广西壮族自治区党委、政府从外围审视旅游发展，将旅游作为战略性支柱产业，用它来撬动整个广西经济转型升级，实现将青山绿水转化为金山银山。各级党委、政府将旅游业作为首要工程，由主要负责人亲自抓、带头抓，形成上下一条心，上下合力抓的局面，从而有效整合区域旅游资源，促进产业融合发展，实现社会全员共建共享。

同时，在党政统筹的基础上，将广西111个县（市、区）分为重点开发区县、农产品主产区、重点生态功能区、城市主城区四种类型，赋予不同旅游权重。重点考核县域经济发展中特色旅游与全域旅游及旅游接待总人数与旅游消费总人数的情况，不以GDP增速论英雄，侧重考核旅游发展指标，做到了对全区111个县（市、区）旅游分类考核的全覆盖，以特色旅游引领广西全域旅游发展，激发县域旅游可持续发展活力。这是基于广西实际的重大策略，符合广西旅游发展实际，保障了重点旅游县以及旅游干部的发展权益，避免了一哄而上抓旅游或不作为的混乱局面，具有一定的科学性与实践性。

2. 双创并举，双促升级

广西创建特色旅游名县的工作实践无论从指导思想、战略目标、实施路径和实际成效方面来看都与社会共建共享、区域资源有机整合、经济社会协调发展、产业融合发展的目的相一致。这是创建广西特色旅游名县与国家全域旅游示范区的统一性。基于此，2016 年年底，广西提出了国家全域旅游示范区与特色旅游名县"双创"并举，并编制《广西壮族自治区全域旅游发展规划纲要》《广西全域旅游发展三年行动计划》和《广西全域旅游示范区创建实施方案》，以顶层设计引领，以"创特"为抓手推动全域旅游发展。

同时，广西特色旅游名县与全域旅游示范区创建标准又存在一定的差异性。可以说，广西特色旅游名县强调"特色"，而全域旅游示范区则强调"全"，包括"全空间、全要素、全时候、全产业链"等。"广西特色旅游名县"是"全域旅游示范区"的示范亮点，突出广西全域旅游的吸引点；"全域旅游示范区"则是"广西特色旅游名县"的一个过程及发展目标，突出广西旅游的服务质量与发展效益。"全域旅游示范区"与"广西特色旅游名县"创建，是互为补充、互相促进的，是特色与效益的互动升级。

3. 三级联动，惠民倍增

广西全域旅游发展过程中，创新性形成了"战略目标＋区域增长极＋县域抓手"的三级联动格局。生态旅游大公园是广西全域旅游的发展目标，是广西壮族自治区旅游发展的战略指导。北部湾滨海国际旅游区、桂林国际旅游胜地、边关风情国际旅游区、巴马长寿养生国际旅游区等"1+3"区域旅游增长极具有国际吸引力，核心竞争力强，可替代性弱。双创县等县域抓手则展现了旅游产品的特色性、丰富性，对周边拉动性强，具有带动与示范作用，推动广西全域旅游发展。

在生态旅游大公园的战略指导下，以"1+3"区域旅游增长极为核心吸引点，以双创县为切入点，为特色乡镇、村寨发展注入动力，使自治区及下辖市、县、乡等区域旅游发展展现专长，突出重点，层层管理，共同发展，将全域旅游真正落到了实处，具有可操作性、可评估性、普遍性，真正体现了全域旅游本质。通过县域层面来落实自治区及市级层面政策，推进全域旅游发展，持久有序地发挥旅游扶贫、惠民富民效益。同时，由于相当部分的双创县就是贫困地区所在县，对县域的贫困状况以及贫困户相对了解，贯彻了精准扶贫思想，采取"景区＋农户、旅游带头人＋农户、公司＋农户"以及

"依托贷款，合伙经营"等旅游扶贫模式，真正将旅游惠民效益发挥到实处。

4. 县域发力，区域升级

广西生态环境优良、旅游资源丰富、区位条件优越，具有发展旅游的先天条件。但是广西发展底子薄弱，基础设施建设不完善、财政投入不足等将会持续很长一段时间。广西采取"抓重点，出成效，成示范"的模式，以县域为突破口，进行"双创县"建设，推动全域旅游、县域经济实现跨越式发展。

广西以"双创县"为抓手，创新旅游产品开发，落实全域旅游"党政统筹"的思想。通过县域旅游发展，将生态优势转化为发展优势、将旅游资源转化为旅游产业，实现产旅融合发展、县域绿色崛起，经济转型升级。同时，以县域经济为先行示范，推动了一、二、三产业融合发展，自下而上地改变发展方式、优化经济结构、转换增长动力，最终推动广西经济转型升级发展、逐步构建现代化经济体系。

10.4 广西全域旅游发展促进充分平衡发展成效

"全域旅游"提升了人们的生活品质，也提高了新财富革命中的旅游价值。"十三五"开局以来，广西按照"积极发展特色旅游和全域旅游，着力打造国际旅游目的地，加快建设旅游强区"的发展新定位、新要求、新部署、新目标，全域旅游发展已经初见成效，满足了人民群众对美好生活的需要、促进了经济转型升级。

10.4.1 在乡村振兴发展方面

1. 促进了扶贫脱贫建设

广西全域旅游发展核心之一就是"双创县"，而大部分的"双创县"就是贫困地区，广西全域旅游具有显著的扶贫脱贫贡献。广西制定印发了《脱贫攻坚战旅游业发展工作方案》，实施"现有旅游企业就业脱贫、重点贫困村旅游发展脱贫、规划及重大项目带动脱贫、培训与就业指导脱贫、自主旅游创业脱贫"等工程，有效推动了全区旅游扶贫脱贫致富发展。据统计，全区累计帮扶编制乡村旅游规划 100 多个，累计举办旅游扶贫就业专题招聘会 91 场（次），参加招聘旅游（或涉旅）企业 807 家，提供就业岗位 15402 个，达成签约意向 4878 人。2016 年，广西有 19 个国家全域旅游示范区创建单位，通过旅游带动脱贫人数超过 52000 人。

2. 促进惠民致富与小康建设

在"双创"各单位，通过发展旅游，带动当地农民参与旅游之中。据初步统计，2023 年 1~5 月，广西旅游接待总人数约 2.04 亿人次，旅游总消费达 2195.13 亿元，分别比同期增长 24.0% 和 29.5%。其中，乡村旅游接待总人数约 0.75 亿人次，占全区旅游接待总量的 43%，同比增长约 23%；乡村旅游消费约 511.5 亿元，占旅游总消费的 26%，同比增长约 32%。可见，乡村旅游占据了广西旅游近一半市场。

广西诸多县份开展乡村旅游，通过乡村旅游提高了农民收入，增加了就业岗位。广西龙胜县设立乡村旅游发展专项资金，通过发展乡村旅游，采用旅游精准扶贫的形式，使当地近 3 万人变成"扛着犁耙种田地，唱着山歌搞旅游"的"两栖农民"；长垌乡平道村古占屯利用扶持资金进行房屋民族风貌改造，建设大型自驾车停车场、游客服务中心等旅游基础设施及公共服务设施，组织民俗表演，2015 年，实现旅游总消费达 472 万元，人均纯收入超过 7000 元。

10.4.2 在美丽广西建设方面

1. 促进了生态文明建设

旅游业需要绿色、美丽的环境。广西全域旅游以"打造生态旅游大公园"为目标，这必然要求广西具备良好的生态环境。随着广西推行"美丽乡村"系列活动，形成"清洁家园、水源、田园"三股清风，村屯绿化、饮水净化、道路硬化"三部曲"铿锵前行，"宜居乡村"浓墨重彩描绘了基础便民、产业富民、服务惠民三幅壮乡人民的幸福图景。而其中，美丽广西的幸福画卷里，美好生态是底色。

2. 拉动了投资与消费

各"双创县"通过线上、线下的广泛宣传让广西旅游形象更为深入人心，拉动了当地投资与消费。据相关数据显示，2019 年 1—6 月，全区 58 个特色旅游名县、创建县和备选县（其中大部分是国家全域旅游示范区创建单位）共接待游客 2.26 亿人次，同比增长 25.24%；旅游总消费 2617 亿元，同比增长 27.97%；入境旅游人数 191.73 万人次，同比增长 9.22%；旅游过夜接待总人数 8560 万人次，同比增长 15.35%。新增完成旅游基本公共服务设施 177 个，其中投资额超过 500 万元的重大旅游基本公共服务设施 51 个，占比 28.81%；新增完成重大旅游经营项目 35 个，旅游发展资金投入 2.57 亿元，同比增加 6731 万元。

3. 推动了县域经济转型升级

广西特色旅游名县、全域旅游示范区的"双创"行动，成为县域经济转型发展的重要动力。2017 年，广西县域经济发展大会评出的 2016 年度"广西科学发展十佳县"除灌阳县、陆川县外，其余 8 个均是广西特色旅游名县或创建县（4 个名县，4 个创建县）；2016 年度"广西科学发展进步县（7 个）"中有 5 个是广西特色旅游名县、创建县和备选县（2 个名县、2 个创建县、1 个备选县）。另外，旅游业综合贡献测算研究结果显示，2018 年，全区旅游业对广西财政收入贡献率达 15%，综合增加值占 GDP 的 15%，为 13% 的就业人口提供了 357.7 万个岗位，占服务业就业比重的 33%。其中阳朔县、凭祥市、龙胜县旅游消费所占县 GDP 比重超过 50%，旅游业已经成为当地经济发展的支柱产业。县域经济的转型升级发展自下而上地促进了广西经济转型升级，推动了现代化经济体系发展。

10.4.3 在文化开放发展方面

1. 弘扬了广西特色文化

旅游是文化的载体，没有旅游，文化就缺乏市场。广西拥有山水、民族、红色、长寿、边境、海洋等特色文化旅游资源。借助全域旅游发展，形成了大批广西特色文化品牌，不仅在国内形成了特色文化高地，更是在国际上弘扬了广西特色文化。如桂林山水文化品牌。自启动国际旅游胜地建设以来，桂林山水文化旅游品牌影响力进一步扩大，举办了联合国世界旅游组织 / 亚太旅游协会旅游趋势与展望国际论坛、中国—东盟博览会旅游展、桂林山水文化旅游节、桂林国际马拉松赛等。"壮族三月三·八桂嘉年华"民族文化旅游品牌已推介到东盟国家，扩大了民族文化旅游品牌的国际影响力。东兴—芒街、靖西—龙邦等跨境旅游合作区以及防城港市、百色市等国家边境旅游试验区的建设助推了边境文化品牌发展。

2. 推动了对外开放与合作

广西是我国西南、中南地区开放发展新的战略支点，是 21 世纪海上丝绸之路和丝绸之路经济有机衔接的重要门户，是面向东盟的国际大通道，对外开放与合作可谓是广西发展的生命力。在全域旅游发展过程中，以"旅游 +"融合体育赛事、文化艺术、商务博览等，打造出了中国—东盟国际汽车拉力赛、中国—东盟国际拳王争霸赛等一系列经典赛事；打造出中越美食节、中越（凭祥）边关文化旅游节、中越山歌歌王大奖赛等节庆活动；举办了中国—东盟传统医药健康旅游国际论坛（巴马论坛）、第十一届联合国世界旅游组织 / 亚太旅游协会旅游趋势与展望国际论坛、中国—东盟博览会旅游展；举办了"红铜鼓"中国—东盟艺术教育成果展演、中国—东盟文化论坛、中国—东盟戏剧文化周、壮族舞剧《妈勒访天边》、中国—东盟书法美术展等高端跨国交流活动；举办了民族音画《八桂大歌》、新编彩调剧《刘三姐》等独具广西特色的舞台艺术作品演出。通过广西全域旅游，增强了中国与东盟国家政府高层、民间团体在文化、旅游、商贸等领域的互通交流，为推动中国—东盟合作升级奠定了坚实的人文基础，推进了"一带一路"倡议的文化认同。

10.5 全域旅游环境下桂林市公共交通通达度研究 [①]

10.5.1 引言

旅游交通是旅游业传统六要素之一，是旅游业发展的基础和前提。旅游

---

① 本章核心内容发表在《广西民族师范学院学报》2019 年第 5 期。题名为：基于换乘次数的桂林市景区公共交通通达度研究。

交通不仅连通了客源地和目的地，更是旅游目的地内部各供给要素之间的纽带。在全域旅游发展阶段，旅游公共交通作为旅游交通的重要组成部分，其便利程度会直接影响旅游者在旅游目的地的活动效率和旅游体验[1]。

Hansen（1959）首次提出通达性（Accessibility）的概念，并将其定义为交通网络各节点之间相互作用机会的大小[2]，Ingram（1971）推荐以高斯曲线为基础来衡量给定的点的整体通达性[3]，Danaher（1996）用多元回归法研究发现到访新西兰的游客对旅游目的地的满意度和旅游交通之间没有显著关系[4]。B Prideaux（2000）运用运输成本模型支出研究了旅游者的客源地与目的地之间的动态关系[5]。Lumsdon（2006）发现交通联票在促进一日游方面有显著作用[6]。Thompson（2007）发现公共交通的易用性对旅游目的地满意度的影响大于效率和安全性的影响[7]。Albalate（2008）指出旅游业对城市公共交通建设具有积极的外部性，但同时也给本地居民带来了外部成本[8]。Parahoo（2014）通过对游客对迪拜市公共交通游客满意度的研究后发现可用性和适用性增强了旅游目的地的吸引力[9]。Zoghbi Manrique de Lara（2016）发现国民待遇、公

---

① C. Kaspar. The interdependence of tourism and transport and its repercussions［J］. The Tourist Review，1967（4）：150-156.

② Hansen W G. How accessibility shapes land use［J］. Journal of the American Institute of Planners，1959（2）：73-76.

③ D. R.Ingram. The Concept of Accessibility：a Search for an Operational Form［J］. Regional Studies，1971（5）：1012-1076.

④ P J Danaher，N Arweiler. Customer satisfaction in the tourist industry：A case study of visitors to New Zealand［J］. Journal of Travel Research，1996（1）：89-93

⑤ B Prideaux. The role of the transport system in destination development［J］. Tourism Management，2000（1）：53-63.

⑥ Lumsdon L，Downward P，Rhoden S. Transport for tourism：can public transport encourage a modal shift in the day visitor market［J］.Journal of Sustainable Tourism，2006（2）：139-156.

⑦ Thompon K，Schofield P. An investigation of the relationship between public transport performance and destination satisfaction［J］. Journal of Transport Geography，2007（2）：136-144.

⑧ Albalate D，Bel G. Tourism and urban transport：holding demand pressure under supply constraints［J］. Tourism Management，2008（3）：425-433.

⑨ Parahoo S K，Harvey H L. Satisfaction of tourists with public transport：an empirical investigation in Dubai［J］. Journal of Travel & Tourism Marketing，2014（8）：1004-1017.

交服务能够提高游客对目的地的忠诚度[①]。Gutiérrez（2016）发现搭乘飞机到目的地的旅游者在目的地选择公共交通进行游览活动的比例最高[②]。Yang（2015）对墨尔本、伦敦、巴黎和新加坡的城市公共交通服务国际旅游者的能力进行了研究，发现都还有很大的改善空间[③]。杨家文（1999）从概念、度量方式及主要应用领域介绍了通达性这一研究领域的进展[④]。陈晓（2008）定量分析了大连城市交通和旅游两系统间的协调性，认为发展市区交通和旅游的协调性高于市郊[⑤]。陈岗（2009）发现桂林主城区三星级以上饭店随着对交通集成度依赖程度的逐步减弱，而倾向远离城市中心[⑥]。王兆峰（2014）发现旅游城市公共交通的"便捷性"对游客满意度和重游意愿的影响较强[⑦]。吴潘（2016）发现西安市公交线路不能完全满足散客旅游者的需求，旅游交通便利程度有待提高[⑧]。陈方（2013）提出了基于 TOD 策略的旅游新区公共交通系统规划方法[⑨]。

综上所述，国内外研究者已经认识到方便快捷的旅游公共交通是影响旅游目的地服务质量和满意度的重要因素，并提出了距离度量法、拓扑网络连接法、重力度量法、累积机会法等衡量方法。但历史研究更侧重衡量路网本

[①]　Zoghbimanriquedelara P，Guerrabáez R M. Fairness in the local movements of tourists within a destination：justice perceptions，bus services，and destination loyalty［J］. International Journal of Culture Tourism & Hospitality Research，2016（4）：323–339.

[②]　Gutiérrez，Aaron，Miravet，Daniel. The determinants of tourist use of public transport at the destination［J］. Sustainability，2016（9）：908–923.

[③]　Yang Yan，Currie Graham，Peel Victoria，Liu Zhiyuan. A New Index to Measure the Quality of Urban Public Transport for International Tourists［C］. Transportation Research Board 94th Annual Meeting，2015.

[④]　杨家文，周一星 . 通达性：概念，度量及应用［J］. 地理学与国土研究，1999（2）：61–66.

[⑤]　陈晓 . 城市交通与旅游协调发展定量评价——以大连市为例［J］. 旅游学刊，2008（2）：60–64.

[⑥]　陈岗 . 基于交通集成度分析的城市饭店空间布局研究——以风景旅游城市桂林主城区为例［J］. 旅游学刊，2009（4）：61–66.

[⑦]　王兆峰 . 张家界旅游城市游客公共交通感知、满意度与行为［J］. 地理研究，2014（5）：978–987.

[⑧]　吴潘，吴晋峰，周芳如等 . 目的地内部旅游交通通达性评价方法研究——以西安为例［J］. 浙江大学学报（理学版），2016（3）：345–356.

[⑨]　陈方，戢晓峰，魏雪梅 . 基于 TOD 策略的旅游新区公共交通系统规划方法——以阳宗海风景区为例［J］. 人文地理，2013（2）：131–135.

身的通达性度量，较少考虑公共交通线路和站点的设置对旅游节点间通达性的影响。

桂林作为中国传统旅游目的地之一，在旅游公共交通发展方面进行了长期的探索和创新。从 2002 年的免费公交车到 2008 年的旅游观光专线车，再到 2015 年大规模调整公交线路，但对旅游者而言，旅游公共交通效果均不理想。随着互联网技术和现代交通方式的发展，散客旅游者逐渐成为旅游活动的主要群体，对目的地旅游公共交通建设提出了更高的要求。经调查后发现，搭乘公共交通是散客旅游者在桂林旅游期间最希望选择的交通方式，但由于信息不畅、不知道景区间有公共交通和公共交通不便利、换乘太烦琐等原因，散客旅游者在现实旅游活动中选择公共交通的比例并不高（17%）。

本节通过收集桂林城区范围内景区之间公共交通线路和公交站点数据，采用换乘次数和通达度研究方法，对桂林城区景区间的旅游公共交通便捷性进行衡量，并尝试提出改善旅游公共交通通达性的策略。

10.5.2 研究方法

根据游客调查，旅游者最关心（73%）两个景区之间是否存在直达公交线路，而对两个景区之间的距离、路途时间、公交站的数量关心相对较少。当两个景区之间没有直达公交时，大多数（83%）旅游者能够接受的换乘次数是 1 次，换乘次数在 2 次以上时旅游者则更倾向选择的士、网约车等个性化公共交通。因此，本次研究采取换乘次数[①]和通达度指标对景区间公共交通通达性进行研究。

1. 换乘次数

假设旅游者从景区 X 去景区 Y，通过比较公交网络上各公交线路和换乘站点的情况，搜寻 X 到 Y 的可能路径，然后比较各可能路径的换乘次数，再确定最优路径。设：

$C_{(i)}$（i = 1, 2, …, m）为经过景区 X 的公交线路集合；

---

① 王建林.基于换乘次数最少的城市公交网络最优路径算法［J］.经济地理，2005（5）：673–676.

$D_{(j)}$（j=1，2，…，n）为经过景区 Y 的公交线路集合；

$E_{(i, u)}$（U=1，2，…，p）为线路 $C_{(i)}$ 上的站点；

$F_{(j, v)}$（V=1，2，…，q）为线路 $D_{(j)}$ 上的站点；

搜寻步骤如下：

（1）确定乘车的起始景区 X 及目的景区 Y

（2）查找经过景区 X 的所有线路集 $C_{(i)}$ 和经过景区 Y 的所有线路集 $D_{(j)}$；

（3）判断是否存在 $C_{(i)}$=$D_{(j)}$。如果有，则搜寻到了从景区 X 到景区 Y 的直达线路 $C_{(i)}$ 即 $D_{(j)}$（图 10-1a）；如果没有，则进行下一步；

（4）查找线路 $C_{(i)}$ 上的站点 $E_{(i, u)}$ 以及线路 $D_{(j)}$ 上的站点 $F_{(j, v)}$；

（5）判断是否存在相同站点，即 $E_{(i, u)}$=$F_{(j, v)}$。如果有，则线路 $C_{(i)}$ 和 $D_{(j)}$ 即为 1 次换乘线路（见图 10-1b），$E_{(i, u)}$（即 $F_{(j, v)}$）为换乘站点，从景区 X 乘坐公交车需在 $E_{(i, u)}$（即 $F_{(j, v)}$）景区 Y 行一次换乘；如果没有，则认为景区 X 和景区 Y 之间无法通过公共交通工具到达对方（见图 10-1）。

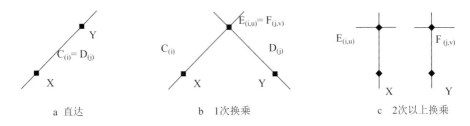

a　直达　　　　　　　b　1次换乘　　　　　　　c　2次以上换乘

图 10-1　公共交通换乘模型

2. 通达度

在换乘次数的基础上，本书提出采用通达度指标用来量化衡量景区之间的通达程度。通达度和换乘次数呈倒数关系，用 $A_{(x, y)}$ 表示景区 X 和景区 Y 之间的通达度，即 $0 \leq A_{(x, y)} \leq 1$。1 表示景区 X 和景区 Y 之间的通达性很高，可乘坐直达公交车到达；0 表示景区 X 和景区 Y 之间的通达性很差，无法乘坐公交车到达。

当景区 X 和景区 Y 之间乘坐 1 趟公交车即可抵达时，$A_{(x, y)}$=1；

当景区 X 和景区 Y 之间需换乘 1 次，乘坐 2 趟公交车才可到达时，$A_{(x,y)}$=1/2；当景区 X 和景区 Y 之间需换乘 2 次，乘坐 3 趟公交车才可到达时，$A_{(x,y)}$=1/3；以此类推……

在本书中，根据旅游者能够接受的换乘次数，认为景区 X 和景区 Y 之间需换乘 2 次及 2 次以上，即乘坐 3 趟或 3 趟以上公交车才可到达时，$A_{(x,y)}$=0。

10.5.3 研究范围及数据处理

1. 研究范围

本研究选择桂林城区内的景区作为研究对象，主要基于以下两个原因：（1）桂林是我国起步较早的典型的风景旅游城市，城在景中，景在城中，城区范围内有 14 个国家 3A 级以上旅游景区，如象山景区、七星景区、叠彩景区等，一直以来这些景区都是旅游活动的重要地点；（2）经过多年来的发展，桂林城区内的旅游资源和土地资源基本开发完毕，山水城市的空间格局基本确定，兼顾居民日常工作生活功能和旅游功能的城市功能日趋完善，公共交通体系趋于稳定，更能够反映出桂林旅游公共交通活动的规律性。

2. 数据来源及处理

以桂林市城区唯一公共交通运营企业——桂林市交通投资控股集团有限公司 2016 年运营的 57 条（双向 114 条）公共交通线路和 890 个站点为样本（见表 10-1、表 10-2），建立桂林市公共交通线路数据库。采用 2.1 中的研究方法进行对桂林城区 14 个国家 3A 级以上旅游景区之间的公共交通线路进行搜寻，利用百度地图进行在线验证，并通过实地调查的方式来最终确定 14 个景区间的公交换乘路径，得到各景区间的公交换乘关系表（见表 10-3），进而计算出各景区的通达度（见表 10-4）。

表 10-1　桂林市城市公共交通线路概况（双向统计）

公交线路数量（条）	公交站点数量（个）	景区公交站点数量（个）	景区公交线路数量（条）	每条线路平均景区数量（家）	每个景区平均站点数量（个）
114	890	38	64	2.84	2.71

表 10-2　桂林市城区景区公交站点和公交线路统计（双向统计）

景区名称	公交站点数量（个）	公交线路数量（条）	景区名称	公交站点数量（个）	公交线路数量（条）
独秀峰景区	5	21	伏波景区	2	2
七星景区	8	27	南溪山景区	2	4
芦笛景区	3	3	刘三姐大观园景区	0	0
象山景区	4	6	西山景区	2	12
两江四湖景区	5	23	鸡血石中心景区	3	3
穿山景区	2	2	甑皮岩景区	2	9
叠彩景区	2	3	鲁家村	2	2

10.5.4 数据分析

1. 公共交通路线分析

把桂林城区 14 个景区之间两两连接，共形成 182 条线路，其中有 8 条步行线路，46 条直达线路，80 条一次换乘线路，48 条无公交线路，共涉及 11 路等 15 条（双向 30 条）公交线路。独秀峰—叠彩、独秀峰—伏波、象山—两江四湖、芦笛岩—鸡血石中心等四对景区之间因距离较近，可步行到达；七星、两江四湖、西山景区三个景区与其他景区之间交通方式较为便利，均可通过步行、直达线路或一次换乘线路的方式到达其他景区；刘三姐大观园景区与其他景区之间没有公交直达或一次换乘互达；其他景区之间均在不同程度上存在直达、一次换乘和无公交等方式。

126 条直达线路和一次换乘线路共涉及 15 条公交线路 206 次，其中：涉及 11 路和 3 路最多，各达到 34 次；203 路和 2 路、213 路也分别有 20 次和 18 次，这 5 条线路连接的景区数量都在 3~4 个；涉及最少的是 89 路和 86 路，都只有两条线路，其中 86 路只连接了甑皮岩一个景区，89 路只连接了西山和叠彩两个景区。

表 10-3 桂林市城区景区间公共交通换乘关系

出发地 \ 目的地	独秀峰	七星	芦笛	象山	两江四湖	穿山	叠彩	伏波	南溪山	刘三姐大观园	西山	鸡血石中心	甑皮岩	鲁家村
独秀峰景区	—	11	203-3	无	11	28-214	步行	步行	11	无	14	203-3	11-5	14-213
七星景区	11	—	14-3	25-16	11	28-214	11-2	11-2	11	无	14	14-3	28	14-213
芦笛景区	3-203	3-14	—	3-2	3	无	3-203	3-203	3-11	无	213	步行	3-5	213
象山景区	无	16-25	2-3	—	步行	16-214	2	2	16-11	无	23-25b	16-3	16-5	无
两江四湖景区	11	11	3	步行	—	16-214	2	2	11	无	23-25b	3	5	3-213
穿山景区	214-28	214-28	无	214-16	214-16	—	无	无	无	无	214-25	无	214-28	无
叠彩景区	步行	2-11	203-3	2	2	无	—	2	203-11	无	89	203-3	2-28	无
伏波景区	步行	2-11	203-3	2	2	无	2	—	203-11	无	203-25	203-3	203-5	无
南溪山景区	11	11	11-3	11-16	11	无	11-203	11-203	—	无	11-25b	11-3	11-86	11-213
刘三姐大观园景区	无	无	无	无	无	无	无	无	无	—	无	无	无	无
西山景区	14	14	213	25b-23	25b-23	25-214	89	25-203	25b-11	无	—	213	25b-5	213
鸡血石中心景区	3-203	3-14	步行	3-16	3	无	3-203	3-203	3-11	无	213	—	3-5	213
甑皮岩景区	5-11	28	5-3	5-16	5	28-214	28-2	5-203	86-11	无	5-25b	5-3	—	无
鲁家村	213-14	213-14	213	无	213-3	无	无	无	213-11	无	213	213	无	—

表 10-4　桂林市城区景区间公共交通通达度

目的地 出发地	独秀峰	七星	芦笛	象山	两江四湖	穿山	叠彩	伏波	南溪山	刘三姐大观园	西山	鸡血石中心	甑皮岩	鲁家村	合计
独秀峰景区	-	1.0	0.5	0.0	1.0	0.5	1.0	1.0	1.0	0.0	1.0	0.5	0.5	0.5	8.5
七星景区	1.0	-	0.5	0.5	1.0	0.5	0.5	0.5	1.0	0.0	1.0	0.5	1.0	0.5	8.5
芦笛景区	0.5	0.5	-	0.5	1.0	0.0	0.5	0.5	0.5	0.0	1.0	1.0	0.5	1.0	7.5
象山景区	0.0	0.5	0.5	-	1.0	0.5	1.0	1.0	0.5	0.0	0.5	0.5	0.5	0.0	6.5
两江四湖景区	1.0	1.0	1.0	1.0	-	0.5	1.0	1.0	1.0	0.0	0.5	1.0	1.0	0.5	10.5
穿山景区	0.5	0.5	0.0	0.5	0.5	-	0.0	0.0	0.0	0.0	0.5	0.0	0.5	0.0	3.0
叠彩景区	1.0	0.5	0.5	1.0	1.0	0.0	-	1.0	0.5	0.0	1.0	0.5	0.5	0.0	7.5
伏波景区	1.0	0.5	0.5	1.0	1.0	0.0	1.0	-	0.5	0.0	0.5	0.5	0.5	0.0	7.0
南溪山景区	1.0	1.0	0.5	0.5	1.0	0.0	0.5	0.5	-	0.0	0.5	0.5	0.5	0.5	7.0
刘三姐大观园景区	0.0	0.0	0.0	0.0	0.0	0.0	0.0	0.0	0.0	-	0.0	0.0	0.0	0.0	0.0
西山景区	1.0	1.0	1.0	0.5	0.5	0.5	1.0	0.5	0.5	0.0	-	1.0	0.5	1.0	9.0
鸡血石中心景区	0.5	0.5	1.0	0.5	1.0	0.0	0.5	0.5	0.5	0.0	1.0	-	0.5	1.0	7.5
甑皮岩景区	0.5	1.0	0.5	0.5	1.0	0.5	0.5	0.5	0.5	0.0	0.5	0.5	-	0.0	6.5
鲁家村	0.5	0.5	1.0	0.0	0.5	0.0	0.0	0.0	0.5	0.0	1.0	1.0	0.0	-	5.0

2. 通达度分析

对表10-4中各景区的通达度进行统计分析后得出：14个景区的通达度均值为6.7，标准差为6.42，全距为10.5，变异系数为0.96。表明桂林城区景区之间的通达度的离散程度很高。对各景区的通达度进行深入分析后可以发现，各景区的通达度呈现出多数相对集中，个别差异很大的特点：多数景区（71%）之间的通达度集中在6.5~9；最高的是两江四湖，通达度为10.5；最低的是刘三姐大观园，通达度为0；次低是穿山，通达度为3（见图10-2）。从总体上看，景区的通达度与景区的公交线路数量（$\gamma=0.64$）和公交站点数量（$\gamma=0.63$）呈正相关关系。

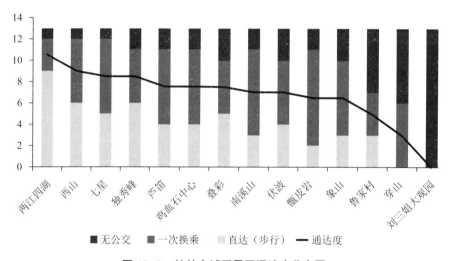

图10-2　桂林市城区景区通达度分布图

对通达度较低的景区刘三姐大观园和穿山景区进行实地调研后发现：刘三姐大观园位置相对偏僻，虽有213路等公交线路从其周边经过，但因未设置公交站点，邻近公交站点又距离较远，因此，与其他景区之间无法形成有效的公交通达；而穿山景区周边虽有漓江路和穿山东路等城市主干道，公交线路众多，但因其周边还有甲天下广场、体育馆等人流密集区，16路、23路等公交站点和公交线路多围绕甲天下广场、体育馆设置，产生"灯下黑"现象，穿山景区则成为城市公交系统中的"孤岛"。

3. 景区组团

通过对景区间的公交线路和通达度的分析，发现景区形成明显的聚集组团：(1) 芦笛—西山组团，包括：芦笛、鸡血石中心、西山和鲁家村四个景区，通过 213 路公交车连接在一起；(2) 象山—叠彩组团，包括象山、两江四湖、伏波和叠彩四个景区，通过 2 路公交车和步行方式连接在一起；(3) 七星—独秀峰组团，包括：七星、独秀峰、两江四湖和南溪山四个景区，通过 11 路公交车连接在一起。三个组团内部景区之间的通达度均为 1。

4. 调整措施

在保持公交线路总体布局相对稳定的情况下，对少数公交线路略加调整，可以显著改善景区间的公共交通连接状况，提升景区公共交通的通达度。

(1) 增设刘三姐大观园站。刘三姐大观园毗邻西山，213 路、25 路从其旁边经过，在其前后约 400 米处设有胜利桥和甲山两个公交站。增设刘三姐大观园站，在不改变 213 路和 25 路线路的情况下，可将刘三姐大观园有效纳入城市公共交通系统，与芦笛、鸡血石中心、西山和鲁家村等四个景区组成一个景区组团。

(2) 25 路终点调至穿山景区。25 路下行终点为施家园，距离穿山景区约 900 米，与穿山景区之间隔着漓江路。将 25 路终点延伸至穿山景区，保持原有线路不变，则可将穿山景区与七星、独秀峰和西山等景区连接起来。

(3) 2 路增设七星公园站。漓江从桂林城区经过，把城区划分为东西两部分，隔江相望的景区即便近在咫尺也难以连接。2 路公交车在漓江西岸沿江而行，是象山—叠彩组团的纽带，将 2 路车延伸到漓江东岸，可把七星—独秀峰与象山—叠彩组团紧密连接起来。

采取上述措施调整后：182 条线路中，步行线路仍为 8 条，直达线路增加到 72 条，一次换乘线路增加到 92 条，无公交线路减少到 10 条；景区平均通达度提高到 9.0，标准差降低到 2.03，全距降低到 5.0，变异系数降低到 0.23。景区间公共交通通达度大幅提升，不同景区间的通达度差异显著缩小（见图

10–3）。

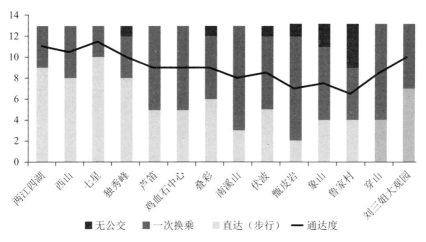

图 10–3　桂林市城区景区通达度分布图（调整后）

10.5.5 结论和探讨

（1）通过对各景区之间的公共交通换乘分析，本书找出一条依托公共交通，无需换乘即可到达多数景区的旅游线路：甑皮岩—28 路—七星路—11路—独秀峰—14 路—西山—213 路—鲁家村—213 路—芦笛（鸡血石中心）—3 路—两江四湖—步行—象山—2 路—伏波—2 路—叠彩。这条线路连接了除穿山和刘三姐大观园之外的 12 个景区。

（2）尽管有 54% 的公交线路途经景区，但仅用 30 条（双向）公交线路就可以连接起大多数（13 家）景区，说明桂林市城区公交线路的重叠性情况还比较严重。而全距、变异系数等指标说明桂林市旅游公共交通还存在很大的不均衡性，景区的通达度差异很大。

（3）采用计算换乘次数的方法指标能够很直观地说明景区间的公共交通关系，而通达度指标则用一个相对简单的指标来衡量景区间公共交通的通达性。二者结合使用，能够很好地说明一个地区旅游公共交通的便捷程度。

（4）本研究根据旅游者调查结果重点考察了影响旅游者选择公交线路的主要因素——换乘次数，当存在多种换乘方式时，选取了最少停靠站点的线路，未对两个景区之间的最短距离线路的考察。实地考察中也发现景区间虽然能够直达或一次换乘到达，但并非最短线路。对换乘次数和最短距离之间的量化关系有待进一步研究。

公共交通的发达程度体现着旅游城市的旅游公共服务水平。在全域旅游发展中，旅游城市要把旅游公共交通纳入城市公共交通体系中进行统一规划建设，增加旅游公共交通供给，减少游客选择个性化交通方式给城市公共交通带来的压力。

10.6 广西全域旅游发展的建议

虽然广西旅游全域发展在如火如荼地推进，但在发展过程中还存在一些瓶颈制约着广西全域旅游的发展，还必须转变观念、创新发展。

10.6.1 突破观念转变问题

目前，部分人对旅游的认识，还停留在景点旅游和景区旅游阶段，没有深刻认识全域旅游在调整县域产业结构、优化多产融合、带动全面发展具有重要的意义。认为发展旅游就是打造几个景点，建设几个上档次的星级酒店，设计推出几条旅游线路，举办个把旅游节庆活动就可以了。甚至认为"旅游富群众不富财政"的论调比比皆是，导致县域旅游发展缓慢。另外，对全域旅游理解不够深刻，导致多规衔接不到位，各地对优势产业发展的规划引领作用不足。广西有些区域旅游资源丰富，具备全域旅游发展的优势条件，但由于缺少科学合理的规划，缺乏统筹把控，致使行业分割，整体发展形象不突出、特色不鲜明、品牌知名度低。在广西西部的资源富集区和石漠化片区，以及广西生态保护功能区所覆盖的县份等均存在上述情况，建议采取以下措施。

1. 推出"旅游书记、旅游市长（县长）"一把手工程

全域旅游发展的重点是观念上的突破。全域旅游是跳出旅游的"大旅游"概念，是"具备一定资源基础条件"和"把旅游作为国民经济支柱产业"的县份所重点思考的问题。要从体制机制改革、产业经济融合、服务体系融合、

推动项目融合等方面进行发展，这就需要"一把手"高度重视。建议推出"旅游书记和旅游市长（县长）"，真正实施旅游"一把手"工程，总揽全局，明确思路，推进旅游发展。

2. 重点推进"国土、城建、旅游"等三规合一

全域旅游的基本要求是"生态优化、全域美化、资源整合、城乡统筹"，这是一个多产业深度融合发展的系统工程。建议创建国家全域旅游示范区的县（市、区）和发展旅游的广西重点生态功能保护区县，真正落实"多规合一"理念，重点推进"国土、城建、旅游"等三规合一，把旅游作为重点支柱产业主导发展，实现"一个市县一本规划、一张蓝图"，解决现有重点规划自成体系、内容冲突、缺乏衔接等问题，统筹推进全域旅游重点项目的开发和建设。

10.6.2 完善旅游服务设施

广西乐业、凌云、天峨、凤山、金秀等县，旅游资源富集，但是旅游基础设施配套水平低，连接景区间的旅游小交通，甚至目的地间的大交通建设滞后，智慧旅游发展缓慢，严重制约了旅游发展。建议采取以下措施。

1. 重点地区优先推进旅游交通设施建设

"要致富，先修路"，对于广西全域旅游发展依然十分适用。建议加大国家全域旅游示范区城市和广西生态功能保护区旅游发展区域的旅游基础设施建设，合理使用相关资金，着重提升区域间、城乡间、景点间道路衔接性，有效解决景区交通可达性问题。如加快西江内河航运、水库、湖泊等水上旅游交通设施建设；推进中越边境国家风景道、西江风景道建设工作等。

2. 重点推进智慧旅游建设

建立广西旅游大数据平台，整合交通、民航、出入境、公安、景区等涉旅数据，拓展融合环保、商贸等相关行业信息，建立全覆盖、智能、安全的数据采集分析、发布和应用系统，打造智慧旅游管理平台、智慧旅游服务平台、智慧旅游营销平台三大平台，在旅游市场营销、旅游综合执法管理、旅游决策分析、旅游公共服务、旅游统计监测等方面发挥重大作用。

10.6.3 拓宽资金投入渠道

有着青山绿水、旅游资源丰富的地方，往往是经济条件发展较为落后的地方，财政困难，路途遥远，加之旅游项目回收投资较慢，招商引资有一定难度。旅游发展资金投入严重不足问题，严重影响了全域旅游发展。建议采取以下措施。

1. 设立旅游产业发展基金

自治区和市县各级政府要加大财政资金支持力度，积极推进旅游产业发展基金的设立，根据财政收入增长情况逐年增加旅游发展专项资金，并有计划有步骤地向全域旅游发展倾斜。

2. 整合多渠道资金投入

充分利用各类资金和资源助力旅游业发展，整合现代特色农业示范区、"美丽广西"乡村建设、精准脱贫、文化事业等政策或资金，实现共建共享、联动发展。

3. 加大信贷资金支持

自治区贴息贷款扶持全域旅游发展的重大旅游项目，设立旅游项目担保风险补偿资金；对于给中小型旅游企业、乡村旅游企业申请银行贷款提供担保的企业、机构，实施风险补偿。鼓励和吸引金融机构给旅游企业提供信贷支持。

4. 建立多元投融资渠道

鼓励并引导外资企业和民营企业资金注入旅游发展；加大招商引资力度，利用自治区投融资平台拓宽规模投资主体范围，加大旅游资本注入，扩大旅游投入规模，调动各方机构积极参与旅游建设，以市场为基点，建立旅游投资机制，形成多元化的投资主体和多样化的投资方式。

5. 强化政策奖励倾斜

生态保护补偿财政转移支付以及相关奖励政策制定向全域旅游示范区创建县和广西重点生态功能保护区内的旅游县适当倾斜，适当提高补偿额度，降低奖励标准准入门槛。通过奖励刺激，提高县域开展全域旅游的积极性。

10.7 小结

广西通过全域旅游发展推动了广西经济社会转型升级发展。"党政统筹引领双创并举、三级联动带动富民强区"的全域旅游广西模式已经初步形成，为广西经济转型升级、构建现代化经济体系打开了一片广阔的天地。

广西全域旅游实践表现出四大特点：凸显理念指导的高度、跳出旅游格局的广度、强化行动抓手的深度、突围发展瓶颈的力度。全域旅游的广西实践，体现了惠民振乡、美区强县、兴文开放的巨大成效，促进了扶贫脱贫与小康建设，促进了生态文明建设，拉动了投资与消费，推动了县域经济转型升级，弘扬了广西特色文化，推动了对外开放与合作。

广西现代旅游业起步晚、基础薄，但发展快，势头猛。实施全域旅游以来，短短一年多时间，旅游业发生了翻天覆地的变化，取得了引人瞩目的成就，成为中国旅游业发展较快、受益人口较多、辐射带动力较强的地区之一。特别是通过双创双促行动，实现了县域经济与全域旅游的双向互动。

以党的二十大精神为指引，为了更好地满足人民群众的美好生活需要，需进一步突出全域旅游惠民效益，推动农村创新创业，更加促进乡村振兴发展；需进一步深化"双创双促"工作，做好广西文化、做强旅游产品、补足旅游基础设施短板，更好地推进旅游供给侧结构性改革；需要进一步强调产业融合发展，延伸产业链条，更好地推进产业转型升级，构建现代化经济体系；需进一步强化全域旅游外交，构建跨国旅游产品与线路，创造联系更加紧密、合作更加深入、空间更加广阔的对外开放与合作格局。

在广西壮族自治区党委、政府的正确领导下，在"创建全域旅游示范省（区）、打造生态旅游大公园"总目标的指引下，全域旅游广西模式将大放光彩。另外，广西的成功实践，无疑给经济落后的省（自治区）尤其是西部地区指明了一条以全域旅游引领社会经济跨越式发展的特色路径，价值重大，意义深远。

交通设施是全域旅游发展的重要的条件，公共交通的发达程度体现着全域旅游发展的公共服务水平。通过对桂林公共旅游交通的分析，笔者提出了优化交通组织的建议。在全域旅游发展中，旅游城市要把旅游公共交通纳入城市公共交通体系中进行统一规划建设，增加旅游公共交通供给，减少游客选择个性化交通方式给城市公共交通带来的压力。

第 11 章
总　结

本书围绕全域旅游促进西南民族地区平衡充分发展路径问题，以"现状调查—机理构建—机制构建—路径构建—效果评估—保障措施"为基本思路展开研究，提出了全域旅游促进西南民族地区平衡充分发展的对策建议，并以广西旅游产业发展为例进行了研究。总结如下。

11.1 全域旅游促进西南民族地区平衡充分发展机理

笔者系统梳理了中国旅游产业发展历史脉络，深入剖析了旅游产业在促进发展中国家发展和促进中国西部落后地区经济社会发展的作用以及中国全域旅游理念的形成过程和理论内涵。通过对历史资料的回溯，对全域旅游如何促进地区社会经济平衡充分发展的作用机理进行剖析和构建，重点从旅游需求变化的角度探索了全域旅游理念促进旅游资源的范畴演化和地区旅游资源的整合机理；从旅游产业链的角度探索了全域旅游在推进旅游产业与相关产业的融合机理；从产业布局的角度分析了全域旅游在空间上的分布演化机理；从利益分配的角度探索了全域旅游发展成果的共享机理。通过上述几个角度的研究，构建起全域旅游促进地区平衡充分发展的基本机理体系，探寻全域旅游促进西南民族地区平衡充分发展的作用机理：（1）旅游资源的外延不断扩大促进西南全域旅游复合性增强；（2）旅游产业的综合性推动了全域旅游产业链的不断拓展;(3)旅游业的空间复合性推动了全域旅游与相关产业的空间重构;(4)旅游产业政策促进了全域旅游产业带动作用的发挥;(5)旅游产业的全面参与促进了全域旅游发展成果的共享。

11.2 全域旅游促进西南民族地区平衡充分发展路径

根据西南民族地区全域旅游发展的历史和现状,把西南民族地区旅游目的地分为:传统旅游目的地、旅游阴影区、新生旅游目的地等类型,分类型解析全域旅游发展路径。分析传统旅游目的地的蜕变路径;旅游阴影区的遮蔽效应、差异化发展及突破路径;新生旅游目的地的产业环境、要素组织、成长机理和成长路径;从旅游资源拓展、需求推动创新产业要素整合角度解析了旅游产业共建路径:在明晰西南民族地区用于旅游发展各种资源资产潜力的前提下,针对市场主体和市场化运作机制,采取物质资源资产化、非物质资源实体化等方式,引导民族地区内部资源和地区外部资源多种方式参与共建旅游业;通过延伸旅游产业链、拓展旅游产业空间布局促进产业融合,引导各种产业与旅游发展充分集合;通过教育培训、产业帮扶,引导各种劳动力参与旅游发展;通过初次分配和再次分配的分析,摸清了旅游成果共享路径。

11.3 全域旅游促进西南民族地区平衡充分发展机制

在明晰全域旅游促进地区平衡充分发展的基本机理的基础上,以"创新、协调、绿色、开放、共享"发展理念为指导,从可持续发展观和科学发展观角度出发,以经济效益、社会效益和生态效益作为判定全域旅游促进西南民族地区平衡充分发展机制的主要依据,系统剖析全域旅游促进西南民族地区平衡充分发展中政府、企业、居民等利益主体的地位和作用,从激励机制、约束机制和保障机制三个层面以及政策机制、投入机制、共建机制、共享机制四个环节构建全域旅游促进地区平衡充分发展的机制。

(1)政策机制方面:主要涉及全域旅游组织机构建设政策、全域旅游投融资政策、用地保障政策、人才培训政策等；（2）投资机制方面：基础设施以国有投资为主，建立明晰的旅游资源投资的产权机制，进一步简化审批机制；（3）共建机制方面：树立全域旅游思维，统筹设立旅游发展基金、推动旅游产业与相关产业融合发展；（4）共享机制方面：旅游从业者、投资者、社区直接参与者的利益分享与间接参与者通过产业链的共享。

11.4 全域旅游促进西南民族地区平衡充分发展保障措施

以本书研究成果指导西南民族地区全域旅游发展并达到旅游发展成果由人民共享、促进西南民族地区充分平衡发展的目的，不仅需要整合西南民族地区各种基础设施、旅游资源和劳动力资源，做强西南民族地区旅游发展的内生动力，同时还要针对西南民族地区经济实力相对薄弱的现状相应引入共建旅游产业的外生力量，在二者的共同作用下才能取得更好的效果。西南民族地区内生动力的培育和外生力量的引入，都需要通过政府引导，整合各种资源，制定相关的鼓励措施和优惠政策，创造合适途径和渠道，通过市场机制来全面盘活西南民族地区各种资源，全面共同推动民族地区全域旅游发展，以保证这种新模式能够长效发展。为此，本书针对这种模式发展的特征，给政府提出了针对性、科学性和精准的政策建议，以保证新模式理论框架的完整性和指导实践的有效性。

11.5 全域旅游发展对策

笔者以广西为案例地，全面分析了广西在努力实现从景点旅游向全域旅游的转变，构建了全域旅游建设过程中的空间、产业、文化等三大全新格局，提出体制机制建设、科学规划、多规合一、品牌建设、共建共享等五大抓手。广西特色旅游名县创建是全域旅游在广西的创新模式和典型实践，主要采取的措施包括：党政统筹、分类考核，双创并举、双促升级，三级联动、惠民倍增，县域发力，区域升级等。广西全域旅游发展促进充分平衡发展成效主要体现在乡村振兴发展、美丽广西建设和文化开放发展方面。笔者从突破观念转变、完善旅游服务设施、拓宽资金投入渠道等方面提出了促进广西全域旅游发展的建议。

1. 政府角度

政府应建立完善区域旅游发展政策体系，根据全域旅游发展状况调整旅游产业发展政策保障和体制改革；加大基础设施建设投入，提高西南民族地区旅游交通道路管理和服务水平，实现西南民族地区与各地区骨干线路的对接，促进区域之间旅游产业的互联互通；正确处理旅游发展与文化传承创新、与经济发展之间的关系，深入挖掘具有新时代特征的优秀民族文化和传统文化，将优秀民族文化和传统文化作为旅游吸引物，提升旅游产业的社会价值，从而促进社会、经济、文化全方位发展，培养旅游专业人才，提升人才队伍素质水平。

2. 市场角度

要鼓励、引导多种所有制企业参与旅游发展，依托西南民族地区的民族特色进行全域旅游建设，吸引旅游者。打破传统旅游产业过度依赖资源、依托景区的误区，以当地丰富的自然和历史资源为依托，以优势产业为载体，不断挖掘和创新民族文化内涵，弘扬传统文化，传承修复本地特色民俗文化；完善公共旅游接待设施，改善购物环境，对商品进行明码标价诚信经营，满足顾客的合理购物要求；建设具有历史、地域、民族特色的旅游村镇；引导企业、农村合作社大力开发农业文化遗产，用旅游赋能农业、农村、农民发展，促进旅游与三农的有机融合。

3. 居民角度

要改变传统的生产生活方式，引导社区居民从传统居民向现代公民转变；激发居民的主人翁意识，引导居民主动利用新媒体、互联网等新技术促进生产生活的融合，把发展全域旅游、促进优秀民族文化和传统文化的传承创新当作长期目标；在全域旅游发展过程中充分发挥游客旅游过程中人对人，面对面的产业特点，当面利用语言和非语言符号如表情、姿势、语气等促进优秀文化的传播；自觉树立旅游目的地良好的旅游形象；居民要认清全域旅游发展的形势，主动参加旅游技能培训和教育，认识到破坏自然生态环境带来的后果，强化环境保护意识，营造绿色产业发展的良好环境。

4. 企业角度

企业要充分利用产业间的相互作用和附属价值挖掘出更多的交互产业，产生更多种类的旅游项目；努力加强企业文化建设，培养员工对企业的认同感、归属感和荣誉感，倡导社会推崇的社会主义核心价值观，树立典型模范、建设文化网络；深入挖掘由自然资源和人文资源相结合的旅游资源的文化内涵，实行科学的开发利用和经营管理，承担起优秀传统文化创新传承的主体责任。

5. 游客角度

对普通游客而言，游客要提升自身文明素质，深刻地认识到个人形象在出游中的重要性，树立正确的人生观、价值观和道德观，文明旅游，坚决抵制"低价游"，拒绝"虚假合同"，承担自己作为旅游者应尽的责任和义务；向相关部门或旅游景点举报不规范行为，对旅游中遇到的合理或不合理的地方提出建议；对于旅游 UP 主、博主等群众和网络大 V 而言，应发布具有正能量的旅游体验，通过网络社交软件合理表达自身意愿，引起社会热议，扩大影响范围，形成良好的舆论监督。

参考文献

［1］《当代中国》丛书编辑委员会.当代中国的旅游业［M］.北京：当代中国出版社，1994：30-38.

［2］《当代中国》丛书编辑委员会.当代中国的旅游业［M］.北京：当代中国出版社，1994：38-41.

［3］杜一力.谷牧和中国旅游业［N］.北京：中国旅游报，2009-11-30：12

［4］国家旅游局，中共中央文献研究室.党和国家领导人论旅游（1978-2004年）［M］.北京：中国旅游出版社、中央文献出版社，2005：5.

［5］人民日报社论.发展旅游事业大有可为［N］.北京：人民日报，1979-2-17.

［6］国家旅游局，中共中央文献研究室.党和国家领导人论旅游（1978-2004年）［M］.北京：中国旅游出版社、中央文献出版社，2005：237.

［7］国家旅游局，中共中央文献研究室.党和国家领导人论旅游（1978-2004年）［M］.北京：中国旅游出版社、中央文献出版社，2005：240.

［8］国家旅游局，中共中央文献研究室.党和国家领导人论旅游（1978-2004年）［M］.北京：中国旅游出版社、中央文献出版社，2005：249.

［9］国家旅游局，中共中央文献研究室.党和国家领导人论旅游（1978-

2004 年）［M］.北京：中国旅游出版社、中央文献出版社，2005：248-250.

［10］国家旅游局，中共中央文献研究室.党和国家领导人论旅游（1978-2004 年）［M］.北京：中国旅游出版社、中央文献出版社，2005：6.

［11］佚名.中国银行代表团对法、意情况的三个考察报告［J］.金融研究动态，1979（S4）：1-17.

［12］国家旅游局，中共中央文献研究室.党和国家领导人论旅游（1978-2004 年）［M］.北京：中国旅游出版社、中央文献出版社，2005：16.

［13］杜一力.谷牧和中国旅游业［N］.北京：中国旅游报，2009-11-30.

［14］国家旅游局，中共中央文献研究室.党和国家领导人论旅游（1978-2004 年）［M］.北京：中国旅游出版社、中央文献出版社，2005：32-33.

［15］国家旅游局，中共中央文献研究室.党和国家领导人论旅游（1978-2004 年）［M］.北京：中国旅游出版社、中央文献出版社，2005：55-58.

［16］国家旅游局，中共中央文献研究室.党和国家领导人论旅游（1978-2004 年）［M］.北京：中国旅游出版社、中央文献出版社，2005：49.

［17］李妍.试述党的十一届三中全会前后邓小平关于利用外资的思想［J］.毛泽东思想研究，2007（4）：68-70

［18］国家旅游局，中共中央文献研究室.党和国家领导人论旅游（1978-2004 年）［M］.北京：中国旅游出版社、中央文献出版社，2005：2.

［19］国家旅游局，中共中央文献研究室.党和国家领导人论旅游（1978-2004 年）［M］.北京：中国旅游出版社、中央文献出版社，2005：3.

［20］国家旅游局，中共中央文献研究室.党和国家领导人论旅游（1978-2004 年）［M］.北京：中国旅游出版社、中央文献出版社，2005：237.

［21］国家旅游局，中共中央文献研究室.党和国家领导人论旅游（1978-2004 年）［M］.北京：中国旅游出版社、中央文献出版社，2005：281.

［22］国家旅游局，中共中央文献研究室.党和国家领导人论旅游（1978-2004 年）［M］.北京：中国旅游出版社、中央文献出版社，2005：53.

［23］李先念：在中央工作会议上的讲话［EB/OL］. https://www.china.

com.cn/guoqing/2012-09/10/content_26747586.html，2012-9-10/2019-8-5.

[24] 中共中央文献研究室 . 邓小平年谱（1975-1997）（上）[M]. 北京：中央文献出版社：262.

[25] 中共中央文献研究室 . 邓小平年谱（1975-1997）（上）[M]. 北京：中央文献出版社：296.

[26] 国家旅游局，中共中央文献研究室 . 党和国家领导人论旅游（1978-2004 年）[M]. 北京：中国旅游出版社、中央文献出版社，2005：6.

[27] 北京市委、市革委会 . 关于安排城市青年就业问题的报告 [J]. 劳动工作，1979（1）：5-10.

[28] 秦皇岛市劳动服务公司 . 待业青年办旅游 [J]. 劳动工作，1981（12）：6.

[29] 姚延波 . 我国旅行社业发展历程回顾与展望 [N]. 北京：中国旅游报，2017-9-5：3.

[30]《当代中国》丛书编辑委员会 . 当代中国的旅游业 [M]. 北京：当代中国出版社，1994：566-571.

[31] 国家旅游局，中共中央文献研究室 . 党和国家领导人论旅游（1978-2004 年）[M]. 北京：中国旅游出版社、中央文献出版社，2005：240.

[32]《当代中国》丛书编辑委员会 . 当代中国的旅游业 [M]. 北京：当代中国出版社，1994：613.

[33] 国家旅游局，中共中央文献研究室 . 党和国家领导人论旅游（1978-2004 年）[M]. 北京：中国旅游出版社、中央文献出版社，2005：250-251.

[34] 国家旅游局，中共中央文献研究室 . 党和国家领导人论旅游（1978-2004 年）[M]. 北京：中国旅游出版社、中央文献出版社，2005：262-263.

[35]《当代中国》丛书编辑委员会 . 当代中国的旅游业 [M]. 北京：当代中国出版社，1994：274.

[36] 许京生 . 旅游饭店业：改革开放的先导产业（上）[N]. 北京：中国旅游报，2018-10-11.

［37］国家旅游局，中共中央文献研究室.党和国家领导人论旅游（1978-2004年）［M］.北京：中国旅游出版社、中央文献出版社，2005：2-14.

［38］国务院关于使用国际商业贷款自建旅游饭店有关问题的通知（国发〔1986〕101号）［Z］.1986-11-17.

［39］《当代中国》丛书编辑委员会.当代中国的旅游业［M］.北京：当代中国出版社，1994：490.

［40］国家旅游局，中共中央文献研究室.党和国家领导人论旅游（1978-2004年）［M］.北京：中国旅游出版社、中央文献出版社，2005：5.

［41］国家旅游局，中共中央文献研究室.党和国家领导人论旅游（1978-2004年）［M］.北京：中国旅游出版社、中央文献出版社，2005：7.

［42］国家旅游局，中共中央文献研究室.党和国家领导人论旅游（1978-2004年）［M］.北京：中国旅游出版社、中央文献出版社，2005：14.

［43］国家旅游局，中共中央文献研究室.党和国家领导人论旅游（1978-2004年）［M］.北京：中国旅游出版社、中央文献出版社，2005：245-246.

［44］《当代中国》丛书编辑委员会.当代中国的旅游业［M］.北京：当代中国出版社，1994：496-498.

［45］中共中央 国务院关于加快发展第三产业的决定［J］.中华人民共和国 国务院公报，1992（18）：682-686.

［46］1996年中央经济工作会议［EB/OL］.https://www.gov.cn/test/2008-12/05/content_1168803.html，2008-12-5/2019-8-5.

［47］张广瑞.关于"旅游业与新的经济增长点"问题的几点想法［J］.财贸经济，1997（8）：41-46

［48］国家旅游局，中共中央文献研究室.党和国家领导人论旅游（1978-2004年）［M］.北京：中国旅游出版社、中央文献出版社，2005：116.

［49］国家旅游局，中共中央文献研究室.党和国家领导人论旅游（1978-2004年）［M］.北京：中国旅游出版社、中央文献出版社，2005：96.

［50］国家旅游局，中共中央文献研究室.党和国家领导人论旅游（1978-

2004 年）［M］.北京：中国旅游出版社、中央文献出版社，2005：160-162.

［51］张丽峰.我国国内旅游消费与经济增长动态关系研究［J］.技术经济与管理研究，2015（6）：124-128

［52］国家旅游局，中共中央文献研究室.党和国家领导人论旅游（1978-2004 年）［M］.北京：中国旅游出版社、中央文献出版社，2005：122-123.

［53］《国务院关于加快发展旅游业的意见》［EB/OL］. https://www.gov.cn/zwgk/2009-12/03/content_1479523.html，2009-12-3/2019-8-5.

［54］国家旅游局，中共中央文献研究室.党和国家领导人论旅游（1978-2004 年）［M］.北京：中国旅游出版社、中央文献出版社，2005：35.

［55］国家旅游局，中共中央文献研究室.党和国家领导人论旅游（1978-2004 年）［M］.北京：中国旅游出版社、中央文献出版社，2005：70.

［56］张立生.我国国内旅游市场规模分析与预测［J］.地域研究与开发，2004（1）：59-61.

［57］徐海莎.邓小平"先富后富共同富"思想的哲学思考［J］.当代世界社会主义问题，1994（1）：30-35.

［58］邓小平.邓小平文选（第3卷）［M］.北京：人民出版社，1993：277-278.

［59］中国社会科学院工业经济研究所课题组.西部开发与东、中部发展问题研究（上）［J］.中国工业经济，2000（4）：28-34.

［60］1999 年中央经济工作会议［EB/OL］. https://www.gov.cn/test/2008-12/05/content_1168875.html，2008-12-5/2019-8-5.

［61］国务院关于实施西部大开发若干政策措施的通知（国发〔2000〕33号）［EB/OL］. https://www.gov.cn/gongbao/content/2001/content_60854.html，2001-1-10/2019-8-5.

［62］国家计委、国务院西部开发办关于印发"十五"西部开发总体规划的通知（计规划〔2002〕259 号［EB/OL］. https://www.gov.cn/gongbao/content/2003/content_62545.html，2003-1-30/2019-8-5.

［63］国家旅游局，中共中央文献研究室.党和国家领导人论旅游（1978-2004年）［M］.北京：中国旅游出版社、中央文献出版社，2005：153-154.

［64］刘生龙，王亚华，胡鞍钢.西部大开发成效与中国区域经济收敛［J］.经济研究，2009（9）：94-105.

［65］付涤非，李立华，刘睿.西部大开发以来我国区域经济及旅游发展差异的对比研究［J］.特区经济，2012（9）：180-182.

［66］国家发展和改革委员会.促进中部地区崛起规划［EB/OL］.https://zfxxgk.ndrc.gov.cn/web/iteminfo.jsp?id=259，2010-1-11/2019-8-5.

［67］张大鹏.旅游发展能减缓特困地区的贫困吗——来自我国中部集中连片30个贫困县的证据［J］.广东财经大学学报，2018（3）：87-96.

［68］胡平，谢文雄.我国五天工作制出台始末［J］.百年潮，2009（12）：41-46.

［69］高舜礼.方兴未艾的周末旅游热［J］.中国行政管理，1995（10）：10-12.

［70］张英.对我国2000年假日旅游的回顾［J］.渝州大学学报（社会科学版），2001（12）：50-52.

［71］国家旅游局，中共中央文献研究室.党和国家领导人论旅游（1978-2004年）［M］.北京：中国旅游出版社、中央文献出版社，2005：313.

［72］佚名.中消协发布第五号警示：旅游"零团费"是圈套［J］.广西质量监督导报，2000（2）：31.

［73］中华人民共和国旅游法［EB/OL］.https://www.npc.gov.cn/npc/xinwen/2018-11/05/content_2065666.html，2018-11-5/2019-8-5.

［74］国务院关于进一步加快旅游业发展的通知（国发〔2001〕9号）［EB/OL］.https://www.gov.cn/zhengce/content/2016-09/22/content_5110828.html，2016-9-22/2019-8-5.

［75］农业部 国家旅游局关于开展全国休闲农业与乡村旅游示范县和全国休闲农业示范点创建活动的意见（农企发3〔2010〕2号）［EB/OL］.https://

www.moa.gov.cn/govpublic/XZQYJ/201008/t20100804_1612014.html，2010-8-3/2019-8-5.

［76］国家林业局 国家旅游局关于加快发展森林旅游的意见（林场发〔2011〕249号）［EB/OL］. https://www.forestry.gov.cn/portal/slgy/s/2467/content-513222.html，2011-12-1/2019-8-5.

［77］国务院关于促进旅游业改革发展的若干意见（国发〔2014〕31号）［EB/OL］. https://www.gov.cn/zhengce/content/2014-08/21/content_8999.html，2014-8-21/2019-8-5.

［78］习近平. 树立和落实科学发展观 加快建设旅游经济强省［J］.浙江旅游年鉴（2005）：105-111.

［79］文化部 国家旅游局关于促进文化与旅游结合发展的指导意见［EB/OL］. https://www.gov.cn/zwgk/2009-09/15/content_1418269.html，2009-9-15/2019-8-5.

［80］习近平. 之江新语［M］.杭州：浙江人民出版社，2007：153.

［81］刘伟，朱云，叶维丽等."绿水青山就是金山银山"的哲学基础及实践建议［J］.环境保护，2018（10）：52-54.

［82］国家旅游局. 习近平论旅游［Z］.北京，2017：179.

［83］国家统计局局长就2018年国民经济运行情况答记者问［EB/OL］. https://www.stats.gov.cn/tjsj/sjjd/201901/t20190121_1645944.html，2019-1-21/2019-8-5.

［84］白长虹. 发展旅游产业 筑牢幸福基石［N］.北京：中国旅游报，2017-12-20.

［85］习近平. 在俄罗斯中国旅游年开幕式上的致辞［N］.人民日报（海外版），2013-3-23.

［86］2015年全国旅游工作会议工作报告［EB/OL］. https://www.pinchain.com/article/20084，2015-1-15/2019-8-5.

［87］国务院关于印发"十三五"旅游业发展规划的通知［EB/OL］.

https://www.gov.cn/zhengce/content/2016-12-26/content_5152993.html，2016-12-26/2019-8-5.

［88］2017年政府工作报告［EB/OL］.https://www.gov.cn/premier/2017-03/16/content_5177940.html，2017-3-16/2019-8-5.

［89］高元衡，王艳，吴琳等.从实践到认知，全域旅游内涵的经济地理学理论探索［J］.旅游论坛，2018（5）：9-21.

［90］刘云山.推动旅游文化产业实现新的更大发展［EB/OL］.https://cpc.people.com.cn/GB/64093/64094/11185870.html，2010-3-21/2019-8-5.

［91］陈文勇.开发龙门山旅游资源推动"全域成都"建设［N］.成都日报，2007-12-5（A01）.

［92］印亮.发展全域旅游的实践与思考——以江苏省扬州市为例［J］.旅游纵览（下半月），2016，6（9）：114-116.

［93］李秀东.树立全域旅游观念，做强巴中旅游产业［N］.巴中日报，2009-12-31（1）.

［94］雨航，王中才.大连十大系列旅游项目促全域升级［N］.中国旅游报，2010-4-19（2）.

［95］杨振之，张冠群.区域旅游产业结构高度化与全域度假发展研究——以成都市大邑县为例［A］.第十五届全国区域旅游开发学术研讨会暨度假旅游论坛［C］.成都，2010：19-26.

［96］徐侃.着力构建安庆全域大旅游格局［N］.安庆日报，2011-4-8（1）.

［97］苏海涛.仙山秀水汽车城十堰打造全域旅游［N］.湖北日报，2011-1-18（8）.

［98］毛溪浩.以风景桐庐建设为统揽大力发展全域旅游［J］.政策瞭望，2012，10（12）：36-38.

［99］高林.蓬莱：全域旅游托起"美丽仙境"［N］.中国特产报，2012-12-5（C03）.

［100］胡金鑫.商南多轮驱动构建全域旅游［N］.商洛日报，2012-8-28（2）.

［101］王桂桂，王日霞.诸城成山东首个全域旅游试点市［N］.中国旅游报，2013-2-18（8）.

［102］刘民坤.全域旅游的理论基础与广西模式［N］.中国旅游报，2016-10-18（3）.

［103］李玉国.县级行政区旅游产业全域发展模式研究—以沂南县为例［D］.山东师范大学硕士学位论文，2014：24-25.

［104］赵丹.建全域景区，兴全域旅游［N］.汉中日报，2014-3-27（1）.

［105］江朝辉，雷刚.树立全域旅游理念助推英山经济发展［N］.黄冈日报，2014-3-4（8）.

［106］杨钊.以全域旅游理念引领示范区建设［N］.安徽日报，2014-6-3（7）.

［107］陶永国，张长荣.黔江：树立全域旅游理念，建设东方山水名城［N］.重庆日报，2014-11-7（6）.

［108］王德刚.日喀则旅游发展模式研究［J］.旅游科学，2003，23（3）：29-32.

［109］沈映辉.郊县文化旅游须有全域眼光［J］.西部广播电视，2009，30（3）：56.

［110］胡晓苒.城市旅游：全域城市化背景下的大连全域旅游（上）［N］.中国旅游报，2010-12-08（11）.

［111］林峰，贾雅慧.旅游引导的区域综合开发与旅游投资新时代［EB/OL］.https://www.lwcj.com/w/FocusReport111024001_1.html.2011-10-24/2017-5-10.

［112］张文磊，周忠发.全域体验开发模式区域旅游开发的新途径［J］.生态经济，2013，29（2）：29-32.

［113］厉新建，张凌云，崔莉.全域旅游：建设世界一流旅游目的地的理

念创新－以北京为例［J］.人文地理，2013，（28）3：130-134.

　　［114］吕俊芳.辽宁沿海经济带"全域旅游"发展研究［J］.经济研究参考，2013，35（29）：52-56.

　　［115］吕俊芳.城乡统筹视阈下中国全域旅游发展范式研究［J］.河南科学，2014，32（1）：139-142.

　　［116］汤少忠."全域旅游"驱动因素与发展模式［N］.中国旅游报，2014-6-4（14）.

　　［117］周家俊，周晓鹏，黄莹.甘孜州全域旅游的内涵研究［J］.旅游纵览（下半月刊），2015，5（10）：99.

　　［118］朱世蓉.以"全域乡村旅游"理念整合农村产业结构的构想［J］.农业经济，2015，35（6）：79-81.

　　［119］厉新建，马蕾，陈丽嘉.全域旅游发展：逻辑与重点［J］.旅游学刊，2016，31（9）：22-24.

　　［120］李志飞.全域旅游时代的变与不变［J］.旅游学刊，2016，31（9）：26-28.

　　［121］郭毓洁，陈怡宁.全域旅游的旅游空间经济视角［J］.旅游学刊，2016，31（9）：28-29.

　　［122］王衍用.全域旅游需要全新思维［J］.旅游学刊，2016，31（9）：9-11.

　　［123］左文君，明庆忠，李圆圆.全域旅游特征、发展动力和实现路径研究［J］.乐山师范学院学报，2016，31（11）：91-97.

　　［124］樊杰，曹忠祥，张文忠等.中国西部开发战略创新的经济地理学理论基础［J］.地理学报，2001，56（6）：711-721.

　　［125］陆大道.区域发展及其空间结构［M］.北京：科学出版社，1995：52.

　　［126］吴殿廷，王丽华，王素娟等.把旅游业建设成为战略性支柱产业的必要性、可能性及战略对策［J］.中国软科学，2010，25（9）：1-7.

［127］冯维波. 试论旅游规划设计的理论基础［J］. 旅游科学，2000，20（1）：31-34.

［128］李创新，马耀峰等. 时空二元视角的入境旅游流集散空间场效应与地域结构 - 以丝路东段典型区为例［J］. 地理科学，2012，32（2）：176-185.

［129］李永文. 中国旅游资源地域分异规律及其开发研究［J］. 旅游学刊，1995，10（2）：45-49.

［130］马晓路，许霞. 海螺沟景区旅游资源的梯度分异规律与开发对策［J］. 安徽农业科学，2011，39（13）：7964-7966.

［131］刘少和，桂拉旦. 环城地理梯度背景下的旅游休闲业空间布局结构分析—以粤港澳为例［J］. 社会科学家，2008，23（5）：95-99.

［132］汪宇明. 核心—边缘理论在区域旅游规划中的运用［J］. 经济地理，2002，22（3）：372-375.

［133］钟士恩，张捷，韩国圣等. 旅游流空间模式基本理论：问题分析及其展望［J］. 人文地理，2010，25（2）：31-36.

［134］王文娟. 中国主题公园空间分布与优化研究—基于国家 A 级旅游区（点）的统计［D］. 安徽师范大学，2010：26-36.

［135］吴必虎. 大城市环城游憩带（ReBAM）研究—以上海市为例［J］. 地理科学，2001，21（4）：354-359.

［136］安虎森. 增长极理论评述［J］. 南开经济研究，1997，13（1）：6-12.

［137］颜鹏飞，邵秋芬. 经济增长极理论研究［J］. 财经理论与实践，2001，22（2）：2-6.

［138］尹铎，吕华鲜. 基于增长极理论的旅游地产发展研究——以桂林为例［J］. 国土与自然资源研究，2011，33（3）：48-49.

［139］陈俊伟. 论广西旅游业的新增长极［J］. 旅游学刊，2000，15（2）：46-49.

［140］陆大道.关于"点—轴"空间结构系统的形成机理分析［J］.地理科学，2002，22（1）：1-6.

［141］国务院关于实施西部大开发若干政策措施的通知.［EB/OL］. https://www.gov.cn/gongbao/content/2001/content_60854.html. 2001-10-24/2017-5-10.

［142］高元衡，王艳.基于聚集分形的旅游景区空间结构演化研究——以桂林市为例［J］.旅游学刊，2009，24（2）：52-58.

［143］石培基，李国柱.点—轴系统理论在我国西北地区旅游开发中的运用［J］.地理与地理信息科学，2003，19（5）：91-95.

［144］周文.产业空间集聚机制理论的发展［J］.经济科学，1999，21（6）：96-101.

［145］高凌江.我国旅游公共服务体系建设研究—基于公共产品理论视角［J］.价格理论与实践，2011（10）：82-83.

［146］郝索.论我国旅游产业的市场化发展与政府行为［J］.旅游学刊，2001，16（2）：19-22.

［147］王黎明.面向PRED问题的人地关系系统构型理论与方法研究［J］.地理研究，1997，16（2）：38-44.

［148］樊杰，曹忠祥，张文忠等.中国西部开发战略创新的经济地理学理论基础［J］.地理学报，2001，56（6）：711-721.

［149］周振东.旅游业不是"无烟工业"—对旅游与环境关系的再认识［J］.经济问题研究，2001，22（10）：50-53.

［150］李育冬.我国西部旅游业可持续发展的必由之路—生态旅游［J］.生产力研究，2006，21（3）：142-144.

［151］唐承财，钟林生，成升魁.我国低碳旅游的内涵及可持续发展策略研究［J］.经济地理，2011，31（5）：862-866.

［152］李克强.共绘充满活力的亚洲新愿景—在2016年博鳌亚洲论坛年会开幕式上的演讲［EB/OL］. https://news.xinhuanet.com/fortune/2016-03/24/

c_128830171.html.20162016-3-24/2017-5-10.

［153］《旅游概论》编写组.旅游概论［M］.天津：天津人民出版社，1983：101.

［154］黄辉实.旅游经济学［M］.上海：上海社会科学院出版社，1985.11.

［155］谢长淮.认识国内旅游特征制定合理发展措施［J］.旅游学刊，1987（1）：73.

［156］李治莹.注重八闽特色迅速发展福建旅游业［J］.旅游学刊，1988（2）：51.

［157］国家旅游局.中国旅游年鉴［M］.北京：中国旅游出版社，1991：107

［158］李天元编著.旅游学概论（第七版）［M］.天津：南开大学出版社，2014：34.

［159］吴必虎.旅游到底有多少要素？［J］.环球人文地理，2015（10）：10.

［160］涂绪谋.论旅游的第七要素"思"［J］.四川师范大学学报（社会科学版），2009（3）：107-112.

［161］廖晓静."教"：应当明晰和追加的旅游要素［J］.经济经纬，2002（6）：86-89.

［162］亢雄，马耀峰.对旅游"六要素"的再思考［J］.旅游论坛，2009，2（4）：475-478.

［163］张玉莲.论旅游第七要素——"知"［J］.中南林业科技大学学报（社会科学版），2015（1）：49-55.

［164］吕俊芳.旅游主体与旅游六要素的创新思考［J］.渤海大学学报（哲学社会科学版），2011（4）：39-41.

［165］王昆欣.试论旅游活动"新六要素"［J］.旅游科学，2005（6）：7-10.

［166］陈兴中，郑柳青.旅游活动"六要素"新论——以德国与四川比较为案例［J］.人文地理，2007（5）：80-83.

［167］鲁明勇，覃琴.旅游要素的多维系统认知与拓展升级研究［J］.湖南商学院学报，2018，25（3）：106-114.

［168］颜仁才.试探全息旅游"三大六要素"的构建［A］."问题导向与理论建构"——2012中国旅游科学年会［C］，2012.

［169］魏小安.发展全域旅游要从六个"全"着手［EB/OL］.https：//go.huanqiu.com/article/9CaKrnK4xqi，［2017-08-07］.

［170］翟辅东.旅游六要素的理论属性探讨［J］.旅游学刊，2006（4）：18-22.

［171］蒲湘玲，涂绪谋.从宗教旅游看旅游的第七要素"思"［J］.西南石油大学学报（社会科学版），2011，13（2）：60-63.

［172］魏小安，韩健民.旅游强国之路［M］.北京：中国旅游出版社，2003：167-170.

［173］杜江.中国旅行社业发展的回顾与前瞻［J］.旅游学刊，2003，（6）：31-39.

［174］吴汉秋.试论我国导游职业的社会化［J］.大众商务，2010，（8）：185-186.

［175］杨丽.中国旅游电子商务发展中的一些问题与对策研究［J］.旅游学刊，2001（6）：40-42.

［176］洪基军.旅游规划已步入创意时代［J］.旅游学刊，2013，28（10）：8-11.

［177］张文建.试论现代服务业与旅游业新增长态势［J］.旅游学刊，2006（4）：23-27.

［178］张文建，柏波.基于众包的旅游咨询业创新研究［J］.旅游论坛，2012，5（3）：38-43.

［179］Eyster J J. Recent trends in the negotiation of hotel management contracts：terms and termination［J］. Cornell hotel & restaurant administration quarterly，1988，29（2）：81.

［180］朱丽男，董志文.旅游景区委托管理初探［J］.中国集体经济，2010，（15）：138-139.

［181］耿松涛，彭建.产业融合背景下的中国旅游装备制造业产业集群发展研究［J］.经济问题探索，2013（11）：44-49.

［182］魏婷.后疫情时代慢直播发展的新特点与新趋势［J］.青年记者，2022（24）：92-94.

［183］李亚铭，温蜀珺.从 Vlog 创制看网络主播对社交圈层的再造［J］.传媒，2020（3）：45-47.

［184］王起静.转型时期我国旅游产业链的构建［J］.山西财经大学学报，2005（5）：68-72.

［185］王云航，彭定赟.产业结构变迁和消费升级互动关系的实证研究［J］.武汉理工大学学报（社会科学版），2019，32（3）：121-129.

［186］董观志，张银铃.中国旅游业、旅游学和旅游规划的 30 年述评［J］.人文地理杂志，2010（3）：1-4.

［187］范朋，晏雄.文化旅游产业统计分类逻辑与统计范围边界［J］.统计与决策，2022，38（17）：31-36.

［188］张春娥.旅游产业链的形成与演进：基于分工与交易费用的解释［J］.广东农工商职业技术学院学报，2008（2）：54-55，63.

［189］毛荐其.全球技术链的一个初步分析［J］.科研管理，2007（6）：85-92，107.

［190］周业安，冯兴元，赵坚毅.地方政府竞争与市场秩序的重构［J］.中国社会科学，2004（1）：56-65.

［191］陈海波.旅游的起源及相关问题再考［J］.旅游学刊，2020，35（9）：123-133.

［192］韩春鲜，马耀峰.旅游业、旅游业产品及旅游产品的概念阐释［J］

旅游论坛，2008（4）：6-10.

［193］马耀峰，白凯.基于人学和系统论的旅游本质的探讨［J］.旅游科学，2007（3）：27-31.

［194］曹诗图.旅游哲学研究基本问题与理论体系探讨——与张斌先生商榷［J］.旅游学刊，2013，28（9）：94-101.

［195］谢彦君.旅游的本质及其认识方法——从学科自觉的角度看［J］.旅游学刊，2010，25（1）：26-31.

［196］曹诗图，郑宇飞，黄其新.基于旅游属性与本质的中国旅游起源探析［J］.地理与地理信息科学，2013，29（6）：95-99.

［197］邓勇勇.旅游本质的探讨——回顾、共识与展望［J］.旅游学刊，2019，34（4）：132-142.

［198］鲁小波，陈晓颖，马斌斌.人类发展史视域下旅游活动的主要矛盾及发展阶段探析［J］.地理与地理信息科学，2016，32（2）：111-115+120.

［199］李承哲，李想，李玉顺，郭为，高洁.DRD4 基因多态性与旅游行为关联性初探——以旅游"探求新奇"动机研究为桥梁的理论构建及研究方法探析［J］.旅游学刊，2017，32（11）：116-126.

［200］王林.古代"踏青"、"郊游"与现代城郊旅游关系溯源［J］.哈尔滨学院学报，2005（8）：107-111.

［201］刘纯.走向大众化旅游的社会——论现代旅游行为与动机［J］.内蒙古大学学报（人文社会科学版），2000（4）：99-103.

［202］孙惠春.现代人旅游动机的心理学分析［J］.辽宁工程技术大学学报（社会科学版），2003（2）：102-104.

［203］邱扶东.旅游动机及其影响因素研究［J］.心理科学，1996（6）：367-369.

［204］刘纯.关于旅游行为及其动机的研究［J］.心理科学，1999（1）：67-69.

［205］高元衡，王艳，吴琳，邓飞虎.从实践到认知：全域旅游内涵的经

济地理学理论探索〔J〕.旅游论坛，2018，11（5）：9-21.

〔206〕唐顺铁.旅游目的地的社区化及社区旅游研究〔J〕.地理研究，1998（2）：34-38.

〔207〕成茜，李君轶.疫情居家约束下虚拟旅游体验对压力和情绪的影响〔J〕.旅游学刊，2020，35（7）：13-23.

〔208〕刘沛林.从新宅居生活看网络虚拟旅游的前景和方向〔J〕.地理科学，2020，40（9）：1403-1411

〔209〕童新华，汪宇明.巴马长寿旅游资源开发问题研究〔J〕.人文地理，1994（4）：63-67+50.

〔210〕黄力远，徐红罡.巴马养生旅游——基于康复性景观理论视角〔J〕.思想战线，2018，44（4）：146-155.

〔211〕甘颖，孙鹏.中国古代旅馆业服务文化研究〔J〕.重庆第二师范学院学报，2014，27（3）：59-61.

〔212〕王美钰，李勇泉，阮文奇.民宿创业成功的关键要素与理论逻辑：基于扎根理论分析〔J〕.南开管理评论，2022，25（2）：203-215.

〔213〕卢慧娟，李享.基于IPA分析法的民宿旅游吸引力研究——以北京城市核心区四合院民宿为例〔J〕.地域研究与开发，2020，39（1）：112-117.

〔214〕钟竺君，林锦屏，周美岐等.国内外"食"旅游："Food Tourism""美食旅游""饮食旅游"研究比较〔J〕.资源开发与市场，2021，37（4）：463-471.

〔215〕杨艺.旅游场域中民族饮食习俗文化资源"景观化"研究——以程阳八寨侗族百家宴为例〔J〕.民族学刊，2021，12（12）：115-122+136.

〔216〕郑鹏，马耀峰，李天顺.虚拟照进现实：对虚拟旅游的研究内核及范畴之思考〔J〕.旅游学刊，2010，25（2）：13-18.

〔217〕刘一雄，舒萌菲，胡浪，秦权，刘华，毛凯楠.基于虚拟现实技术的山地旅游资源构建研究——以贵州花江峡谷为例〔J〕.科学技术创新，

2021（24）：47-48.

［218］甘露，谢雯，贾晓昕，周涛.虚拟现实体验能替代实地旅游吗？——基于威士伯峰虚拟现实体验的场景实验分析［J］.旅游学刊，2019，34（8）：87-96.

［219］庾莉萍，白杉.鸡鸣驿——中国现存最大的驿站［J］.档案时空，2004（1）：36-37.

［220］王静.隋唐四方馆、鸿胪客馆论考［J］.西域研究，2002（2）：23-28.

［221］孔毅.魏晋南北朝之"逆旅"及其文化意蕴［J］.许昌学院学报，2005（6）：18-22.

［222］郑向敏.中国古代旅馆流变［D］.厦门大学，2000.

［223］河野保博，葛继勇，齐会君.唐代交通住宿设施——以宗教设施的供给功能为中心［C］.唐史论丛（第十八辑），2014：8-25.

［224］范金民.清代江南会馆公所的功能性质［J］.清史研究，1999（2）：45-53.

［225］冉群超.旅行、旅游、旅游业——英国旅游史研究［D］.天津师范大学，2014.

［226］苏晓梦.改革开放以来中国酒店业发展变化研究［J］.中小企业管理与科技（上旬刊），2021（7）：57-59.

［227］覃涛.P酒店集团品牌策略研究［D］.厦门大学，2019.

［228］杨云慧，农朝幸.OYO酒店快速扩张对我国酒店经营管理的启示［J］.商业经济，2020（9）：114-116.

［229］李崇寒.从托马斯·库克到陈光甫，跟团游170年前诞生［J］.国家人文历史，2015（23）：26-29.

［230］傅广生.现代旅游业在英国的诞生［J］.学海，2005（4）：127-132.

［231］保尔·芒图.十八世纪产业革命——英国近代大工业初期的概况

［M］.杨人鞭等译，上海：商务印书馆，1997.

［232］杨征权.建国前中国旅行社发展的历史考察［J］.兰台世界，2015（18）：12-13.

［233］罗明义.加快推进旅行社改革适应旅游业加入 WTO 全面开放［J］.经济问题探索，2007（5）：131-135.

［234］庞世明，王静."互联网＋"旅行社：商业模式及演变趋势［J］.旅游学刊，2016，31（6）：10-12.

［235］悉星.众信旅游悄然转身［J］.市场观察，2011（6）：87.

［236］导游自由执业试点启动，游客今后可"网约"导游［EB/OL］https://www.gov.cn/xinwen/2016-08/24/content_5102084.html.

［237］王艳，高元衡，岑家美，赵桂年.论桂林导游自由执业改革的经验与不足［J］.北方经贸，2018（7）：155-156.

［238］中国大百科全书数据库［EB/OL］https://h.bkzx.cn/item/248841?q=%E8%B5%84%E6%BA%90.

［239］李维华，韩红梅.资源观的演化及全面资源论下的资源定义［J］.管理科学文摘，2003（2）：10-14.

［240］韩春，陈元福.资源配置：政治经济学研究对象新论［J］.经济研究导刊，2011（3）：5-6+19.

［241］王伟.自然资源类型统一分类指标研究［J］.中国矿业，2018，27（6）：66-69.

［242］李文华，沈长江.自然资源科学的基本特点及其发展的回顾与展望［A］.中国自然资源学会.自然资源研究的理论与方法［M］.北京：科学出版社，1985.

［243］孙鸿烈.中国资源科学百科全书［M］.北京：中国大百科全书出版社，2000.

［244］孙悦民，宁凌.海洋资源分类体系研究［J］.海洋开发与管理，2009，26（5）：42-45.

［245］王美诗.非物质文化遗产展的定义、分类及价值追求［J］.东南文化，2021（5）：19-24.

［246］李树榕.怎样为文化资源分类［J］.内蒙古大学艺术学院学报，2014，11（3）：10-14.

［247］孙刘玲利.科技资源要素的内涵、分类及特征研究［J］.情报杂志，2008（8）：125-126.

［248］王文.历史文化资源的分类及开发路径——以济南市部分文化资源为例［J］.人文天下，2020（3）：57-61.

［249］陈才，王海利，贾鸿.对旅游吸引物、旅游资源和旅游产品关系的思考［J］.桂林旅游高等专科学校学报，2007（1）：1-4.

［250］徐菊凤，任心慧.旅游资源与旅游吸引物：含义、关系及适用性分析［J］.旅游学刊，2014，29（7）：115-125.

［251］保继刚，楚义芳.旅游地理学［M］.北京：高等教育出版社，1993：52-53.

［252］厉新建，张辉，秦宇.旅游资源研究的深层思考［J］.桂林旅游高等专科学校学报，2003（3）：18-21.

［253］吴晋峰.旅游吸引物、旅游资源、旅游产品和旅游体验概念辨析［J］.经济管理，2014，36（8）：126-136.

［254］张进福.物之序：从"旅游资源"到"旅游吸引物"［J］.旅游学刊，2021，36（6）：45-59.

［255］艾万钰.论旅游资源分类及分级［J］.旅游学刊，1987（3）：44-48+19.

［256］郭康.试论旅游资源的动态分类［J］.旅游学刊，1990（1）：51-53.

［257］马进福.民俗旅游资源特征及分类研究［J］.陕西师大学报（自然科学版），1995（S1）：161-164.

［258］吴忠军.南方民族文化旅游资源的分类及地理分区初探［J］.桂林

旅游高等专科学校学报，1998（2）：51-55.

［259］习近平．在深圳经济特区建立 40 周年庆祝大会上的讲话．2020-10-14．［EB/OL］https://www.gov.cn/xinwen/2020-10/14/content_5551299.html.

［260］芮明杰，刘明宇．产业链整合理论述评［J］．产业经济研究，2006（3）：60-66.

［261］任海深．抓好产业链 推进产业化——烟台市农业产业化发展的思考［J］．中国农村经济，1995（10）：32-34.

［262］傅国华．运转农产品产业链 提高农业系统效益［J］．中国农垦经济，1996（11）：24-25.

［263］陈博．产业链与区域经济的发展［J］．工业技术经济，1999（5）：44-58.

［264］刘贵富．产业链形成过程研究［J］．社会科学战线，2011（7）：240-242.

［265］刘贵富．产业链运行机制模型研究［J］．财经问题研究，2007（8）：38-42.

［266］刘婧玥，吴维旭．产业政策视角下创新链产业链融合发展路径和机制研究：以深圳市为例［J］．科技管理研究，2022，42（15）：106-114.

［267］佚名．中国旅游产业链正在成长为庞大产业系统［J］．领导决策信息，2002（34）：12.

［268］李万立．转型时期中国旅游产业链建设浅析［J］．社会科学家，2005（1）：139-140+149.

［269］王起静．旅游产业链的两种模式及未来趋势［J］．经济管理，2005（22）：75-80.

［270］张晓明，李松志．中部地区旅游产业链优化路径研究［J］．城市发展研究，2008（3）：92-95.

［271］覃峭，张林，李丹枫．利用品牌延伸整合旅游产业链的模式研究［J］．人文地理，2009，24（1）：98-101.

［272］吉根宝，乔晓静．基于旅游体验视角的旅游产业链分析［J］．中国商贸，2010（23）：162-163.

［273］赵小芸．旅游产业的特殊性与旅游产业链的基本形态研究［J］．上海经济研究，2010（6）：42-47.

［274］赵磊，夏鑫，全华．基于旅游产业链延伸视角的县域旅游地演化研究［J］．经济地理，2011，31（5）：874-880.

［275］黄常锋，孙慧，何伦志．中国旅游产业链的识别研究［J］．旅游学刊，2011，26（1）：18-24.

［276］赵承华．我国乡村旅游产业链整合研究［J］．农业经济，2007（5）：18-19.

［277］马勇，王宏坤．基于全产业链的我国文化旅游发展模式研究［J］．世界地理研究，2011，20（4）：143-148.

［278］宁坚．高铁沿线城市旅游产业链共建研究——以成绵乐高铁沿线城市为例［J］．经济体制改革，2012（2）：177-180.

［279］姜春燕，刘在森，孙敏．全产业链模式推动我国乡村全域旅游发展研究［J］．中国农业资源与区划，2017，38（8）：193-197.

［280］魏玲丽．生态农业与农业生态旅游产业链建设研究［J］．农村经济，2015（10）：84-88.

［281］董皓．大都市边缘区旅游产业链动态演化研究——以西安临潼区为例［J］．经济地理，2013，33（9）：188-192.

［282］周格粉，肖晓．全产业链模式：我国区域乡村旅游发展的重要选择［J］．广东农业科学，2013，40（3）：234-236.

［283］陈绪敖．基于旅游产业链整合视角的旅游资源非优区开发研究［J］．广西社会科学，2014（3）：75-78.

［284］郭舒．旅游产业链进入障碍及其破解——焦作市北部山区农户访谈启示［J］．社会科学家，2018（12）：81-87.

［285］邹芳芳，陈秋华．"林业—旅游"生态产业链构建研究［J］．林业

经济问题，2019，39（6）：590-598.

［286］谢成立，孙亮亮.旅游产业链发展中的民族传统体育文化定位及发展研究［J］.贵州民族研究，2019，40（5）：177-180.

［287］粟琳婷，粟维斌."互联网＋"背景下乡村旅游产业链发展研究［J］.农业经济，2021（11）：117-118.

［288］国家旅游及相关产业统计分类（2018）.［EB/OL］https://www.stats.gov.cn/tjsj/tjbz/201805/t20180529_1601005.html.

［289］刘娟娟.扶贫背景下我国农村旅游产业链问题和优化［J］.农业经济，2019（5）：33-34.

［290］张辉，岳燕祥.全域旅游的理性思考［J］.旅游学刊，2016，31（9）：15-17.

［291］李天元.旅游学概论（第七版）［M］.天津：南开大学出版社，2014.

［292］郭文，王丽，黄震方.旅游空间生产及社区居民体验研究——江南水乡周庄古镇案例［J］.旅游学刊，2012，27（4）：28-38.

［293］雷赛金.推动三坊七巷与文化旅游深度融合的思考［J］.福州党校学报，2013（3）：77-80.

［294］张广海，刘佳.青岛国际啤酒节与旅游产业发展的关联互动研究［J］.改革与战略，2008（7）：121-124.

［295］郑诗琳，朱竑，唐雪琼.旅游商业化背景下家的空间重构——以西双版纳傣族园傣家乐为例［J］.热带地理，2016，36（2）：225-236.

［296］中共中央 国务院关于建立国土空间规划体系并监督实施的若干意见.［EB/OL］https://www.gov.cn/xinwen/2019-05-23/content_5394187.html.

［297］武占云."三生"空间优化及京津冀生态环境保护［J］.城市，2014（12）：26-29.

［298］扈万泰，王力国，舒沐晖.城乡规划编制中的"三生空间"划定思考［J］.城市规划，2016，40（5）：21-26.

［299］江曼琦，刘勇．"三生"空间内涵与空间范围的辨析［J］．城市发展研究，2020，27（4）：43-48.

［300］刘继来，刘彦随，李裕瑞．中国"三生空间"分类评价与时空格局分析［J］．地理学报，2017，72（7）：1290-1304.

［301］王山林．三生空间视域下广西程阳八寨旅游产业发展研究［D］．中南民族大学，2022.

［302］蒋尚坤．湘湖旅游度假区"三生"空间演变与驱动机制研究［D］．杭州师范大学，2019.

［303］窦银娣，叶玮怡，李伯华，刘沛林．基于"三生"空间的传统村落旅游适应性研究——以张谷英村为例［J］．经济地理，2022，42（7）：215-224.

［304］卢绪章．关于我国旅游事业的情况与设想［J］．财贸经济丛刊，1980（1）：36-41.

［305］胡北明，黄俊．中国旅游发展 70 年的政策演进与展望——基于 1949-2018 年政策文本的量化分析［J］．四川师范大学学报（社会科学版），2019，46（6）：63-72.

［306］曾博伟，吕宁，吴新芳．改革开放 40 年中国政府推动旅游市场优先发展模式研究［J］．旅游学刊，2020，35（8）：18-32.

［307］黄锐，谢朝武，李勇泉．中国文化旅游产业政策演进及有效性分析——基于 2009—2018 年政策样本的实证研究［J］．旅游学刊，2021，36（1）：27-40.

［308］张英，邱文君，熊焰．国家旅游综合改革政策对旅游产业影响的实证［J］．统计与决策，2014（19）：110-112.

［309］齐天锋．基于旅游政策经济效应评估模型的空间分异研究［J］．社会科学家，2020（12）：38-42.

［310］刘运良．政策视角下的旅游业发展与城乡居民收入分配关系研究［J］．武汉商学院学报，2022，36（4）：38-44.

［311］王保存.少数民族地区旅游相关政策的问题及政策保障研究［J］.改革与战略，2015，31（10）：121-123.

［312］姚旻，赵爱梅，宁志中.中国乡村旅游政策：基本特征、热点演变与"十四五"展望［J］.中国农村经济，2021（5）：2-17.

［313］王立纲.论旅游事业在发展国民经济中的重要作用［J］.吉林财贸学院学报，1980（1）：55-59.

［314］刘世杰.积极发展区域旅游［J］.财贸经济，1983（4）：37-38+28.

［315］许春晓.旅游资源非优区"依附式开发"论［J］.旅游学刊，2005（1）：76-79.

［316］陈绪敖.基于旅游产业链整合视角的旅游资源非优区开发研究［J］.广西社会科学，2014（3）：75-78.

［317］黄永清，谢迪辉，周茂权.发挥旅游资源优势 促进区域经济发展——大桂林旅游区开发初探［J］.旅游学刊，1992（5）：14-16+57.

［318］丁娟，焦华富，李俊峰.产业演进对旅游城市空间形态演变的作用机理——以黄山市为例［J］.地理研究，2014，33（10）：1966-1976.

［319］陆远权，马良.区域旅游产业均衡发展博弈分析及政府治理角色定位［J］.安徽农业科学，2010，38（30）：17339-17342.

［320］骆泽顺，林璧属.旅游发展促进区域经济协调发展的收敛机制研究［J］.经济问题探索，2015（8）：148-153.

［321］张琦，曹蔚宁，延书宁.旅游发展对城乡收入差距影响的空间异质性——基于多尺度地理加权回归模型（MGWR）［J］.中国地质大学学报（社会科学版），2022，22（5）：112-123.

［322］夏赞才，龚艳青，罗文斌.中国旅游经济增长与城乡收入差距的变异关系［J］.资源科学，2016，38（4）：599-608.

［323］赵磊，方成，毛聪玲.旅游业与贫困减缓——来自中国的经验证据［J］.旅游学刊，2018，33（5）：13-25.

［324］王松茂，何昭丽，郭英之，郭安禧.旅游减贫具有空间溢出效应吗？［J］.经济管理，2020，42（5）：103-119.

［325］王坤，黄震方，余凤龙，曹芳东.中国城镇化对旅游经济影响的空间效应——基于空间面板计量模型的研究［J］.旅游学刊，2016，31（5）：15-25.

［326］刘晓欣，胡晓，周弘.中国旅游产业关联度测算及宏观经济效应分析——基于2002年与2007年投入产出表视角［J］.旅游学刊，2011，26（3）：31-37.

［327］高元衡.阳朔乡村旅游发展中各方利益分配问题研究［J］.桂林旅游高等专科学校学报，2004（6）：58-62.

［328］邢启顺.从"金海雪山"品牌价值收获看"农、旅、文"深度融合发展［J］.贵州师范学院学报，2016，32（8）：40-44.8

［329］张灿强，林煜.农业景观价值及其旅游开发的农户利益关切［J］.中国农业大学学报（社会科学版），2022，39（3）：131-140.

［330］Goodwin H. Pro-Poor：Tourism Opportunities for Sustainable Local Development［J］. Development and Cooperation，2000（5）：12-14.

［331］全世文，黄波，于法稳.旅游消费扶贫的价值评估及新阶段的接续转型［J］.农村经济，2022（7）：37-44.

［332］洪黎民.共生概念发展的历史、现状及展望［J］.中国微生态学杂志，1996（4）：50-54.

［333］杨玲丽.共生理论在社会科学领域的应用［J］.社会科学论坛，2010，220（16）：149-157.

［334］袁纯清.共生理论及其对小型经济的应用研究（上）［J］.改革，1998（2）：100-104.

［335］袁纯清.共生理论及其对小型经济的应用研究（下）［J］.改革，1998（3）：75-85.

［336］袁纯清.共生理论——兼论小型经济［M］.北京：经济科学出版社，

1998.

　　［337］吴飞驰.关于共生理念的思考［J］.哲学动态，2000（6）：21-24.

　　［338］吴泓，顾朝林.基于共生理论的区域旅游竞合研究——以淮海经济区为例［J］.经济地理，2004（1）：104-109.

　　［339］徐虹，李筱东，吴珊珊.基于共生理论的体育旅游开发及其利益协调机制研究［J］.旅游论坛，2008，2（5）：207-212.

　　［340］白凯，孙天宇.旅游景区形象共生互动关系研究——以西安曲江唐文化旅游区为例［J］.经济地理，2010，30（1）：162-166+176.

　　［341］黄细嘉，邹晓瑛.基于共生理论的城乡互动型红色旅游区的构建——以江西南昌地区为例［J］.江西社会科学，2010，279（2）：213-218.

　　［342］唐仲霞，马耀峰，刘梦琳等.基于政府共信的民族旅游社区多元主体共生研究［J］.地域研究与开发，2018，37（1）：114-119.

　　［343］王超，杨敏，郭娜.旅游村寨巩固拓展脱贫攻坚成果的共生系统研究——基于贵州省天龙屯堡的经验数据［J］.农村经济，2022，472（2）：17-24.

　　［344］傅沂.路径依赖经济学分析框架的演变——从新制度经济学到演化经济学［J］.江苏社会科学，2008，238（3）：63-70.

　　［345］Page，Scott E. Path Dependence.［J］. Quarterly Journal of Political Science，2006，1（1）：87-115.

　　［346］Raghu Garud，Michael A. Rappa，A Socio-Cognitive Model of Technology Evolution：The Case of Cochlear Implants［J］. Organization Science 1994，5（3）：344-362.

　　［347］Romanelli E.，Khessina M. O. Regional Industrial Identity：Cluster Configurations and Economic Development［J］. Organization Science. 2005，16（4）：344-358.

　　［348］贺灿飞.区域产业发展演化：路径依赖还是路径创造？［J］.地理研究，2018，37（7）：1253-1267.

［349］徐红罡.文化遗产旅游商业化的路径依赖理论模型［J］.旅游科学，2005（3）：74-78.

［350］徐红罡，吴悦芳，彭丽娟.古村落旅游地游线固化的路径依赖——世界遗产地西递、宏村实证分析［J］.地理研究，2010，29（7）：1324-1334.

［351］张骁鸣，保继刚.旅游发展与乡村变迁："起点—动力"假说［J］.旅游学刊，2009，24（6）：19-24.

［352］崔凤军.中国传统旅游目的地创新与发展［M］.北京：中国旅游出版社，2002.

［353］颜邦英，李志刚.名家谈桂林旅游业发展——颜邦英先生访谈录［J］.中共桂林市委党校学报，2020，20（1）：26-30.

［354］唐飞鸿.转型升级是桂林旅游产业跨越发展的根本出路［C］//桂林市旅游局，桂林旅游学会.桂林旅游发展研究文集（2000-2010年）.北京大学出版社，2011：5.

［355］谢洪忠，骆华松，黄楚兴等.云南旅游支柱产业软环境现状及建设［J］.经济问题探索，2002（2）：109-112.

［356］秦立公.旅游成为桂林主导产业的战略思考与战术研究［J］.桂林旅游高等专科学校学报，2000（2）：34-36.

［357］龙胜充分挖掘民族文化打造"百节之县"文化旅游品牌［P］.桂林日报，2021-11-15（6）.

［358］单妮娜.旅游管理专业学生就业新思路——以桂林旅游学院为例［J］.四川省干部函授学院学报，2016，69（3）：84-87.

［359］杨振之.旅游资源开发与规划［M］.四川大学出版社，2002.

［360］王衍用.孟子故里旅游开发研究［J］.地理学与国土研究，1993（2）：50-52.

［361］桂慧樵.竹筏混战遇龙河［N］.中国水运报，2004-12-13（T00）.

［362］周有桂.游山水风光、赏田园美景、住农家旅馆、玩乡村雅趣、探

溶洞奇观——阳朔县民居旅游发展情况的调查［J］.计划与市场探索，2002（2）：13-14.

［363］王力峰.桂林国际客源市场时空演替规律研究［J］.经济地理，2004（5）：688-691.

［364］王光辉，柯涌晖，任婵娟.基于阴影区理论的泰宁旅游营销研究［J］.福建省社会主义学院学报，2012，92（5）：76-79.

［365］郭二艳.区域旅游中"寄生—共赢—多赢"模式研究［D］.山东大学，2007.

［366］三亚概览.［EB/OL］https://www.sanya.gov.cn//sanyasite/sygl/ttcontent.shtml.

［367］［EB/OL］https://www.zjj.gov.cn/c5/20160420/i6011.html.

［368］邓琳琳.新兴旅游目的地战略管理［D］.电子科技大学，2011.

［369］何颖怡.张家界旅游产业生成空间时空格局演化与机制研究［D］.吉首大学，2015.

［370］陈钢华，保继刚.旅游度假区开发模式变迁的路径依赖及其生成机制——三亚亚龙湾案例［J］.旅游学刊，2013，28（8）：58-68.

［371］"俄罗斯勇士"特技飞行表演战机在湖南张家界试飞成功.［EB/OL］https://www.gov.cn/govweb/jrzg/2006-03/16/content_229047.html.

［372］［EB/OL］https://www.zjj.gov.cn/c33/20181002/i423332.html.

［373］［EB/OL］https://www.zjj.gov.cn/c32/20190909/i503165.html.

［374］颜邦英，李志刚.名家谈桂林旅游业发展——颜邦英先生访谈录［J］.中共桂林市委党校学报，2020，20（1）：26-30.

［375］周均亮，严力蛟.休闲旅游背景下德清县民宿发展策略研究［J］.浙江农业科学，2021，62（7）：1455-1460.

［376］冼奕.田家河村在《印象·刘三姐》中的文化转型［D］.中南民族大学，2009.

［377］王云倩.红原县财政支持文化旅游产业的案例研究［D］.电子科

技大学，2022.

［378］陈永华.金融支持全域旅游发展的模式探索与启示：基于南京江宁的融资实践［J］.开发性金融研究，2022，43（3）：61-69.

［379］伍海琳，彭蝶飞.城市旅游集散中心构建与布局研究——以长沙为例［J］.经济地理，2011，31（7）：1219-1225.

［380］申军波，石培华."厕所革命"的中国治理：成效、经验与反思［J］.领导科学，2021，787（2）：41-43.

［381］于婷婷，左冰.信息化对旅游经济效率的影响及其作用机制研究［J］.地理科学，2022，42（10）：1717-1726.

［382］龙胜："一田生五金"助力乡村振兴.［EB/OL］https://www.glls.gov.cn/zwgk/gdzdgk/zdly/shgysy/tpgj/fpcx/202212/t20221209_2418989.html.

［383］广西壮族自治区人民政府办公厅关于支持崇左市建设国际边关风情旅游目的地的意见.［EB/OL］https://www.gxzf.gov.cn/html/zfwj/zxwj/t14174363.shtml.

［384］中共贵州省委 贵州省人民政府关于推动旅游业高质量发展加快旅游产业化 建设多彩贵州旅游强省的意见.［EB/OL］https://www.gxzf.gov.cn/html/zfwj/zxwj/t14174363.shtml.

［385］国家税务总局云南省税务局进一步加大政策落实和税务服务力度全力支持云南经济社会发展的若干措施.［EB/OL］https://yunnan.chinatax.gov.cn/art/2022/4/1/art_7757_7803.html.

［386］关于《国家税务总局四川省税务局四川省财政厅关于落实交通运输等五个行业纳税人免征 2023 年上半年房产税城镇土地使用税的公告》的解读.［EB/OL］https://sichuan.chinatax.gov.cn/art/2023/4/24/art_6525_888418.html

［387］效民.什么是"机制"、"经济机制"和"价格机制"［J］.价格理论与实践，1986（5）：43.

［388］Freeman R. Edward. Strategic Management：A Stakeholder Approach［M］. Pitman Publishing Inc，1984.

［389］刘俊海.公司的社会责任［M］.北京：法律出版社，1999.

［390］Mitchell A，Wood D. Toward a theory of stakeholder identification and salience：Defining the principle of whom and what really counts. Academy of management Review［J］. 1997，22（4）：853-886.

［391］蔡小慎，牟春雪.基于利益相关者理论的地方政府行政审批制度改革路径分析［J］.经济体制改革，2015（4）：5-12.

［392］谭术魁，涂姗.征地冲突中利益相关者的博弈分析——以地方政府与失地农民为例［J］.中国土地科学，2009，23（11）：27-31+37.

［393］陈伟东，李雪萍.社区治理主体：利益相关者［J］.当代世界与社会主义，2004（2）：71-73.

［394］宋瑞.我国生态旅游利益相关者分析［J］.中国人口・资源与环境，2005（1）：39-44.

［395］陈安，武艳南.浅议管理机制设计理论：目标与构成［J］.科技促进发展，2011（7）：64-67.

［396］高元衡.阳朔乡村旅游发展中各方利益分配问题研究［J］.桂林旅游高等专科学校学报，2004（6）：58-62.

［397］王炳武.政府主导 重点带动 加快发展——山西旅游业发展面临的主要问题与对策［J］.旅游学刊，1998（6）：18-20+58.

［398］阚如良，詹丽，梅雪.论政府主导与旅游公共服务［J］.管理世界，2012（4）：171-172.

［399］江明生.政策：一种社会生产力［J］.生产力研究，2009（3）：63-65+189.

［400］国务院办公厅关于促进全域旅游发展的指导意见［EB/OL］.https://www.gov.cn/zhengce/content/2018-03/22/content_5276447.html.

［401］广东省人民政府办公厅关于印发广东省促进全域旅游发展实施方案的通知［EB/OL］.https://www.gd.gov.cn/zwgk/gongbao/2018/22/content/post_3365994.html?jump=false.

［402］云南省人民政府办公厅关于促进全域旅游发展的实施意见.［EB/OL］.https://www.yn.gov.cn/zwgk/zcwj/yzfb/201911/t20191101_184068.html.

［403］郝索.论我国旅游产业的市场化发展与政府行为［J］.旅游学刊,2001（2）：19-22.

［404］颜邦英.国内旅游市场化［J］.旅游学刊,1993（5）：18-20.

［405］刘超逸.BH通用航空旅游公司战略管理研究［D］.大连理工大学,2021.

［406］刘焱.用心铺就民族和谐幸福路——广西交通投资集团百色高速公路运营有限公司倾力打造"致富路""旅游路""贴心路"纪实［J］.西部交通科技,2014（10）：18-20.

［407］王健.黄山游客集散中心：政府支持最关键［J］.商用汽车新闻,2010（27）：5.

［408］时淑会.国内旅游专线公路的外部性分析［J］.中国市场,2011（41）：113-114.

［409］《风景名胜区条例》［EB/OL］. https://www.mnr.gov.cn/zt/zh/gtkjgh/zcfg/flxzfg/202201/t20220110_2717100.html.

［410］《国家级风景名胜区规划编制审批办法》［EB/OL］. https://www.gov.cn/gongbao/content/2015/content_2978261.html.

［411］王文.土地开发程度设定及评估方法应用研究［J］.中国土地科学,2012,26（12）：81-84.

［412］张湘宜,王丹.林业资源价值评估方法分析及应用［J］.江西农业,2018（18）：98.

［413］蒋凡,田治威,冯昌信."水银行"交易模式下的水资源交易价值评估［J］.人民黄河,2022,44（8）：81-86.

［414］叶昊臻,郑慧娟.中外矿产资源评估准则比较及启示［J］.中国资产评估,2022（4）：68-72.

［415］中国人民银行井冈山市支行课题组，张盛鹄，李湘坚，谢建功，阮芳光.井冈山旅游门票收益权质押贷款的有益尝试［J］.武汉金融，2008（7）：43-44+54.2.

［416］张海霞，黄梦蝶.特许经营：一种生态旅游高质量发展的商业模式［J］.旅游学刊，2021，36（9）：8-10.

［417］简政放权 放管结合 优化服务 深化行政体制改革 切实转变政府职能——在全国推进简政放权放管结合职能转变工作电视电话会议上的讲话［EB/OL］. https://www.gov.cn/guowuyuan/2015-05/15/content_2862198.html.

［418］昌吉公路管理局增设省道旅游标志工程施工招标公告［EB/OL］. https://www.cj.gov.cn/zgxx/qdbgg/jt/884253.html.

［419］汤河口镇景观农田顺利通过验收［EB/OL］. https://www.bjhr.gov.cn/ywdt/zxdt/201912/t20191210_1017942.html.

［420］统筹兼顾 建设新型生态旅游村——广西壮族自治区桂林市鲁家村［EB/OL］.httpss://www.ndrc.gov.cn/xwdt/gdzt/qgxcly/202011/t20201125_1301905.html.

［421］内蒙古自治区旅游发展专项资金管理办法［EB/OL］.https://czt.nmg.gov.cn/zwgk/zfxxgk/fdzdgknr/zcfb/202206/t20220606_2066934.html.

［422］广西壮族自治区人民政府办公厅关于调整自治区旅游发展专项资金以奖代补政策的通知［EB/OL］.https://www.gxzf.gov.cn/zfwj/zzqrmzfbgtwj_34828/2020ngzbwj_34844/t7255392.shtml.

［423］西安设立 40 亿元旅游发展基金助旅游业发展［EB/OL］. https://www.gov.cn/xinwen/2018-01/23/content_5259781.html.

［424］林滨.山东省旅游发展基金运营研究［D］.山东财经大学，2018.

［425］内蒙古支持旅游产业提质提效［EB/OL］. https://www.mct.gov.cn/preview/whzx/qgwhxxlb/nmg/202301/t20230131_938844.html.

［426］40 亿！西安旅游发展基金盛装亮相！旅游产业大发展要来啦［EB/OL］. https://m.gmw.cn/baijia/2018-01/24/120380174.html#verision=b92173f0.

［427］秦北涛.民族文化舞台化传承的真实性和有效性思考——以云南民族地区旅游开发中的音乐表演为例［J］.贵州民族研究，2017，38（5）：89-92.

［428］杨明月，许建英.民宿促进民族地区交往交流交融的价值与路径［J］.旅游学刊，2022，37（12）：10-12.

［429］罗星星.私人博物馆现状与发展探析——以乐山战时故宫为例［J］.文化创新比较研究，2019，3（32）：176-179.

［430］王森.目的地居民对研学旅游吸引力影响研究——以三亚市为例［J］.中国民族博览，2022（18）：84-87.

［431］薛熙明.真实性的营造：一个异地安置羌族社区的旅游空间构建［J］.湖北民族学院学报（哲学社会科学版），2018，36（2）：89-93+140.

［432］文彤，曾韵熹，陈松.效率与公平：高管—员工薪酬差距与旅游企业劳动生产率［J］.旅游学刊，2020，35（10）：70-82.

［433］湖南省文化和旅游厅 湖南省财政厅 湖南省地方金融监督管理局关于印发《湖南省旅游企业融资担保风险代偿补偿实施办法》的通知［EB/OL］.https://whhlyt.hunan.gov.cn/xxgk2019/xxgkml/zcwj/zcfg_115485/202209/t20220923_29014879.html.

［434］戴学锋.旅游业低回报高投资之谜探析［J］.财贸经济，2013，383（10）：127-136.

［435］门票收入质押银行偏爱大景区［EB/OL］.https://news.cncn.net/c_538917

［436］C. Kaspar. The interdependence of tourism and transport and its repercussions［J］. The Tourist Review，1967，（4）：150-156.

［437］Hansen W G.How accessibility shapes land use［J］. Journal of the American Institute of Planners，1959，（2）：73-76.

［438］D. R.Ingram，. The Concept of Accessibility：a Search for an Operational Form［J］. Regional Studies，1971，（5）：1012-1076.

［439］P J Danaher，N Arweiler. Customer satisfaction in the tourist industry：A case study of visitors to New Zealand［J］.Journal of Travel Research，1996，（1）：89-93.

［440］B Prideaux. The role of the transport system in destination development［J］. Tourism Management，2000，（1）：53-63.

［441］Avgoustis S H，Achana F. Designing a sustainable city tourism development model using an importance performance（IP）analysis. In：Wo ¨ ber K（ed.）［J］. City Tourism. Springer，Vienna，2002：39-149.

［442］Lumsdon L，Downward P，Rhoden S.Transport for tourism：can public transport encourage a modal shift in the day visitor market［J］.Journal of Sustainable Tourism，2006，（2）：139-156.

［443］Thompon K，Schofield P. An investigation of the relationship between public transport performance and destination satisfaction［J］. Journal of Transport Geography，2007，（2）：136-144.

［444］Albalate D，Bel G. Tourism and urban transport：holding demand pressure under supply constraints［J］. Tourism Management，2008，（3）：425-433.

［445］Parahoo S K，Harvey H L. Satisfaction of tourists with public transport：an empirical investigation in Dubai［J］. Journal of Travel & Tourism Marketing，2014，（8）：1004-1017.

［446］Zoghbimanriquedelara P，Guerrabáez R M. Fairness in the local movements of tourists within a destination：justice perceptions，bus services，and destination loyalty［J］. International Journal of Culture Tourism & Hospitality Research，2016，（4）：323-339.

［447］Gutiérrez，Aaron，Miravet，Daniel. The determinants of tourist use of public transport at the destination［J］. Sustainability，2016，（9）：908-923.

［448］Yang Yan，Currie Graham，Peel Victoria，Liu Zhiyuan. A New Index to Measure the Quality of Urban Public Transport for International Tourists［C］. Transportation Research Board 94th Annual Meeting，2015.

［449］杨家文，周一星.通达性：概念，度量及应用［J］.地理学与国土研究，1999（2）：61-66.

［450］陈晓.城市交通与旅游协调发展定量评价——以大连市为例［J］.旅游学刊，2008（2）：60-64.

［451］陈岗.基于交通集成度分析的城市饭店空间布局研究——以风景旅游城市桂林主城区为例［J］.旅游学刊，2009（4）：61-66.

［452］王兆峰.张家界旅游城市游客公共交通感知、满意度与行为［J］.地理研究，2014（5）：978-987.

［453］吴潘，吴晋峰，周芳如等.目的地内部旅游交通通达性评价方法研究——以西安为例［J］.浙江大学学报（理学版），2016（3）：345-356.

［454］陈方，戢晓峰，魏雪梅.基于 TOD 策略的旅游新区公共交通系统规划方法——以阳宗海风景区为例［J］.人文地理，2013（2）：131-135.

［455］王建林.基于换乘次数最少的城市公交网络最优路径算法［J］.经济地理，2005（5）：673-676

项目策划：段向民
责任编辑：武　洋
责任印制：钱　宬
封面设计：武爱听

图书在版编目（ＣＩＰ）数据

全域旅游促进西南民族地区平衡充分发展路径研究 /
高元衡著. -- 北京 : 中国旅游出版社，2023.12
（国家哲学社会科学基金旅游研究项目文库）
ISBN 978-7-5032-7272-1

Ⅰ．①全… Ⅱ．①高… Ⅲ．①民族地区－旅游经济－
经济发展－研究－西南地区 Ⅳ．①F592.77

中国国家版本馆CIP数据核字(2024)第018493号

书　　名：全域旅游促进西南民族地区平衡充分发展路径研究

作　　者：高元衡
出版发行：中国旅游出版社
　　　　　（北京静安东里 6 号　邮编：100028 ）
　　　　　http://www.cttp.net.cn　E-mail:cttp@mct.gov.cn
　　　　　营销中心电话：010-57377103，010-57377106
　　　　　读者服务部电话：010-57377107
排　　版：北京旅教文化传播有限公司
经　　销：全国各地新华书店
印　　刷：三河市灵山芝兰印刷有限公司
版　　次：2023 年 12 月第 1 版　2023 年 12 月第 1 次印刷
开　　本：720 毫米 ×970 毫米　1/16
印　　张：17.25
字　　数：285 千
定　　价：59.80 元
ＩＳＢＮ　　978－7－5032－7272－1
